JENS ODEWALD

Der parlamentarische Hilfsdienst in den Vereinigten Staaten von Amerika und in der Bundesrepublik Deutschland

Schriften zum Öffentlichen Recht

Band 64

Der parlamentarische Hilfsdienst in den Vereinigten Staaten von Amerika und in der Bundesrepublik Deutschland

Von

Dr. Jens Odewald

DUNCKER & HUMBLOT / BERLIN

Gedruckt 1967 bei Alb. Sayffaerth, Berlin 61
Printed in Germany

In memoriam patris
Walter Odewald
† 7. 12. 1965

Vorwort

Diese Arbeit wurde im August 1966 der Juristischen Fakultät der Georg-August-Universität zu Göttingen als Dissertation vorgelegt. Die nach dieser Zeit erschienene Literatur und die wesentlichen Entwicklungen im Deutschen Bundestag sowie in den Parlamenten der deutschen Länder wurden bis Juni 1967 berücksichtigt.

Mein aufrichtiger Dank gilt zuerst meinem verehrten Lehrer, Herrn Professor Dr. Werner *Weber*, der diese Arbeit mit helfendem Rat betreut hat.

Für zahlreiche Anregungen und Auskünfte danke ich den Abgeordneten und Beamten des Deutschen Bundestages sowie der Parlamente der deutschen Länder, ferner den Mitarbeitern des Legislative Reference Service im Congress der Vereinigten Staaten von Amerika. Schließlich bin ich Herrn Ministerialrat a. D. Dr. Johannes *Broermann* dankbar für die Aufnahme dieser Schrift in sein Verlagsprogramm.

Hannover, im Juli 1967 *Jens Odewald*

Inhaltsverzeichnis

Abkürzungsverzeichnis

a. A.	=	anderer Auffassung
aaO.	=	am angeführten Ort
Abs.	=	Absatz
Abt.	=	Abteilung
ALR	=	American Law Reports
amerik.	=	amerikanisch
Anl.	=	Anlage
Anm.	=	Anmerkung
AÖR	=	Archiv des öffentlichen Rechts
bayer.	=	bayerisch
BBG	=	Bundesbeamtengesetz
Bd.	=	Band
bes. Teil	=	besonderer Teil
betr.	=	betreffend
BGBl.	=	Bundesgesetzblatt
BGHSt.	=	Entscheidung des Bundesgerichtshofs in Strafsachen
brem.	=	bremisch
BPersVG	=	Bundespersonalvertretungsgesetz
BRHG	=	Gesetz über die Errichtung und Aufgaben des Bundesrechnungshofes
BVerfGE	=	Entscheidung des Bundesverfassungsgerichts
BVerwGE	=	Entscheidung des Bundesverwaltungsgerichts
bzw.	=	beziehungsweise
CDU	=	Christlich Demokratische Union
CSU	=	Christlich Soziale Union
DJT	=	Deutscher Juristentag
DÖV	=	Die öffentliche Verwaltung
Drucks.	=	Drucksache
DVBl.	=	Deutsches Verwaltungsblatt
Erl.	=	Erläuterung
FDP	=	Freie Demokratische Partei
ff.	=	folgende Seiten
Fußn.	=	Fußnote
GesBl.	=	Gesetzblatt
GemGeschOBMin.	=	Gemeinsame Geschäftsordnung der Bundesministerien
GeschOBT	=	Geschäftsordnung des Bundestages
GG	=	Bonner Grundgesetz
GVBl.	=	Gesetz- und Verordnungsblatt
GVG	=	Gerichtsverfassungsgesetz
hess.	=	hessisch

h. M.	=	herrschende Meinung
hrsg.	=	herausgegeben
i. V. m.	=	in Verbindung mit
JÖR	=	Jahrbuch des öffentlichen Rechts
JR	=	Juristische Rundschau
JZ	=	Juristenzeitung
Kap.	=	Kapitel
LBesG	=	Landesbesoldungsgesetz
LRA	=	Legislative Reorganization Act
LRS	=	Legislative Reference Service
MDR	=	Monatszeitschrift für Deutsches Recht
MinBl.	=	Ministerialblatt
NBG	=	Niedersächsisches Beamtengesetz
nds.	=	niedersächsisch
N. F.	=	Neue Folge
NJW	=	Neue Juristische Wochenschrift
Nr.	=	Nummer
ÖJZ	=	Österreichische Juristen-Zeitung
o. J.	=	ohne Jahresangabe
Parl. Rat.	=	Parlamentarischer Rat
Rdn.	=	Randnummer
S.	=	Seite oder Satz
S. Ct.	=	Supreme Court Reporter
Sp.	=	Spalte
SPD	=	Sozialdemokratische Partei Deutschlands
Stat.	=	United States Statutes at Large
Sten.-Ber.	=	Stenographischer Bericht
StGB	=	Strafgesetzbuch
u. a.	=	unter anderem
US	=	United States oder United States Supreme Court Reports, Official Reports
USC	=	United States Code
v.	=	versus oder von
vgl.	=	vergleiche
Vorbem.	=	Vorbemerkung
VVDStL	=	Veröffentlichungen der Vereinigung der Deutschen Staatsrechtslehrer
WbG	=	Gesetz über den Wehrbeauftragten des Bundestages
WP	=	Wahlperiode
z. B.	=	zum Beispiel
ZfPol.	=	Zeitschrift für Politik
Ziff.	=	Ziffer
ZPO	=	Zivilprozeßordnung
ZStW	=	Zeitschrift für die Gesamte Staatswissenschaft
ZZP	=	Zeitschrift für Deutschen Zivilprozeß

Einleitung

Die Vermehrung der Staatsaufgaben und die Steigerung der damit verknüpften fachlichen Fragen sind nicht ohne Einwirkung auf die Tätigkeit und die Organisation von Regierung und Verwaltung geblieben. Dies wird sichtbar in einer Vergrößerung des Apparates, insbesondere in personeller Hinsicht, aber auch in der Entstehung neuer Behörden und behördenähnlicher Einrichtungen sowie in Form zahlreicher wissenschaftlicher Beiräte im Bereich der vollziehenden Gewalt.

Demgegenüber hat sich die Organisationsstruktur deutscher Parlamente nur gering verändert. Die Diskussion in der Öffentlichkeit wird deshalb auch stark von der Überlegung beherrscht, wie man das Parlament und seine Mitglieder angesichts der zunehmenden Kompliziertheit der Staatsgeschäfte in die Lage versetzen kann, die von der Verfassung gestellten Aufgaben zu bewältigen. Dabei ergibt sich insbesondere die Frage, „inwieweit die Wirklichkeit der Gesetzgebungsorganisation dem an sie gestellten Anspruch der Verfassungsnormen gerecht wird“[1], ferner, welche Formen das Parlament entwickeln muß, um die an Umfang ständig zunehmende Exekutive wirksam zu kontrollieren. Bei diesen Erörterungen gewinnt die Frage eines *parlamentarischen Hilfsdienstes* an Bedeutung.

Aufgabe dieser Arbeit ist es, die Erscheinungsformen des parlamentarischen Hilfsdienstes in den Vereinigten Staaten von Amerika und in der Bundesrepublik Deutschland darzustellen sowie die Frage zu prüfen, ob für den Ausbau bzw. die Errichtung des im Deutschen Bundestag nur sehr schwach entwickelten, in einigen Landesparlamenten gar nicht existenten parlamentarischen Hilfsdienstes ein Bedürfnis besteht und welche Ansatzpunkte sich für seine Tätigkeit im einzelnen ergeben. Gleichzeitig sind die Einwände, die gegen einen Hilfsdienst in deutschen Parlamenten aus verfassungsrechtlichen oder verfassungspolitischen Erwägungen vorgetragen werden, näher zu untersuchen.

Dabei werden als *parlamentarischer Hilfsdienst* alle Einrichtungen nicht ausschließlich technischer Art verstanden, die sich das Parlament auf Grund seiner Autonomie zwecks Unterstützung bei der Bewältigung der ihm gestellten Aufgaben geschaffen hat. Die nicht sehr präzise erscheinende Formulierung „parlamentarischer Hilfsdienst“ wurde des-

---

[1] *Kleinrahm*, AÖR Bd. 79, S. 136.

wegen gewählt, weil sie — anders als Bezeichnungen wie „Gesetzgebungsdienst" oder „Gesetzgebungshilfsdienst" — die Tätigkeit der Hilfseinrichtung nicht bereits begrifflich auf die Unterstützung der Abgeordneten bei der Gesetzgebungsarbeit beschränkt, sondern für eine Assistenz bei der Erledigung anderer Aufgaben, wie z. B. bei der Ausübung bestimmter Kontrollrechte, Raum läßt. Es kommt hinzu, daß die hier gewählte Formulierung in zunehmendem Maße in der Wissenschaft und der Parlamentspraxis verwendet wird[2].

Der als Hilfsorgan[3] des Deutschen Bundestages tätige Wehrbeauftragte bleibt wegen seiner relativ großen Eigenständigkeit, die in seinem partiellen Eigeninitiativrecht[4], in seinem teilweise eigenverantwortlichen Auftreten — auch gegenüber dem Bundestag[5] — und in der Trennung seiner Dienststelle von der Parlamentsverwaltung[6] Ausdruck findet, außer Betracht. Wenngleich der fraktionseigene Hilfsdienst nicht auf Grund der Organisationsgewalt des Parlaments errichtet wurde und weder das Gesamtparlament noch das Parlamentspräsidium Einfluß auf die Anstellung und Tätigkeit der Mitglieder dieser Hilfseinrichtung haben, wird er wegen seiner vielseitigen Verflechtungen mit der Parlamentsarbeit in gewissem, allerdings begrenztem Rahmen in diese Untersuchung einbezogen. Dies erscheint um so mehr gerechtfertigt, als die Notwendigkeit eines im Rahmen der Parlamentsverwaltung tätigen Hilfsdienstes wiederholt unter Hinweis auf den fraktionseigenen Hilfsdienst verneint wurde[7].

Bei Erörterungen über die Errichtung eines leistungsfähigen Hilfsdienstes in deutschen Parlamenten wurde wiederholt auf die Hilfseinrichtungen der nordamerikanischen Parlamente verwiesen, die eine erhebliche Unterstützung für die Gesetzgebungskörperschaft bedeuten[8].

---

[2] *Klein* in v. Mangoldt - Klein, Art. 40, Anm. III 1 f; Bayer. Landtag, Beilage Nr. 906 der 5. WP; Hess. Landtag, Drucks. Abt. 1 Nr. 1415 der 5. WP.

[3] *Maunz* in Maunz - Dürig, Art. 45 b, S. 7, Rdn. 8, *Mattern*, DÖV 1959, S. 842, und *Kipp*, DÖV 1957, S. 515, betrachten den Wehrbeauftragten ausschließlich als Hilfsorgan des Bundestages, während *Klein* in v. Mangoldt - Klein, Art. 45 b, Anm. III 2, *Gross*, DVBl. 1957, S. 344, und *Ule*, JZ 1957, S. 425, unter Hinweis auf § 2 Abs. 2 WbG ihn darüber hinaus als selbständiges Verfassungsorgan ansehen; ähnlich *Maurer*, S. 29, 30, der von einer organisatorisch verselbständigten Institution spricht.

[4] § 2 Abs. 2 WbG.

[5] Vgl. §§ 2 Abs. 3, 4, 5 WbG.

[6] *Mattern*, DÖV 1959, S. 843.

[7] Siehe die Darlegungen von Präsident *Dau* (Hamb. Bürgerschaft) auf der 25. Konferenz der Landtagspräsidenten (München, Oktober 1964), Niederschrift, S. 85.

[8] Siehe Deutscher Bundestag, Sten.-Ber. der 28. Sitzung der 2. WP, S. 1233 bis 1239; *Kleinrahm*, AÖR Bd. 79, S. 137 ff.

Während Partsch[9], Henle[10] und Schäffer[11] unter Hinweis auf die verschiedenartigen Verfassungssysteme in den Vereinigten Staaten von Amerika und in der Bundesrepublik Deutschland die Übernahme nordamerikanischer Hilfseinrichtungen für deutsche Parlamente verneint haben, hat Scheuner[12] die Auffassung vertreten, die Übernahme des Dienstes zu Zwecken der Gesetzesformulierung entspräche keinem Bedürfnis, da im parlamentarischen Regierungssystem die Gesetzentwürfe regelmäßig von der Regierung stammten. Ansatzpunkte für einen Hilfsdienst würden sich vielmehr im Hinblick auf bessere Informationsmöglichkeiten für die Abgeordneten ergeben.

Demgegenüber haben Kleinrahm[13] und Schramm[14] gerade im Hinblick auf die Gesetzesinitiative und ein ausgewogenes Kräfteverhältnis zwischen den Gewalten die Übernahme des Hilfsdienstes für deutsche Parlamente bejaht.

Der Umstand, daß ein Hilfsdienst niemals mehr tun kann, als die Einrichtung, die er zu unterstützen hat, zeigt die *Abhängigkeit seiner Aufgaben* von der Stellung des Parlaments im Verfassungssystem eines Staates auf. Die Tätigkeit des Hilfsdienstes in nordamerikanischen Parlamenten, aber auch seine Wirkungsmöglichkeiten in der Bundesrepublik Deutschland können deswegen nicht ohne eine nähere Untersuchung des Aufgabenbereiches des Parlaments und seiner Stellung gegenüber der Regierung erfaßt werden.

Die Arbeit beschränkt sich auf die parlamentarischen Hilfseinrichtungen in der gewaltenteilenden Präsidentschaftsrepublik der Vereinigten Staaten von Amerika und im parlamentarischen Regierungssystem der Bundesrepublik Deutschland deswegen, weil die übrigen europäischen Parlamente im Vergleich zum Deutschen Bundestag keineswegs über stärkere oder organisatorisch hervorstechende Hilfsinstitutionen verfügen[15], zum anderen, weil ihre Hilfseinrichtungen von Schramm[16] bereits ausführlich dargestellt sind.

---

[9] *Partsch* auf der Tagung der Gesellschaft für Rechtsvergleichung in Köln, 1951, JZ 1951, S. 701.

[10] *Henle,* DÖV 1950, S. 15.

[11] *Schäffer,* Deutscher Bundestag, Sten.-Ber. der 28. Sitzung der 2. WP, S. 1234 c, d.

[12] *Scheuner* auf der Tagung der Gesellschaft für Rechtsvergleichung in Köln 1951, JZ 1951, S. 701.

[13] *Kleinrahm,* aaO.

[14] *Schramm,* S. 149.

[15] *Partsch,* VVDStL Heft 16, S. 86.

[16] *Schramm,* S. 34 ff.

Erster Teil

Der parlamentarische Hilfsdienst in den Vereinigten Staaten von Amerika

Erstes Kapitel

Die parlamentarischen Hilfseinrichtungen im Verfassungssystem des Bundes

I. Das Verhältnis des Kongresses zur Präsidialgewalt

1. Die Gewaltentrennung in der amerikanischen Bundesverfassung unter besonderer Berücksichtigung des Verhältnisses Kongreß — Präsident

Die amerikanische Bundesverfassung von 1787 hat stärker als die kontinentaleuropäischen Verfassungen die Trennung der Gewalten durchgeführt. Das Postulat einer Trennung von Legislative, Exekutive und rechtsprechender Gewalt ist zwar an keiner Stelle der amerikanischen Verfassung ausdrücklich hervorgehoben[1], ein entsprechender Wille des Gesetzgebers ist aber dem Wortlaut der ersten Sätze der Artikel 1, 2 und 3 eindeutig zu entnehmen[2].

Denn nach Artikel 1 der amerikanischen Bundesverfassung liegen alle in dieser festgelegten gesetzgeberischen Befugnisse bei dem Kongreß der Vereinigten Staaten, während Artikel 2 die vollziehende Gewalt dem amerikanischen Präsidenten zuweist. Nach Artikel 3 üben das Oberste Bundesgericht — Supreme Court — und diejenigen Gerichte, deren Errichtung der Kongreß beschließt, die richterliche Gewalt aus.

Wenngleich somit unter strenger Beachtung der Gewaltentrennung der amerikanische Präsident kein Recht zur Einbringung von Gesetzesvorlagen hat[3], so gibt ihm die Verfassung dennoch eine gewisse Einwir-

---

[1] Anders die Verfassungen einiger nordamerikanischer Einzelstaaten, wie z. B. die Verfassung des Staates Montana von 1889, Art. IV § 1.

[2] *Rottschaefer*, S. 44.

[3] Vgl. *Hamed*, S. 97.

kungsmöglichkeit auf den Gesetzgebungsprozeß: Nach Artikel 2 Abschnitt 3 S. 1 hat er von Zeit zu Zeit dem Kongreß über den Stand der Dinge im Bunde Bericht zu erstatten und ihm Maßnahmen zur Erwägung anzuempfehlen, die er für notwendig und tunlich hält.

Die Gesetzgebungsgewalt des aus Senat und Repräsentantenhaus bestehenden Kongresses reicht allerdings nur soweit, als diese durch die Verfassung gewährt ist[4]. Sie wird beschränkt durch die Gesetzeskompetenz der Einzelstaaten. Mit Ausnahme der Gesetzesvorlagen zur Erhebung von Staatseinkünften[5] sind beide Häuser des Kongresses am Gesetzgebungsverfahren, das sich in drei Lesungen einteilt[6], gleichermaßen beteiligt. Die Gesetzesvorlagen können von jedem Mitglied eines der beiden Häuser eingebracht werden[7].

Der in seinem Amt die Funktionen des Staatsoberhauptes und des Regierungschefs vereinigende Präsident, bei dem nach der Verfassung die vollziehende Gewalt liegt, ist zudem Oberbefehlshaber des Heeres[8]; er hat ferner wesentliche Rechte auf dem Gebiete der Außenpolitik, und ihm obliegt der gewissenhafte Vollzug der Gesetze[9].

Eine weitgehende Unabhängigkeit der Gewaltenträger ist durch verschiedene Vorschriften der Verfassung gesichert: Der Präsident als Regierungschef wird vom Volk unmittelbar[10] für eine Amtsperiode von vier Jahren gewählt[11]. Neben dem starken plebiszitär-demokratischen Charakter der Wahl trägt zur Stärkung des Amtes der Umstand bei, daß der Präsident zu den Leitern der Ministerien in einem betont übergeordneten Verhältnis steht[12]. Der Präsident ist nicht Mitglied des Kongresses und diesem somit nicht verantwortlich. Außer der Staatsanklage durch das Repräsentantenhaus, die allerdings seit Bestehen der Verfassung nur in einem Fall und zudem ohne positives Ergebnis vorgenommen wurde[13], hat der Kongreß keine Möglichkeit, den Präsidenten aus seinem Amt zu beseitigen.

Andererseits hat der Präsident und haben auch die übrigen Mitglieder der Regierung weder ein Recht auf Zugang zu den Plenar- und Aus-

[4] Art. 1 Abschn. 1, 4, 8 und die Zusatztitel 13 Abschn. 2, 14 Abschn. 5 und 19 Abschn. 2 der amerik. Verfassung.

[5] Art. 1 Abschn. 7 Abs. 1 der amerik. Verfassung.

[6] *Loewenstein*, Verfassungsrecht, S. 202.

[7] *Johnson*, S. 312.

[8] Art. 2 Abschn. 2 Abs. 1 der amerik. Verfassung.

[9] Art. 2 Abschn. 2 Abs. 2 der amerik. Verfassung.

[10] *Loewenstein*, AÖR Band 75, S. 135.

[11] Zum Wahlverfahren im einzelnen: *Loewenstein*, Verfassungsrecht, S. 284 ff.

[12] *Hamed*, S. 96.

[13] Im einzelnen vgl. *Carstens*, S. 59.

schußsitzungen[14, 15], noch hat er die Möglichkeit, die Gesetzgebungskörperschaft aufzulösen.

Die personelle Trennung der Gewaltenträger ist dadurch gesichert, daß keine Person, die ein Amt unter der Hoheit der Vereinigten Staaten innehat, während der Amtsdauer Mitglied eines der beiden Häuser sein darf[16, 17].

Das System einer strikten Gewaltentrennung wird jedoch dadurch modifiziert, daß die Verfassung zwischen den drei Gewalten wechselseitige Einflußmöglichkeiten geschaffen hat, die als checks and balances — Hemmungen und Gegengewichte — bezeichnet werden[18]. Die Balance zwischen den Gewalten soll dadurch gewahrt bleiben, daß die Machtkonzentration bei einer Gewalt verhindert wird. Das System der checks and balances zwingt somit die Gewaltenträger, unter bestimmten Voraussetzungen zwecks Formierung des Staatswillens zusammen zu arbeiten. So hat z. B. der Präsident ein Vetorecht gegen die vom Kongreß verabschiedeten Gesetze[19], andererseits kann der Präsident ohne eine Zweidrittel Mehrheit des Senats weder völkerrechtliche Verträge abschließen noch bestimmte Beamtenkategorien ernennen[20]. Noch stärker als das Budgetrecht der Legislative und als die Reibungen zwischen beiden Häusern des Kongresses stellt sich das richterliche Prüfungsrecht als ein Mittel von checks and balances dar[21].

Wenn auch die Gefahr eines zu trägen Staatsapparates wegen der Interdependenz von Kongreß und Präsidialgewalt besteht, so bedingt diese Interdependenz andererseits die Balance zwischen den Gewalten. Es war auch nicht die Absicht der Verfassungsväter von 1787, „Reibungen zu vermeiden, sondern vielmehr durch Indienststellung der Reibungen, die unvermeidlich sind, wenn die Ausübung der Regierungsgewalt verschiedenen Gewalten obliegt, das Volk vor einer autokratischen Herrschaft zu retten“[22].

---

[14] Vgl. *Fraenkel*, S. 287.

[15] Eine Ausnahme gilt für die jährliche Kongreßbotschaft des Präsidenten; dazu näher *Johnson*, S. 255.

[16] Art. 1 Abschn. 6 Abs. 2 erster Halbsatz der amerik. Verfassung.

[17] Zur Weite des Inkompatibilitätsgebotes siehe *Fraenkel*, S. 285.

[18] Vgl. *Loewenstein*, Verfassungsrecht, S. 15.

[19] Zur Ausübung des Vetos vgl. *Corwin - Small - Jayson*, S. 136.

[20] Art. 2 Abschn. 2 S. 1 der amerik. Verfassung.

[21] Vgl. *Loewenstein*, Vom Wesen der Verfassung, S. 16; zu dem Balancegedanken innerhalb der Legislative siehe Carl *Schmitt*, Die geistesgeschichtliche Lage, S. 56, 57; zum richterlichen Prüfungsrecht siehe *Johnson*, S. 49, 50.

[22] Youngstown Sheet & Tube v. Sawyer 343 US 613.

2. Die Einwirkung der Präsidialgewalt auf die Gesetzgebung; die Rivalität zwischen Kongreß und Präsident in der Verfassungswirklichkeit

Der Umstand, daß der Kongreß im Rahmen der ihm durch die Verfassung gewährten Zuständigkeit ausschließlich zur Gesetzesinitiative berechtigt ist, schließt jedoch nicht den Einfluß von außerhalb des Kongresses befindlichen Kräften auf die Gesetzgebung aus. Eine Untersuchung der wichtigsten in der Zeit zwischen 1870 und 1940 verabschiedeten Gesetze hat ergeben, daß hiervon bei 20 % der Einfluß der Exekutive überwog, bei etwa 30 % der Präsident und der Kongreß gleichermaßen beteiligt, etwa 10 % auf den Einfluß von privaten Gruppen sowie die übrigen 40 % auf den Einfluß der Kongreßmitglieder zurückzuführen waren[23].

Die Einflußnahme auf die Gesetzgebung durch private Gruppen vollzieht sich vorwiegend durch die Interessenverbände, die gewöhnlich als Druckgruppen (pressure groups) bezeichnet werden und als deren einflußreichste sich die Gewerkschaften, die Unternehmer und die Farmerverbände darstellen[24].

Diese Druckgruppen verfügen häufig über einen Mitarbeiterstab hochqualifizierter Juristen, die dann den Verbandsinteressen dienliche Gesetze entwerfen[25]. Das Kongreßmitglied, das für eine außerhalb der Gesetzgebungskörperschaft stehende Gruppe einen Gesetzentwurf einbringt, wird dadurch, daß es diesen mit der Bemerkung „by request" (auf Wunsch) versieht, der persönlichen Verantwortlichkeit enthoben[26].

Die von dem Präsidialstab oder den Ministerien ausgearbeiteten Gesetzesvorschläge werden mangels eines eigenen Initiativrechts der Regierung von Mitgliedern des Kongresses, die der Partei des Präsidenten angehören, im eigenen Namen, aber im Auftrage des Präsidenten, in einem der beiden Häuser des Kongresses eingebracht[27]. In Notzeiten, wie beispielsweise während der Depressionskrise des Jahres 1933[28] und nach dem Eintritt der Vereinigten Staaten in den zweiten Weltkrieg, stammten die Gesetzesvorlagen fast ausschließlich von der Regierung. Auch verstärkte der Umstand, daß die vermehrte Tätigkeit des Staates im sozialen Bereich und die staatliche Einwirkung auf die Wirtschaft legislatorische Maßnahmen verlangte, daß ferner die Bundesverwaltung ständig an Umfang zunahm und sie seit der Regierungszeit Roosevelts hervorragende Spezialisten und Wissenschaftler in ihren Dienst stellte, die

---

[23] *Chamberlain*, S. 450, 453.
[24] Vgl. *Galloway*, Congress, S. 471 und die Aufstellung bei *Carstens*, S. 42.
[25] *Loewenstein*, Verfassungsrecht, S. 198.
[26] *Loewenstein*, Verfassungsrecht, S. 199.
[27] *Loewenstein*, Verfassungsrecht, S. 370.
[28] *Griffith*, Congress, S. 65.

Einwirkungsmöglichkeiten der Exekutive auf den Gesetzgebungsprozeß[29].

Da zudem der Kongreß bis zum Ende des zweiten Weltkrieges einen nur sehr schwach entwickelten parlamentarischen Hilfsdienst besaß[30], war er bei der ständig schwieriger und umfassender werdenden Gesetzgebungsmaterie auf die Sachverständigen der Exekutive angewiesen[31], von denen er keine Alternativen zu Gesetzesvorlagen, die die Verwaltung ausgearbeitet hatte, erwarten konnte.

Die oben angeführten Umstände führten dazu, daß der Kongreß während der zwölfjährigen, energisch geführten Regierungszeit Roosevelts die Gefahr aufkommen sah, unter Aufgabe der materiellen Gesetzesinitiative weitestgehend zu einem Beschlußorgan degradiert zu werden, weil ihm als einem Gremium von Laien ein Expertenstab, wie er der Exekutive zur Verfügung stand, fehlte[32].

Daß der Kongreß angesichts dieser Sachlage nach Mitteln suchte, die seine Position aufzuwerten vermochten, erscheint in Anbetracht des von der Verfassung vorgesehenen Gleichgewichts zwischen der Volksvertretung und dem Präsidenten einleuchtend. Das Erfordernis einer Änderung ergab sich aber vor allem, wenn man mit Loewenstein[33] „die ständige und ununterbrochene Rivalität um die Macht zwischen dem Präsidenten und dem Kongreß als die hervorstehendste Erscheinung der politischen Dynamik“ betrachtet. Zwar war die Gewaltentrennung durch die Einwirkung des Präsidenten auf den Gesetzgebungsprozeß und die kongressionelle Übertragung von staatlichen Hoheitsrechten, vornehmlich Normsetzungsrechten, auf unabhängige Kommissionen[34] — Independent Regulatory Agencies — beeinträchtigt[35]. Die Rivalität der Gewaltenträger und die dadurch begünstigte Balance war aber erhalten geblieben, zumal die beiden großen politischen Parteien — anders als im parlamentarischen Regierungssystem kontinentaleuropäischer Prägung — nicht gleichermaßen Gesetzgebungskörperschaft und Exekutive beherrschten.

Ein Grund hierfür ist im Fehlen eines Tadelsvotums im präsidentiellen Regierungssystem[36], ein anderer in der plebiszitär-demokratischen Legitimierung des Präsidentenamtes zu sehen. Neben einer Wahlzeit von

---

[29] *Carstens*, S. 58.
[30] *Gross*, B. M., S. 282.
[31] *Griffith*, Das Regierungssystem, S. 73.
[32] *Griffith*, aaO.
[33] *Loewenstein*, Verfassungsrecht, S. 367.
[34] Hierzu im einzelnen *Carstens*, S. 81 ff.
[35] *Corwin - Small - Jayson*, S. 9, 10.
[36] *Fraenkel*, S. 282.

sechs Jahren für die Senatoren, die diesen eine starke Unabhängigkeit von ihrer Parteileitung verleiht[37], tritt noch der Umstand, daß der Schwerpunkt des Parteilebens bei den einzel-staatlichen, zum Teil sogar bei den lokalen Parteiverbänden liegt, die den Einfluß des Präsidenten auf seine Partei begrenzen[38]. Ferner ist es bei der Unabhängigkeit der Präsidentschafts- von den Kongreßwahlen[39] nicht nur theoretisch möglich, sondern wiederholt eingetreten, daß sich der Präsident als Titularführer seiner Partei einer Kongreßmehrheit der anderen Partei gegenübergestellt sieht[40]. Das zeitweilige Zusammenwirken der Demokraten des Südens mit den Republikanern[41] zeigt zudem, wie unterentwickelt die Parteisolidarität im amerikanischen Kongreß ist[42].

War somit trotz der politischen Parteien und einer weitgehenden Durchbrechung der Gewaltentrennung die Rivalität zwischen dem Präsidenten und dem Kongreß erhalten geblieben, so hat der Kongreß sich durch den Legislative Reorganization Act (LRA) von 1946 die notwendigen Kautelen geschaffen, um einer noch stärkeren Aushöhlung seiner Legislativfunktion und einer noch weiteren Kräfteverlagerung zwischen den Gewalten zugunsten des Präsidenten zu begegnen: Mit der erheblichen Ausweitung des parlamentarischen Hilfsdienstes haben Senat und Repräsentantenhaus sich einen Mitarbeiterstab aufgebaut, der eine unabhängige Willensbildung der Abgeordneten ermöglichen und dem Kongreß einen gewissen Anteil bei der Urheberschaft der Gesetze[43] erhalten soll.

Zugleich verstärkte der Kongreß aus der Erkenntnis heraus, daß die ständig schwieriger werdende Gesetzgebungsmaterie seine materielle Gesetzesinitiative auf die Dauer stark beeinträchtigen wird, seine Einwirkungsmöglichkeiten auf die Exekutive[44]. Er tat dies, indem er die Arbeit seiner Ausschüsse vornehmlich durch Stärkung der Untersuchungstätigkeit und eine gründlichere Handhabung der Budgetkontrolle intensivierte. Die Vermehrung der Aufgaben der Kongreßmitglieder bot gleichzeitig einen wesentlichen Ansatzpunkt für die Tätigkeit des Hilfsdienstes in den Ausschüssen.

---

[37] *Loewenstein,* Verfassungsrecht, S. 210.

[38] *Fraenkel,* S. 105.

[39] *Ehrman,* S. 35, weist auch darauf hin, daß Präsident und Kongreß sich einer unterschiedlichen Wählerschaft — der eine dem ganzen Volk, der andere mehr den Gruppen seiner Wahlkreise — verpflichtet fühlen.

[40] Vgl. *Loewenstein,* JÖR, Bd. 13, S. 77.

[41] Vgl. *Morstein Marx,* AÖR Bd. 79, S. 281.

[42] Siehe *Loewenstein,* JÖR Bd. 13, S. 77.

[43] Siehe *Galloway,* Congress, S. 11 ff.

[44] *Galloway,* aaO.

II. Der Aufgabenbereich des Hilfsdienstes und seine Organisation im Kongreß

1. Der Legislative Reference Service (Gesetzgebungsdokumentationsdienst)

a) Aufgabenbereich

Der Legislative Reference Service (Gesetzgebungsdokumentationsdienst) ist in den Vereinigten Staaten aus den Staatsbibliotheken hervorgegangen[45]. Nachdem der Bundesstaat New York bereits seit 1890 eine Abteilung für Gesetzesauskunft und der Staat Wisconsin im Jahre 1901 einen Gesetzgebungsdokumentationsdienst in der Staatsbibliothek etabliert hatte[46], war es seit 1915 die Aufgabe einer Abteilung der Kongreßbibliothek, Gesetzgebungsdokumentation zu erbringen[47]. Durch den Legislative Reorganization Act (LRA) von 1946 wurde der Gesetzgebungsdokumentationsdienst nicht nur gesetzlich verankert, sondern vor allem erheblich erweitert.

Der LRA[48] gibt dem Dienst folgende Aufgaben:

1. Auf Ersuchen jeden Ausschuß eines der beiden Häuser oder jeden gemeinsamen Ausschuß beider Häuser bei der Analyse, der Beurteilung und der Auswertung von Gesetzesvorschlägen oder der an den Kongreß gerichteten Empfehlungen des Präsidenten oder der übrigen Exekutivstellen zu beraten und zu unterstützen und auch sonst bei der Beschaffung einer Entscheidungsgrundlage für die Ausschußarbeit mitzuhelfen;
2. auf Ersuchen oder aus eigener Initiative Unterlagen für die Gesetzgebungsarbeit zu beschaffen, sie zu ordnen, zu untersuchen und in Form von Übersetzungen, Indices, Auszügen, Sammlungen, Berichten oder in anderer Weise dem Kongreß, den Ausschüssen und ihren Mitgliedern zur Verfügung zu stellen, und zwar ohne jede parteipolitische Ausrichtung hinsichtlich der Auswahl und der Zusammenstellung;
3. Zusammenstellungen und Auszüge von öffentlichen Vernehmungen vor Kongreßausschüssen und von Gesetzesvorlagen und Entschließungen, die im Senat oder Abgeordnetenhaus eingebracht worden sind, vorzubereiten.

---

[45] *Walker*, S. 319.

[46] *Witte*, The Annals of the American Academy of Political and Social Sciences 1938, S. 137.

[47] *Galloway*, Congress, S. 407; die Ausgaben für die Kongreßbibliothek finden sich im Haushaltsplan unter „Legislative Establishments", *Walker*, S. 319.

[48] Chapter 753 title II, § 203 (2), 60 Stat. 836.

Als das in der Praxis hervorstechendste Tätigkeitsmerkmal des Reference Service kann die Erstattung von Gutachten[49] und Kurzgutachten, ferner die Zusammenstellung von Tatsachenmaterial im Hinblick auf Gesetzesvorlagen bezeichnet werden[50]. Wenngleich vom Gesetz nicht erwähnt, gehören der Entwurf von Reden und Zeitungsartikeln für die Mitglieder des Kongresses und die Beantwortung von Fachfragen, die den Abgeordneten z. B. von den Wählern gestellt werden[51], zur Tätigkeit des Dienstes.

b) Organisation des Dienstes, Rechtsstellung seiner Mitglieder

Der große Aufgabenbereich des Dienstes tritt in seiner Organisation zutage. Der Dienst stellt ein selbständiges Department der Kongreßbibliothek dar und ist in Abteilungen für amerikanisches Recht, Wirtschaftspolitik, Außenpolitik, Geschichte und allgemeine Forschung, Verfassungs- und Verwaltungsfragen und die Abteilung der Senior Specialists gegliedert[52], wobei letztere als die bedeutsamste zu bezeichnen ist. In dieser Abteilung sind Senior Specialists, also hochqualifizierte Fachleute, auf Gebieten tätig, die für den Staat unserer Tage besondere Bedeutung haben: Vollbeschäftigung, Sozialpolitik, Geld- und Bankwesen, auswärtige Beziehungen etc.[53]. Durch die Heranziehung von Senior Specialists[54], die insbesondere den entsprechenden Fachausschüssen des Kongresses für Sonderaufträge zur Verfügung stehen[55], wollte der Kongreß seinen Mitgliedern eine der Exekutive gleichwertige Informations- und Beratungsmöglichkeit geben.

Die ständige Steigerung der Aufträge[56] hat dazu geführt, daß sich die Zahl der Mitarbeiter von 20[57] im Jahre 1915 auf 220[58] im Jahre 1964 erhöht hat.

---

[49] So hat der Dienst z. B. Gutachten zum Marshallplan und zum Gesetz über soziale Sicherheit verfaßt, *Galloway*, Parliamentary Affairs, 1954/1955, S. 263.

[50] Vgl. *Kofmehl*, S. 10, *Berman*, S. 194, 196.

[51] *Galloway*, aaO.

[52] *Galloway*, Congress, S. 408.

[53] Im einzelnen: Chapter 753 title II, § 203 (b), 60 Stat. 836.

[54] Im Jahre 1964 beschäftigte der Kongreß 20 Senior Specialists, *Berman*, S. 196.

[55] *Kofmehl*, S. 10.

[56] Im Jahre 1916 betrug die Zahl der Aufträge 756 (*Kleinrahm*, AÖR Bd. 79, S. 149); 1953 51 000 (*Galloway*, Congress, S. 408); 1964 bereits 100 000 (*Berman*, S. 195). Zwar muß bei den genannten Zahlen berücksichtigt werden, daß zwei Drittel der Aufträge einfache Fragen betrafen, die mit Broschürenmaterial beantwortet werden konnten, aber diese Zahlen zeigen die breite Tätigkeit des Dienstes auf; siehe auch *Berman*, aaO. und *Galloway*, Parliamentary Affairs 1954/55, S. 263.

[57] *Kleinrahm*, AÖR Bd. 79, S. 148.

[58] *Berman*, S. 195.

Der LRA[59] sieht vor, daß der Direktor des Dienstes ebenso wie dessen übrige Mitarbeiter, die sich vorwiegend aus Juristen, aber auch aus Historikern, Politologen und Wirtschaftswissenschaftlern zusammensetzen ohne Berücksichtigung politischer Gesichtspunkte und beamtenrechtlicher Vorschriften (civil service laws)[60] vom Leiter der Kongreßbibliothek ernannt werden. Der Umstand, daß die Ernennung ohne Rücksicht auf die civil service laws erfolgt, bedeutet lediglich den Ausschluß der für die Einstellung eines civil servants regelmäßig erforderlichen Prüfung[61], denn im übrigen finden beamtenrechtliche Vorschriften, vor allem jene hinsichtlich der Pension[62], auf sie Anwendung.

Die vom Gesetzgeber vorgesehene Überparteilichkeit[63] und die Unabhängigkeit des Dienstes von den politischen Verhältnissen im Kongreß wird dadurch gefördert, daß die Mitglieder des Reference Service nicht unmittelbar von der Gesetzgebungskörperschaft, sondern vom Leiter der Kongreßbibliothek, einem vom amerikanischen Präsidenten mit Zustimmung des Senats auf Lebenszeit angestellten Beamten[64], ernannt werden. Mangels unmittelbarer Einwirkungsmöglichkeit auf den Dienst könnte sich eine kongressionelle Einflußnahme lediglich auf dem Umweg bei der Gestaltung des Haushaltsplans vollziehen[65].

Die *gleichwertige* Behandlung von legislatorischer und exekutivischer Tätigkeit, die in der Vorschrift des LRA[66] Ausdruck findet, daß das Dienstgehalt der Senior Specialists nicht unterhalb der höchsten Einstufung der Fachleute liegen soll, die eine vergleichbare Tätigkeit für die Regierung versehen, macht die Tätigkeit im Legislative Reference Service attraktiv[67]. Eine infolgedessen hinreichende Anzahl von Bewerbern

---

59 Chapter 753 title II, § 203 (b, 1), 60 Stat. 836.

60 Wenngleich hier auf den Status der im öffentlichen Dienst stehenden Personen nicht näher eingegangen werden kann, so soll kurz ausgedrückt werden, daß hinsichtlich des rechtlichen Status ein Unterschied zwischen Bundesangestellten und Bundesbeamten in den Vereinigten Staaten nicht besteht (*Loewenstein*, Verfassungsrecht, S. 340), daß der Beamte aber auch keinen Anspruch auf lebenslängliche Belassung im Staatsdienst hat (vgl. Crenshaw v. United States 34 US 99, *Carstens*, S. 75), und trotz gewisser Angleichungen an das deutsche Beamtenrecht, insbesondere hinsichtlich des Erfordernisses gewisser Qualifikationen (*Johnson*, S. 407 ff.), eine dem deutschen Beamtenrecht vergleichbare Disziplinargerichtsbarkeit weitgehend fehlt (siehe *Johnson*, S. 421, 422; *Loewenstein*, Verfassungsrecht, S. 348, 349).

61 Vgl. *Loewenstein*, Verfassungsrecht, S. 343.

62 Chapter 753 title II, § 203 (b, 1), 60 Stat. 836, vgl. Employment, S. 2.

63 Chapter 753 title II, § 203 (a), 60 Stat. 836.

64 *Kofmehl*, S. 9.

65 *Kofmehl*, aaO.

66 Chapter 753 title II, § 203 (b, 1), 60 Stat. 836; vgl. auch *Galloway*, Congress, S. 408.

67 Das Gehalt der Senior Specialists kommt dem eines Unterstaatssekretärs sehr nahe, vgl. *Berman*, S. 196.

ist nicht ohne Einfluß auf die Qualität des Dienstes: seine Überparteilichkeit[68] ist gleichermaßen anerkannt, wie das nicht zuletzt durch die Anstellung von Wissenschaftlern[69] bedingte hohe Niveau der Gutachten[70].

2. Der Dienst für die Gesetzesformulierung (Office of Legislative Counsel)

Der seit dem Jahre 1919[71] bestehende Dienst für die Gesetzesformulierung wird von zwei Legislative Counsels (Gesetzgebungsräten) geleitet, von denen einer im Repräsentantenhaus und der andere im Senat für die Gesetzesformulierung verantwortlich ist. Die Ernennung der Gesetzgebungsräte erfolgt durch den Sprecher des Repräsentantenhauses bzw. durch den stellvertretenden Vorsitzenden des Senats (president pro tempore)[72]. Bei der Abfassung der Gesetzesvorlagen, der private and public bills[73], hilft der Dienst nicht ex officio, sondern er wird auf Ersuchen der Mitglieder oder der Ausschüsse des Kongresses tätig[74].

Die Tätigkeit des Dienstes, die als eine rein technische erscheinen mag, verlangt eine angesichts der zahlreichen amendments (Ergänzungen) amerikanischer Gesetze schwer zu erlangende subtile Kenntnis der gesetzlichen Vorschriften und der Rechtsprechung. Es müssen ferner die Auswirkungen der beabsichtigten gesetzlichen Maßnahmen gesehen wer-

---

[68] *Berman*, S. 197; *Galloway*, Parliamentary Affairs 1954/55, S. 264; nach der Auffassung von *Kofmehl* (S. 10) ist der Dienst wegen seiner weitgehenden, organisatorisch bedingten Unabhängigkeit mehr auf der Peripherie als im Zentrum des Kongresses tätig.

[69] So war beispielsweise der erste langjährige Direktor des Dienstes, E. S. Griffith, als Professor an amerikanischen Universitäten tätig.

[70] *Kofmehl*, S. 10.

[71] Kennzeichnend für den engen Kontakt von Wissenschaft und Parlament ist in diesem Zusammenhang, daß die Gründung des Amtes erfolgte, nachdem im Jahre 1916 der Legislative Drafting Research Fund der Columbia Universität dem Kongreß einen Mitarbeiter zwecks Unterstützung bei der Formulierung der Gesetze zur Verfügung gestellt hatte; *Galloway*, Congress, S. 409.

[72] Revenue Act 1919, Chapter 18 title 13, Abschn. 1305 (b u. d), 40 Stat. 1141 as amended; da der Vizepräsident der Vereinigten Staaten von Amts wegen Präsident des Senats ist, muß der Senat sich für die Erledigung der laufenden Geschäfte einen stellvertretenden Vorsitzenden wählen, siehe Art. 1 Abschn. 3 Abs. 5 der amerik. Verfassung.

[73] Während die public bills einen zahlenmäßig nicht erfaßbaren Kreis betreffen, beziehen sich die private bills auf bestimmte Einzelpersonen oder Einzeleinrichtungen; *Loewenstein*, Verfassungsrecht, S. 196.

[74] Das Gesetz spricht zwar lediglich von der Hilfe des Dienstes auf Ersuchen der Ausschüsse, aber der Dienst wird gerade sehr oft für einzelne Abgeordnete beim Entwurf von private bills tätig, vgl. *Kofmehl*, S. 193; zur Häufigkeit der Tätigkeit bei private und public bills: *Galloway*, Congress, S. 11.

den, was aber eine besondere Kenntnis der zu regelnden Materie verlangt[75]. Der Maßstab der bei der Gesetzesabfassung anzuwendenden Sorgfalt wird nicht zuletzt durch das von der Verfassung vorgesehene Vetorecht des amerikanischen Präsidenten[76] gegen ein von ihm mißbilligtes Gesetz bestimmt. Für die Tätigkeit des Dienstes ist weiterhin wichtig, daß er den Zweck, der mit dem Gesetz verfolgt werden soll, bis ins Detail kennt[77], damit nicht eine falsche Formulierung eine ungewollte Interpretation zuläßt.

Die Mitarbeiter des Dienstes, die auch vom Gesetzgebungsdokumentationsdienst mit Informationsmaterial unterstützt werden, wahren die Diskretion eines Entwurfs u. a. dadurch, daß sie ohne Zustimmung des Auftraggebers eine bei der Gesetzesformulierung eventuell erforderliche Verbindung mit Stellen der Exekutive oder Vertretern organisierter Interessen nicht aufnehmen[78].

Gegenüber der anerkannten Überparteilichkeit[79] und den qualitativ sehr guten Leistungen[80] des Dienstes ist freilich angeführt worden, die Möglichkeit, daß jeder Abgeordnete ohne persönliche Mühe Gesetzesvorlagen ausarbeiten lassen könne, habe zu einer erheblichen Steigerung der Gesetzgebungstätigkeit geführt, wobei Abgeordnete häufig ohne von der Notwendigkeit eines Vorschlags überzeugt gewesen zu sein, lediglich ihren Wählern hätten entgegenkommen wollen[81]. Berman[82] hat ferner darauf hingewiesen, daß die Effizienz des Dienstes das einzelne Kongreßmitglied unabhängig von dem Ratschlag seiner Partei mache, was zu einer weiteren Schwächung der im Kongreß ohnehin nur gering entwickelten Parteidisziplin geführt[83] und die Führungsrolle des amerikanischen Präsidenten erschwert habe.

---

[75] *Graves*, S. 266; *Walker*, S. 336.

[76] Art. 1 Abschn. 7 Abs. 2 amerik. Verfassung.

[77] So *Berman*, S. 197.

[78] *Berman*, S. 197; vgl. die sehr ausführliche Darstellung der Kontakte des Dienstes bei *Kofmehl*, S. 188, 198.

[79] *Gleason*, Georgetown Law Review 1949/50, S. 279; *Galloway*, Congress, S. 409; *Berman*, S. 197.

[80] *Kofmehl*, S. 208.

[81] *Bailey - Samuel*, S. 8.

[82] *Berman*, S. 198.

[83] Der Umstand, daß Republikaner und Demokraten in beiden Häusern des Kongresses Parteiorganisationen unterhalten, die schon mangels ausgeprägter Fraktionsdisziplin nur schwer als Fraktionen im kontinental-europäischen Sinn zu bezeichnen sind (*Loewenstein*, Verfassungsrecht, S. 193, 212), bedingt, daß die kongressionellen Parteiorganisationen einen relativ sehr dürftigen Hilfsdienst aufweisen. So hatte z. B. das Republican Policy Committee im Senat im Jahre 1965 einen Assistentenstab von 11 Personen, während das Senate Democratic Policy Committee 4 Assistenten aufwies. Im Repräsentantenhaus unterhalten das Republican Policy Committee und die Democratic Study Group lediglich 3 Mitarbeiter. So die schriftliche Auskunft von Dr. G. B. *Galloway*, Senior Specialist im Legislative Reference Service, vom 12. 1. 1965.

3. Die Ausschußassistenz

a) Tätigkeit

Die Ausschußassistenz, deren Aufgabenbereich der Legislative Reorganization Act nicht umschreibt, stellt ein weiteres Hilfsmittel für die Arbeit des Kongresses dar.

Nach dem Legislative Reorganization Act (LRA) ist jeder ständige Ausschuß von Senat und Repräsentantenhaus berechtigt, zusätzlich zu dem Personal, das Dienste vorwiegend technischer Art versieht[84], bis zu vier Assistenten anzustellen. Eine Ausnahme macht das Gesetz hinsichtlich des Bewilligungsausschusses für Staatsausgaben, der so viele Assistenten anstellen darf, wie es ihm erforderlich erscheint[85]; der Ausschuß hat etwa 60 Mitarbeiter[86]. Aber auch andere besonders wichtige Ausschüsse haben durch Sondergenehmigung die Zahl ihrer Mitarbeiter bis auf 50 erhöht[87]. Der Umfang der Ausschußassistenz wird verständlich, wenn man davon ausgeht, daß die Ausschüsse des Kongresses — weitgehend bedingt durch das Spannungsverhältnis der Gesetzgebungskörperschaft zur Regierung — einen wesentlich weiteren Aufgabenbereich haben als die der deutschen Parlamente.

Die Tätigkeit der Ausschußassistenten umfaßt die Anfertigung des Ausschußberichtes an das Plenum und die Beratung der Ausschußmitglieder während der Debatte in der Vollversammlung[88].

Die Aktivität der Assistenten entfaltet sich ferner vor und bei den öffentlichen Informationssitzungen (public hearings) der Ausschüsse. Die öffentlichen Informationssitzungen[89] dienen der Willensbildung der Ausschußmitglieder, und es ist ihr Zweck, das Für und Wider einer Gesetzesvorlage durch Vernehmung von Zeugen zu klären[90].

Die für die public hearings erforderlichen Zeugen und die an diese zu stellenden Fragen werden in der Regel von den Assistenten den Ausschußmitgliedern vorgeschlagen. Auch das für die hearings erforderliche Material wird von den Assistenten beschafft[91].

---

[84] Chapter 753 title II, Abschn. 202, unterscheidet zwischen professional und clerical staff, was wenig klar ist, da ein clerical staff begrifflich auch ein professional staff sein kann.

[85] Chapter 753 title II, Abschn. 202 (b).

[86] Diese Zahl gibt *Cochrane* (The Western Political Quarterly 1964, S. 341) für das Jahr 1962 an; vgl. *Galloway*, Congress, S. 411.

[87] *Cochrane*, aaO.

[88] Vgl. *Kofmehl*, S. 123.

[89] Zum Ablauf der public hearings im einzelnen *Zinn*, S. 11, 12; *Berman*, S. 154.

[90] Kritisch zu den public hearings: *Loewenstein*, Verfassungsrecht, S. 200.

[91] *Kofmehl*, S. 154, 155, weist auf die Zusammenarbeit mit dem Legislative Reference Service hin.

Auf die den Ausschüssen des Kongresses infolge der Machtzunahme von Regierung und Verwaltung durch den LRA auferlegte Wachsamkeitspflicht und die Untersuchungstätigkeit der Ausschüsse wird kurz einzugehen sein. Sie lassen nämlich den umfassenden Aufgabenbereich der Assistenten als Funktion der veränderten Parlamentstätigkeit und die Bedeutung der Assistenz in bezug auf die Kongreßarbeit und ein Gleichgewicht der Gewalten erkenntlich werden.

Der LRA bestimmt, daß jeder ständige Ausschuß des Kongresses die Durchführung der Gesetze, die der Materie nach zur Zuständigkeit des betreffenden Ausschusses gehören, mit Wachsamkeit beobachten soll[92, 93]. Die hierfür erforderliche Übersicht über die Maßnahmen der Exekutive verschafft sich der Kongreß u. a. im Geldbewilligungsausschuß, in dem die Haushaltspläne der verschiedenen Departments beraten werden, ferner in den Fachausschüssen[94], die fortlaufend von der Verwaltung Tätigkeitsberichte anfordern[95], und in dem Ausschuß für Regierungstätigkeiten, der vorwiegend Untersuchungen vornimmt[96].

Die Untersuchungstätigkeit des Kongresses, die in Deutschland wegen der Arbeit des Ausschusses für unamerikanische Betätigungen im Repräsentantenhaus bekannt wurde, ist weitgehend, aber nicht ausschließlich auf den Bereich von Regierung und Verwaltung gerichtet[97]. Wenngleich ein Untersuchungsrecht des Kongresses in der Verfassung nicht erwähnt ist, hat der Supreme Court doch mehrfach die Untersuchungstätigkeit, insbesondere hinsichtlich der Anwendung der Gesetze durch Regierung und Verwaltung, als Ausfluß der Gesetzgebungsfunktion für gerechtfertigt erklärt[98].

Eigentlicher Sinn der Untersuchungstätigkeit ist es, daß der Kongreß auf Grund von Tatsachenermittlungen beurteilen kann, ob gesetzgeberische Maßnahmen erforderlich sind.

Wegen des Ausmaßes der Untersuchungen, die nicht immer dem Erlaß neuer Gesetze dienten[99], hat der Oberste Gerichtshof eine Einschränkung dahin vorgenommen, daß die Untersuchungstätigkeit mit einem legitimen, d.h. sachbezogenen Zweck der Gesetzgebung zusammenhängen und

---

[92] Chapter 753 title I, Abschn. 136, 60 Stat. 832.

[93] Zur weiteren Auslegung dieser Vorschrift siehe *Fraenkel*, S. 304.

[94] So hat z. B. ein Untersuchungsausschuß des Senatsausschusses für das Heerwesen unter Leitung des damaligen Senators L. B. Johnson gründlich die Verwaltung des Heeresministeriums durchleuchtet, *Galloway*, Congress, S. 613.

[95] Vgl. *Galloway*, Congress, S. 614; *Loewenstein*, Verfassungsrecht, S. 249.

[96] *Berman*, S. 167.

[97] *Berman*, S. 174.

[98] Mc. Grain v. Daugherty 47 S. Ct. 319, 328; U. S. v. Rumely 73 S. Ct. 543.

[99] *Loewenstein*, Verfassungsrecht, S. 539, 540; *Fuss - Rogalla*, JZ 1955, S. 530.

dies auch erkenntlich werden muß[100]. Es ist nicht zu verkennen, daß durch die Untersuchungstätigkeit des Kongresses weitgehend in den Tätigkeitsbereich der Exekutive eingegriffen wird[101]. Auch der Umstand, daß die Fachausschüsse von den entsprechenden Departments Berichte über deren Tätigkeit verlangen, die nicht zuletzt im Hinblick auf das Budgetrecht des Kongresses[102] erstattet werden, gibt dem Kongreß eine Überwachungs- und Kontrollposition, die die Gewaltentrennung beeinträchtigt[103], die der Legislative jedoch — nicht zuletzt wegen der Einwirkung der Präsidialgewalt auf den Gesetzgebungsprozeß — erforderlich erscheint[104].

Die Ausschußassistenten bereiten nicht nur die Untersuchungen vor, sondern sie fertigen in der Regel auch den Bericht an das Plenum an, ohne jedoch den Ausschuß hinsichtlich seiner Verantwortung dafür zu entlasten. In Fällen, in denen wegen des Schwierigkeitsgrades der Untersuchung die Ausschußmitglieder zuviel Zeit aufwenden müßten, um deren Tatbestand bis ins Detail zu überblicken, vernehmen die Assistenten teilweise die Zeugen[105]. Der Einfluß, den einige Assistenten bei der Untersuchungstätigkeit ausübten, die vorwiegend von ständigen Ausschüssen vorgenommen wird, ist teilweise erheblich gewesen und hat Kritik erfahren. In der amerikanischen Literatur wird vor allem die Gefahr angedeutet, daß die unmittelbare Verantwortlichkeit der Ausschüsse durch eine zu starke Beteiligung des Hilfsdienstes bei der Untersuchungstätigkeit in Frage gestellt wird[106].

In den Fachausschüssen gehört ferner die Auswertung der periodischen Berichte der Verwaltungsbehörden zur Aufgabe der Assistenten[107], ferner die besondere Prüfung beantragter Mittel.

Da wegen der starken Belastung durch die Gesetzgebungsarbeit die Ausschüsse ihrer Wachsamkeitsaufgabe teilweise nur in beschränktem

[100] Watkins v. United States 77 S. Ct. 1173.

[101] Vgl. *Carstens*, S. 60, 61; *Fuss - Rogalla*, JZ 1955, S. 531.

[102] *Loewenstein*, Verfassungsrecht, S. 257.

[103] *Loewenstein*, Verfassungsrecht, S. 245, spricht von einer Auslöschung der Gewaltenteilung; der Ausschußbericht zum LRA hatte eine „ständige Überwachung" vorgesehen, was aus verfassungsrechtlichen Gründen durch das Wort „Wachsamkeit" ersetzt wurde.

[104] Vgl. *Galloway*, Congress, S. 11, 12; *Berman*, S. 167.

[105] *Kofmehl*, S. 137; da es weder Vorschriften gibt, die die Vernehmung der Zeugen durch Ausschußassistenten verbieten, noch welche, die sie gestatten, hängt die Tätigkeit der Assistenten von der Auffassung des Vorsitzenden oder der Mitglieder des Ausschusses ab; so die schriftliche Auskunft von Walter *Kravitz*, Analyst in American National Government im LRS, vom 30. 6. 1965.

[106] *Samuel - Bailey*, S. 8; *Macmahon*, Political Science Quarterly 1943, S. 380 ff.; vgl. *Fuss - Rogalla*, JZ 1955, S. 531.

[107] *Kofmehl*, S. 128, 129.

Maße nachkommen können[108], wurden wiederholt — bisher jedoch ohne Erfolg — Vorschläge gemacht, die zwecks Verbesserung der Ausschußarbeit eine erhebliche Vergrößerung der Ausschußassistenz vorsahen[109]. Demgegenüber hat Kofmehl[110] zutreffend darauf hingewiesen, daß durch eine zu starke Erweiterung der Ausschußassistenz eine Bürokratie innerhalb des Kongresses geschaffen werde, die Gefahr läuft, mit der Verwaltung zu wetteifern und die vom Kongreß wegen der Verantwortlichkeit der Assistenten gegenüber dem Ausschuß, also mangels eines hierarchischen Verwaltungsaufbaues, nicht mehr zu kontrollieren wäre. Diese Bedenken werden dadurch unterstützt, daß für die 600 Mitarbeiter der Ausschußassistenz des Repräsentantenhauses kein Personaldirektor, sondern lediglich der jeweilige Ausschuß, in dem die Assistenten arbeiten, verantwortlich ist[111].

b) Die Ernennung der Assistenten; Abhängigkeit von den parteipolitischen Verhältnissen

Der LRA[112] sieht vor, daß die Ausschußassistenten unabhängig von politischen, allein nach fachlichen Gesichtspunkten auf dauerhafter Grundlage (on a permanent basis) durch Mehrheitsbeschluß des jeweiligen Ausschusses ernannt werden. Das Gesetz selbst schränkt die Dauerhaftigkeit einer Anstellung im Assistenzdienst jedoch bereits ein, indem es dem Ausschuß das Recht gibt, durch Mehrheitsbeschluß das Dienstverhältnis zu beenden[113]. In dem Maße, wie es der Ausschußmehrheit erforderlich erscheint, werden die Assistenten dem Vorsitzenden[114] und dem ranking minority member, dem Mitglied der Minderheitspartei, das am längsten im Ausschuß tätig war, zugeteilt.

---

[108] Vgl. *Galloway*, Congress, S. 613.

[109] Vgl. z. B. Senate Expenditures Committee, Hearings on Evaluation of LRA of 1946, 80th Congress, 2d Session, PP 132, 152; zitiert nach *Kofmehl*, S. 254 Nr. 59.

[110] *Kofmehl*, S. 146; vgl. *Key*, S. 360.

[111] Die Forderungen nach einem modernen Verwaltungsaufbau im amerikanischen Kongreß sind wiederholt erhoben worden, vgl. *Galloway*, Congress, S. 415, 416.

[112] Chapter 753 title II, § 202, 60 Stat. 834.

[113] Der Umstand, daß die civil service laws ursprünglich nur die Rechtsverhältnisse der Beamten und Angestellten der Exekutive regelten, wirkte sich dahin aus, daß sie nicht zwangsläufig die Mitglieder der Ausschußassistenz erfassen. Zwar können die civil service laws in bezug auf die Assistenten und die Mitglieder des Office of the Legislative Counsel Anwendung finden, aber andererseits hat der Kongreß hinsichtlich der Rechtsverhältnisse seiner Bediensteten eigene Vorschriften, die z. B. bezüglich des Pensionsalters geringere Anforderungen stellen und auf die übliche Anstellungsprüfung verzichten, siehe 5 USC 658, 5 USC 2251 et sequentes.

[114] Der Ausschußvorsitz fällt stets an die Mehrheitspartei und von deren Abgeordneten wird derjenige Ausschußvorsitzender, der am längsten dem Ausschuß angehört (Grundsatz der Seniorität), *Johnson*, S. 300.

Die Vorstellungen des Gesetzgebers von einer überparteilichen Ausschußassistenz, die auf dauerhafter Grundlage tätig wird, sind jedoch nicht allgemein beachtet worden. Einige Ausschüsse beider Häuser des Kongresses, so z. B. der außenpolitische Ausschuß, weisen einen parteipolitisch neutralen, qualifizierten Mitarbeiterstab auf, der allen Mitgliedern des Ausschusses zur Verfügung steht[115]. In den meisten Ausschüssen steht jedoch der überwiegende Teil des häufig nach parteipolitischen Gesichtspunkten bestimmten Ausschußpersonals zur Verfügung der Vorsitzenden und der Mitglieder der Mehrheitspartei des Ausschusses, während ein in der Regel geringer Teil für das rangälteste Mitglied der Minderheitspartei und teilweise für deren Ausschußmitglieder tätig wird[116].

Die Trennung des Ausschußpersonals hat einmal dazu geführt, daß z. T. zwischen den Assistenten der Mehrheits- und Minderheitspartei um die Formulierung von Gesetzentwürfen, Ausschußberichten und um die Zusammensetzung von Zeugen bei den öffentlichen Informationssitzungen gerungen wird[117]. Daß die Mitarbeiter des Dienstes jederzeit durch einen Beschluß der Mehrheit der Ausschußmitglieder entlassen werden können, hat die Zusammensetzung der Assistenten stark von den Mehrheitsverhältnissen im Kongreß abhängig werden lassen und hat dazu geführt, daß z. B. bei Beginn des 81. Kongresses, mit dem die Kontrolle der Ausschüsse auf die Demokratische Partei übergegangen war, ein Drittel des Ausschußpersonals entlassen wurde[118]. Eine weitere Konsequenz der vorherrschenden Verteilung der Assistenten nach parteipolitischen Gesichtspunkten stellt die Gefahr dar, daß die Mitglieder der Minderheitspartei nicht in der Lage sind, der Ausschußarbeit in erforderlichem Maße nachzukommen[119, 120].

Während Galloway[121], einer der Urheber des LRA, bemängelt hat, daß das Sachwissen der Assistenten dazu benutzt werde, von parteipolitischen Gesichtspunkten beeinflußte, vorgefaßte Meinungen durch Sachwissen zu untermauern, ist andererseits die Vorstellung des Gesetzgebers von einer politisch neutralen Ausschußassistenz kritisiert worden.

---

[115] *Cochrane*, The Western Political Quarterly 1964, S. 340. So arbeiten beispielsweise im Committee on Foreign Affairs des Repräsentantenhauses einige Assistenten seit 26 Jahren; so die schriftliche Auskunft des Staff Administrators Boyd *Crawford* vom 24. 6. 1965.

[116] *Cochrane*, aaO.

[117] *Kofmehl*, S. 58, 59.

[118] *Galloway*, Congress, S. 608.

[119] *Cochrane*, The Western Political Quarterly 1964, S. 343.

[120] Es ist deshalb nicht verwunderlich, daß republikanische Abgeordnete, die wegen der Mehrheitsverhältnisse im Kongreß am stärksten durch die Parteilichkeit der Assistenten betroffen werden, einen bestimmten Anteil bei der Verteilung der Assistenten sich zu sichern bemühen, *Berman*, S. 193.

[121] *Galloway*, Congress, S. 415.

Es wurde vor allem hervorgehoben, daß die Assistenten trotz großen Sachverstandes verschiedene Auffassungen zu parteipolitischen Streitfragen hätten, und daß sie sich mit ihrer Auffassung zu bestimmten Fragen nicht in einem Vakuum, sondern im Kongreß als einer politischen Institution befänden[122].

Gegenüber der Tatsache, daß ein überwiegender Teil des Ausschußdienstes allein für die Mitglieder der Mehrheitspartei und dabei oft parteipolitisch tätig wird, muß aber berücksichtigt werden, daß die Programme der beiden großen Parteien in den USA sich nicht wesentlich unterscheiden und eine erhebliche Anzahl bedeutender Gesetze sowohl von den Republikanern als auch von den Demokraten unterstützt worden sind[123].

4. Der persönliche Stab der Kongreßmitglieder

Den Mitgliedern des Kongresses steht zusätzlich zu den erwähnten Hilfsmitteln ein eigener, von ihnen auszuwählender, vom Kongreß weitgehend bezahlter Mitarbeiterstab zur Verfügung, dessen Größe im Senat[124] von der Bevölkerungszahl des Staates[125] abhängt, den der Senator vertritt. Die Tätigkeit des Dienstes umfaßt nicht nur Arbeiten technischer Natur, sondern auch die Vertretung und sachliche Beratung des Kongreßmitgliedes bei den public hearings, die Beratung während der Debatten des Plenums, die Abfassung von Vorträgen und Zeitungsartikeln und die Aufrechterhaltung von Kontakten, insbesondere zu Interessenvertretern, zu Stellen der Exekutive und zum Wahlkreis des Abgeordneten[126].

Wenngleich anerkannt wird, daß der Mitarbeiterstab dem einzelnen Kongreßmitglied einen wesentlichen Teil der Arbeit abnimmt, so hat andererseits gerade die Wirksamkeit der Arbeit auch die Kritik hervorgerufen, der Abgeordnete könnte sich in zu starkem Maße auf seine zudem häufig sehr ehrgeizigen Mitarbeiter verlassen und sich dadurch zu sehr von der eigentlichen Arbeit des Kongresses entfernen[127].

---

[122] *Kampelman*, Journal of Politics 1954, S. 549; *Cochrane*, The Western Political Quarterly 1964, S. 344, 347.

[123] Vgl. die Aufstellung bei *Griffith*, Congress, S. 168.

[124] Einige Senatoren haben bis zu 25 Mitarbeiter, während im Repräsentantenhaus der einzelne Abgeordnete nicht zuletzt wegen des kurzen Mandats und des kleineren Wahlkreises selten mehr als 4 Mitarbeiter hat; *Galloway*, Congress, S. 416, 417; *Berman*, S. 65.

[125] Unabhängig von der Größe entsendet jeder nordamerikanische Einzelstaat 2 Senatoren in den Senat.

[126] Vgl. im einzelnen *Kofmehl*, S. 171, 173.

[127] Vgl. *Berman*, S. 65, 66; *Bailey - Samuel*, S. 8.

Exkurs: Die Bedeutung der kongressionellen Hilfseinrichtungen angesichts der Einwirkungsversuche der lobbies.

Die Tatsache, daß sich der Kongreß einen eigenen Hilfsdienst geschaffen und dadurch den Abgeordneten eine bessere Urteilsfähigkeit ermöglicht hat[128], schließt jedoch nicht die Benutzung von Hilfsmitteln der Ministerialbürokratie und privater Organisationen aus, die einen erheblichen Beitrag für eine erfolgreiche Arbeit der Ausschüsse darstellen[129].

Während die Hilfe der Exekutive sich vor allem in Form von Gutachten, Berichten und gewissen Untersuchungen darstellt[130], stammen die Hilfsmittel privater Organisationen vorwiegend von den Druckgruppen (pressure groups)[131] und gelangen durch deren bezahlte, in Washington ansässige und als lobbies[132] bezeichnete Vertreter in den Kongreß. Bei dem Informationsmaterial der lobbies handelt es sich häufig um wissenschaftlich durchgearbeitete, von führenden Universitätsprofessoren verfaßte Studien, die die Materie keineswegs nur vom Interessenstandpunkt aus behandeln[133].

Wenngleich der Wert der von den lobbies stammenden Hilfsmittel einerseits nicht verkannt wird, ist der Kongreß andererseits bemüht, einseitige Einwirkungsversuche auf die gesetzgeberische Willensbildung aufzudecken. Auf den Versuch des Kongresses, das lobbying zu kontrollieren, ist deshalb kurz einzugehen, weil er neben der Errichtung des parlamentarischen Hilfsdienstes die Bedeutung aufzeigt, die die Gesetzgebungskörperschaft einer weitgehenden Unabhängigkeit parlamentarischer Willensbildung, insbesondere bei der Gesetzgebung, beimißt.

Vorauszuschicken ist, daß in den Vereinigten Staaten wegen des Zweiparteiensystems und mangels ideologischer Unterschiede zwischen den Parteien die Interessenvertreter wenig Chancen haben, in den Kongreß gewählt zu werden[134], so daß sich der rechtlich nicht normierte, tatsächlich aber überaus bedeutsame Einfluß[135] der Druckgruppen auf die Hoheitsträger des Bundes weitestgehend von außen vollzieht.

Das Bundesgesetz zur Regelung der auf Beeinflussung des Gesetzgebers gerichteten Bestrebungen (Federal Regulation of Lobbying Act)

---

[128] *Griffith,* Congress, S. 75, 76; *Loewenstein,* Verfassungsrecht, S. 97.

[129] *Galloway,* Congress, S. 39, 40.

[130] *Galloway,* aaO.

[131] Siehe *Loewenstein,* Verfassungsrecht, S. 201.

[132] Das Wort stammt von der lobby, der Wandelhalle des Kongresses, in der die Interessenvertreter mit den Kongreßmitgliedern zusammentreffen.

[133] *Adam,* Außenwirtschaftsdienst des Betriebsberaters 1960, S. 290.

[134] *Adam,* Außenwirtschaftsdienst des Betriebsberaters 1960, S. 289.

[135] *Carstens,* S. 89.

ist Bestandteil des LRA und sieht vor, daß derjenige, der gegen Bezahlung eine hauptsächliche Tätigkeit (principal purpose) ausübt, die den Gesetzgeber zur Durchführung oder Unterlassung irgendwelcher in seine Kompetenz fallenden Maßnahmen veranlassen soll, sich bei dem zuständigen Beamten des Kongresses als lobbyist registrieren zu lassen hat. Zwecks Veröffentlichung muß der lobbyist seinen Auftraggeber, die Höhe der von diesem ihm zugeteilten Gelder und den Zweck der Tätigkeit, insbesondere die Gesetzgebung, die er fördern oder verhindern will, angeben[136]; die Nichtbeachtung der aufgeführten Pflichten ist unter Strafe gestellt[137].

Dem Gesetz liegt der Gedanke zugrunde, daß der Einfluß der Druckgruppen vermindert wird, wenn er der Öffentlichkeit einschließlich der Kongreßmitglieder bekannt ist und man somit weiß, von wem die Pläne kommen[138].

Da das Gesetz nur Anwendung findet, wenn die Beeinflussung des Gesetzgebers die hauptsächliche Tätigkeit darstellt, haben sich gerade einflußreiche pressure groups, wie z. B. Gewerkschaften und Unternehmerverbände unter dem Vorwand, die Beeinflussung des Gesetzgebers sei nicht ihre hauptsächliche Tätigkeit, der Registrierung entziehen können[139].

Wegen der mangelnden Bestimmtheit der Lobby-Tätigkeit und hinsichtlich des Schutzes der Meinungsfreiheit und des Petitionsrechts haben sich zudem verfassungsrechtliche Bedenken gegen die Regelung des Gesetzes ergeben. Während der United States District Court, District of Columbia[140], die Auffassung vertrat, das Gesetz, dessen Verletzung unter Strafe gestellt wurde, sei zu unbestimmt, um einen klaren Schuldmaßstab aufzuzeigen, und es sei infolgedessen verfassungswidrig[141], hat der Oberste Gerichtshof der Vereinigten Staaten[142] das Gesetz wegen seines grundrechtsbeschränkenden Charakters restriktiv interpretiert und die Verfassungsmäßigkeit bejaht. Hiernach findet das Gesetz dann keine Anwendung, wenn sich die Einflußnahme auf den Kongreß nicht in Form

---

136 Chapter 753 title III, § 305, 60 Stat. 839.

137 Chapter 753 title III, § 310, 60 Stat. 843.

138 Vgl. *Berman*, S. 110.

139 *Fuss - Rogalla*, JZ 1955, S. 532, 533; *Loewenstein*, Verfassungsrecht, S. 219.

140 National Association of Manufacturers v. Mc. Grath, Federal Supplement 103, 510; der US-Supreme Court kam in diesem Fall zu keiner Sachentscheidung, 344 US 704.

141 Der Verstoß wurde u. a. in der due process-Klausel gesehen, nach der Eingriffe in Leben, Freiheit und Eigentum prozeßrechtlich einwandfrei und materiellrechtlich vernünftig sein müssen, vgl. *Loewenstein*, Verfassungsrecht, S. 512, 513.

142 United States v. Rumely 73 S. Ct. 543.

unmittelbarer Mitteilung, sondern auf dem Weg über die öffentliche Meinung vollzieht[143].

Der Umstand, daß die Lobby-Tätigkeit weitgehend als Ausdruck des Petitionsrechts anerkannt wird[144] und die Öffentlichkeit die lobbies als Folge einer auf Wettbewerb ausgerichteten Wirtschaftsdemokratie betrachtet, hat ferner dazu beigetragen, daß die Strafbestimmungen des Gesetzes nur in wenigen Fällen Anwendung finden[145]. Dem Versuch des Kongresses, die Druckgruppen und ihre Repräsentanten gesetzlich zu kontrollieren, ist somit bisher ein nur geringer Erfolg beschieden[146].

Gerade der Umstand, daß es dem Kongreß in nur geringem Umfang möglich war, von außen kommenden Versuchen einer Beeinträchtigung der parlamentarischen Willensbildung zu begegnen, dürfte die Berechtigung eines eigenen Hilfsdienstes für die Gesetzgebungskörperschaft unterstreichen.

---

143 Im Fall United States v. Harriss 347 US. 612 wurde die Anwendung des Gesetzes abgelehnt, weil sich der Beeinflussungsversuch auf den Wähler richtete und es einer „direct communication" mit dem Kongreßmitglied ermangelte.

144 Vgl. *Adam*, Außenwirtschaftsdienst des Betriebs-Beraters 1960, S. 291.

145 *Loewenstein*, Verfassungsrecht, S. 219.

146 *Berman*, S. 113; *Fuss - Rogalla*, JZ 1955, S. 533.

Zweites Kapitel

Die Hilfseinrichtungen der Legislative im Verfassungssystem der Einzelstaaten

I. Legislative und Exekutive in den Einzelstaaten

Wie im Bund, so besteht auch in den Einzelstaaten eine strenge, verfassungsrechtlich verankerte Gewaltentrennung[1]. Der Gouverneur wird vom Volke, nicht von der Legislative gewählt[2] und kann von letzterer lediglich durch die Staatsanklage aus dem Amt beseitigt werden[3]. Andererseits hat der Gouverneur kein Gesetzesinitiativrecht, allerdings verfügt er in den meisten Staaten über gewisse Vetorechte auf dem Gebiete der Gesetzgebung und kann der Legislative Maßnahmen empfehlen, die er für tunlich hält[4]. Wenngleich wegen der unterschiedlichen Parteienkonstellation in den Einzelstaaten der Einfluß, den der Gouverneur über seine Partei auf die Gesetzgebungskörperschaft ausübt, differiert, so ist er in der Regel beträchtlich groß[5].

Die durch die Gewaltentrennung geförderte Eigenständigkeit der Legislative, vor allem das durch die strenge Gewaltentrennung gestärkte Bewußtsein des Parlaments, für den Entwurf und die Verabschiedung der Gesetze ausschließlich verantwortlich zu sein, insbesondere aber die zunehmende Zahl und Kompliziertheit der Normen, die dazu beitrug, daß viele von einzelstaatlichen Parlamenten beschlossene Gesetze von Gerichten am Anfang dieses Jahrhunderts für verfassungswidrig erklärt wurden[6], hatten die frühzeitige Errichtung von legislatorischen Hilfsinstitutionen bewirkt.

---

[1] *Rottschaefer*, S. 44; *Graves*, S. 47.

[2] *Johnson*, S. 697.

[3] Im einzelnen siehe *Johnson*, S. 723.

[4] *Johnson*, S. 730.

[5] *Johnson*, S. 736; siehe auch die Zahlenangaben bei *Graves*, S. 48, 292.

[6] *Siffin*, S. 23.

II. Die Hilfseinrichtungen der Einzelstaaten

1. Die herkömmlichen Hilfseinrichtungen

Mit Ausnahme der Legislative Councils (Gesetzgebungsausschüsse) soll auf die verschiedenen Formen des parlamentarischen Hilfsdienstes, insbesondere auf den Legislative Reference Service, der, am Ende des letzten Jahrhunderts, erstmalig im Staat New York tätig, innerhalb weniger Jahre zur vorherrschenden Hilfseinrichtung nordamerikanischer Parlamente geworden war[7], nicht näher eingegangen werden. Denn trotz der unterschiedlichen Größe und Organisation der parlamentarischen Hilfseinrichtungen gehört zu deren Aufgabenbereich in fast allen Bundesstaaten die Gesetzgebungsdokumentation, die Hilfe bei der Gesetzesformulierung und zum Teil die Assistenz für die Ausschußarbeit[8], wobei in vielen Staaten die Gesetzgebungsdokumentation und die Gesetzesformulierung von älteren Hilfsorganisationen auf die neu errichteten Legislative Councils übertragen wurde.

Auch haben — wie im Kongreß — die Zunahme der Staatsausgaben und die dadurch bedingte Schwierigkeit bei deren Bewilligung und Kontrolle viele Parlamente veranlaßt, sich Hilfseinrichtungen zu schaffen, die entweder nach der Art der deutschen Rechnungshöfe bereits organisatorisch eine starke Unabhängigkeit besitzen und nicht in die Parlamentsverwaltung eingefügt sind, oder den Ausschüssen unterstellt, beziehungsweise den Legislative Councils angegliedert sind[9].

2. Die Legislative Councils

a) Tätigkeit und Organisation

Für das Verständnis der Legislative Councils ist zu sagen, daß in der Mehrzahl der nordamerikanischen Bundesstaaten, in denen mit Ausnahme von Nebraska das Zweikammersystem besteht, die Senatoren

---

[7] Zur Entwicklung des Dienstes, der anfänglich in einigen Bundesstaaten zu parteipolitischen Auseinandersetzungen führte, siehe *Witte*, The Annals of the American Academy of Political and Social Science 1938, S. 137 ff., *Siffin*, S. 22 ff.

[8] Im einzelnen siehe die Zusammenstellungen des Council of State Governments: Permanent Legislative Services, S. 1 ff.; Professional Assistance for Legislative Standing and Interim Committees and Legislative Leaders, S. 1, 3.

[9] Zur unterschiedlichen Organisation siehe im einzelnen: *Wiltsee*, S. 71 ff.; ferner: Council, Permanent Legislative Service Agencies, S. 1 und Fiscal Services for State Legislatures, S. 1, 3, 8, 14 ff. Siehe auch die Vorschläge des Committee on Organisation of Legislative Services of the National Legislative Conference, die sich mit der Gesetzesformulierung und der Möglichkeit einer gründlichen parlamentarischen Überprüfung des Staatshaushaltes befassen, Council of State Governments: „Mr. President ... Mr. Speaker", S. 2 ff.

für vier Jahre und die Mitglieder des Repräsentantenhauses für zwei Jahre gewählt werden[10]. Da im überwiegenden Teil der Gesetzgebungskörperschaften nur alle zwei Jahre eine ordentliche, in ihrer zeitlichen Dauer unterschiedliche, zudem häufig gesetzlich begrenzte Sitzungsperiode stattfindet[11], bleibt neben der Frage, welche gesetzlichen Maßnahmen grundsätzlich notwendig sind, selten noch Zeit für eine detaillierte Erörterung der Gesetzesvorlagen[12]. Der Wunsch, diesen für eine gründliche Gesetzgebungsarbeit ungünstigen Zustand abzuändern, führte zur Gründung der Legislative Councils[13].

Seitdem im Jahre 1933 der erste Gesetzgebungsausschuß im Staate Kansas gegründet worden war, der dem Zweck diente, für die jeweils bevorstehende Legislaturperiode ein Gesetzgebungsprogramm vorzubereiten[14], haben inzwischen weitere 41 Staaten sich eine ähnliche Einrichtung geschaffen[15]. Im Anschluß an die Tätigkeit des Gesetzgebungsausschusses in Kansas gehört es zum Aufgabenbereich des überwiegenden Teiles der Legislative Councils, der jeweiligen Volksvertretung ein Gesetzgebungsprogramm für die kommende Sitzungsperiode zu entwerfen und Empfehlungen für die Erörterung, nicht jedoch für die Ratifizierung, gewisser gesetzgeberischer Maßnahmen zu geben[16]. Die zur Erörterung empfohlenen legislatorischen Maßnahmen sind sehr gründlich hinsichtlich ihrer Notwendigkeit untersucht und mit Gutachten im Hinblick auf ihre Auswirkungen versehen. Das Gebiet, auf dem der Council gesetzgeberische Maßnahmen untersucht, kann dabei durch einen Parlamentsbeschluß oder durch die Anregung einzelner Abgeordneter bestimmt werden[17]. Dadurch, daß viele Vorschläge von der Regierung und von Gruppen der Bevölkerung — vorwiegend von Interessengruppen — über Abgeordnete an den Gesetzgebungsausschuß gelangen[18], wird die Vielfalt der Kräfte im Gesetzgebungsprozeß zusammengefaßt[19].

Demgegenüber begnügt sich ein freilich geringer Teil von Legislative Councils damit, die voraussichtlichen Auswirkungen von Gesetzesvor-

---

[10] *Wiltsee*, S. 37.

[11] *Wiltsee*, S. 44, 45.

[12] *Graves*, S. 256; *Walker*, S. 324.

[13] *Davey*, The American Political Science Review 1953, S. 789, weist auch darauf hin, daß in vielen Bundesstaaten, insbesondere denen des mittleren Westens der USA, die Abgeordneten nicht Berufspolitiker sind und deswegen einer Entlastung und Verbesserung bei Ausübung des Mandats bedürfen.

[14] Hierzu näher: *Guild*, The Annals of the American Academy of Political and Social Science, 1938, S. 144.

[15] *Wiltsee*, S. 69.

[16] Vgl. *Siffin*, S. 85.

[17] Vgl. *Siffin*, S. 76, 77, 136.

[18] *Siffin*, S. 93, 97.

[19] *Kleinrahm*, AÖR Bd. 79, S. 146.

haben einzelner Abgeordneter auf deren Wunsch hin aufzuzeigen, vielleicht auch Alternativen anzubieten, ohne jedoch durch Empfehlungen auf den Arbeitsplan der Legislative einzuwirken[20]. Wenngleich die Tätigkeit der einzelnen Gesetzgebungsausschüsse teilweise erheblich differiert, so gehört in der Regel ferner zu deren Aufgabenbereich, die Wirksamkeit neu erlassener Gesetze zu überprüfen und zu untersuchen, inwieweit Aufbau und Tätigkeit der Verwaltung verbessert werden können[21], was für die Bewilligung der Haushaltsmittel einzelner Departments von Bedeutung ist. Zum Teil können die Gesetzgebungsausschüsse zwecks Durchführung diesbezüglicher Untersuchungen Zeugen unter Strafandrohung vorladen[22].

Die ausschließlich in der sitzungsfreien Zeit der Volksvertretung tätigen Legislative Councils setzen sich in der Regel[23] aus Vertretern beider Häuser der Gesetzgebungs-Körperschaft zusammen[24], wobei in fast allen Staaten der Speaker des Hauses und der Präsident des Senats, in einigen Staaten auch der Gouverneur ex officio zu den Mitgliedern zählen[25]. Bei der Zusammenstellung von Fakten und der Erstellung von Gutachten und Analysen werden die Gesetzgebungsausschüsse von einem regelmäßig sehr qualifizierten, nicht allzu umfangreichen Forschungsstab unterstützt[26], der insbesondere oft dort, wo die Councils nicht vorwiegend in der Gesetzesplanung tätig sind, im wesentlichen die Arbeit des Councils zu erledigen hat, während die Mitglieder des Gesetzgebungsausschusses in erster Linie von außen kommende Eingriffe in die Tätigkeit des professionellen Stabes abwehren und die Verantwortlichkeit für dessen Arbeit übernehmen[27]. Zwecks gründlicher Erörterung besonderer Fachfragen unterhalten einige Legislative Councils ferner Unterausschüsse[28].

Wegen der Möglichkeit, jeden für den Gesetzgeber potentiell bedeutsamen Komplex zu untersuchen, unterscheiden sich die Councils wesentlich von den in ihrer Zuständigkeit begrenzten parlamentarischen Fach-

---

[20] Vgl. die Tabelle bei *Siffin*, S. 123 ff.; *Davey*, The American Political Science Review 1953, S. 791.

[21] *Walker*, S. 324, 325.

[22] Vgl. *Siffin*, S. 76.

[23] Eine Ausnahme bilden die Legislative Councils der Staaten Georgia, New Hampshire, South Carolina und Utah, in denen Nichtparlamentarier als Mitglieder wirken, *Wiltsee*, S. 70.

[24] Die durchschnittl. Mitgliederzahl der Councils umfaßt 15; *Wiltsee*, aaO.; vgl. *Davey*, The American Political Science Review 1953, S. 790.

[25] Vgl. *Siffin*, S. 163.

[26] Siehe *Siffin*, S. 72, 138; *Davey*, aaO.

[27] *Siffin*, S. 137.

[28] Siehe den 15th Biennial Report and Recommendations of the Kansas Legislative Council vom 10. 12. 1962, S. 359; ferner *Siffin*, S. 74.

ausschüssen[29]. Die enge Zusammenarbeit der Mitglieder des Councils mit dessen professionellem Stab bei der Untersuchung und Beurteilung der Gesetzesvorlagen, ferner das höhere Niveau, bedingen einen wesentlichen Unterschied zum Legislative Reference Service[30]. In einigen Staaten wurde der Legislative Reference Service dem Legislative Council unterstellt, womit nicht nur der zunehmenden Bedeutung der in ihren Leistungen sehr anerkannten[31] Legislative Councils Rechnung getragen, sondern gleichzeitig eine Überschneidung der Kompetenzen verhindert wurde[32, 33].

b) *Die Verfassungsmäßigkeit der Legislative Councils*

Die Verfassungsmäßigkeit der Legislative Councils ist unter verschiedenen Gesichtspunkten in Frage gestellt worden.

Es hatten sich einmal Bedenken ergeben, ob die Ernennung der Mitglieder des Councils in einigen Bundesstaaten die Verfassungsvorschrift verletze, nach der kein Senator oder Mitglied des Repräsentantenhauses während der Zeit, für die er gewählt ist, in irgendein Staatsamt (civil office[34]) berufen werden darf, das während dieser Zeit entweder geschaffen oder mit erhöhten Einkünften ausgestattet worden ist[35]. Zweck dieser Vorschrift ist es, u. a. zu verhindern, daß wegen persönlicher Ambitionen der Abgeordneten von der Legislative public offices (of civil nature) geschaffen oder bestehende public offices ausgebaut werden[36].

Unter Hinweis auf eine diesbezügliche Vorschrift der Staatsverfassung hat der Supreme Court of Montana im Jahre 1954 ohne nähere Begründung die Ernennung von Abgeordneten zu Mitgliedern des Montana Legislative Council für verfassungswidrig erklärt[37]. Dasselbe Gericht, allerdings in anderer Zusammensetzung[38], hat im Jahre 1957 die Verfassungsmäßigkeit des Council bejaht[39], weil die nach der gefestigten Recht-

---

[29] *Graves*, S. 261.

[30] *Wiltsee*, S. 70.

[31] *Siffin*, S. 101, 152.

[32] *Kleinrahm*, AÖR Bd. 79, S. 147.

[33] In 32 Staaten gibt der Council ferner Formulierungshilfe; *Wiltsee*, S. 68.

[34] Das Wort „civil“ steht lediglich im Gegensatz zu „military office“, es erfaßt den public office of civil nature, Blacks Law Dictionary, S. 1235.

[35] Vgl. Art. V § 7 der Verfassung von Montana; Art. IV § 19 der Verfassung von Californien.

[36] Anmerkung zum Urteil State of Washington v. Belle Reve 118 ALR 183, 185, ohne Angabe des Verfassers.

[37] Mitchell v. Holmes 274. Pacific Reporter 2 d series 611 ff.

[38] So schriftliche Auskunft des Executive Directors des Montana Legislative Council vom 1. 4. 1965.

[39] James v. Aronson, Helena State Reporter 1957, S. 529 ff.

sprechung erforderlichen Voraussetzungen des civil office, nämlich die Ausübung eines Teils der souveränen Staatsgewalt (a civil office requires the vesting in an individual of a portion of the sovereign powers of the state)[40] nicht erfüllt wären. In Übereinstimmung mit der Rechtsprechung hat der Gerichtshof im Hinblick auf die lediglich die Tatsachenerforschung und Empfehlung von Gesetzgebungsmaßnahmen umfassende Tätigkeit des Council, der weder am Gesetzgebungsakt selbst, noch an dessen Vollzug oder bei der Anwendung des Gesetzes beteiligt sei („not engaged in making laws, executing them or administering them")[41], die Ausübung souveräner Staatsgewalt verneint[42].

Im Anschluß an die Entscheidung des Supreme Court of Washington[40] hat der Supreme Court of Montana ferner die Auffassung vertreten, die oben genannte Verfassungsvorschrift sei auch deswegen nicht verletzt, weil der Legislative Council lediglich eine neue Art der Informationserlangung darstelle; zudem seien die durch den Council bedingten zusätzlichen Pflichten seiner Mitglieder mit deren bisherigen Aufgaben identisch, so daß kein neuer public office begründet werde[43].

In seiner Entscheidung von 1954 hatte der Supreme Court of Montana in der Tätigkeit des Legislative Council ferner einen Verstoß gegen Artikel V § 5 der Montana-Verfasung gesehen, der die reguläre Sitzungsperiode auf 60 Tage begrenzt. Zur Begründung hatte der Supreme Court darauf hingewiesen, daß die Mitglieder des Councils gie gleichen Aufgaben hätten wie die Volksvertretung, so daß durch die Wahrnehmung dieser Pflichten die von der Verfassung begrenzte Sitzungszeit durchbrochen werde.

Dem steht die Entscheidung des Supreme Court of Washington[44] entgegen, der die Verletzung einer ähnlichen Vorschrift der Staatsverfassung mit der Begründung verneinte, eine durch Gesetz vorgenommene Errichtung des Councils und die Vornahme von Untersuchungen durch diesen seien in der sitzungsfreien Zeit zulässig und notwendige Voraussetzung für die Ermittlung solcher Tatsachen, die für die spätere Gesetzgebungsarbeit erforderlich seien. In der bereits erwähnten Entscheidung

---

[40] Supreme Court of Washington, Hamblen v. Yelle 185 Pacific Reporter 2 d series 723, 728; Supreme Court of California, Parker v. Riley 113 Pacific Reporter 2 d series 873.

[41] Auf diese drei Eigenschaften stellt der Washington Supreme Court, aaO., ab.

[42] Das Untersuchungsverfahren und die subpoena-Vorladung stellen noch keine Ausübung der „sovereign power" dar, Mitchell v. Holmes 274 Pacific Reporter 2 d series 611, 618.

[43] Helena State Reporter 1957, S. 538.

[44] Hamblen v. Yelle 185 Pacific Reporter 2 d series 723; ebenso der Supreme Court of California, Parker v. Riley, 113 Pacific Reporter 2 d series 873.

aus dem Jahre 1957 schloß der Supreme Court of Montana[45] sich dieser Rechtsprechung an und äußerte die bis jetzt unangefochtene Auffassung, die Tätigkeit des Council stelle wegen ihres informativen Charakters keine Sitzungstätigkeit der Volksvertretung dar.

Artikel V § 31 der Verfassung von Montana beschränkt die Wahlzeit eines Mitgliedes des Repräsentantenhauses auf zwei Jahre. In der Regelung des Gesetzes über die Errichtung des Legislative Council in Montana, nach der die Mitgliedschaft im Council bis zum letzten Tag der regulären Sitzung der der Ernennung folgenden Legislaturperiode andauert[46], hat der Supreme Court of Montana im Jahre 1954 eine Verletzung der oben aufgeführten Verfassungsvorschrift gesehen. Soweit ersichtlich ist, hat seit dieser Zeit kein Gericht der Vereinigten Staaten die Verfassungswidrigkeit des Council unter diesem Gesichtspunkt geprüft[47]. Gegen die angenommene Verlängerung der Wahlzeit des Abgeordneten auf Grund der Mitgliedschaft im Council, wie sie das in seiner Art einmalige Urteil des Supreme Court of Montana annimmt, spricht einmal der Umstand, daß der Ausschuß als eine Hilfseinrichtung des Parlaments fungiert, die dessen Informationsarbeit unterstützt und andere Hilfstätigkeiten versieht, die den Abgeordneten der folgenden Legislaturperiode dienlich sind[48]. Da der Council lediglich Empfehlungen vorbringt, fehlt ihm ferner die eigentliche Gesetzgebungsfunktion des Parlamentes. Der Umstand, daß das neugewählte Parlament es ablehnen kann, sich die Council-Mitglieder mit ihren Empfehlungen anzuhören[49], dürfte zudem gegen die Annahme einer Verlängerung der Wahlzeit durch die Mitgliedschaft im Legislative Council sprechen[50].

---

[45] Helena State Reporter 1957, S. 540.

[46] Ähnliche Vorschriften, die ermöglichen, daß die Mitglieder des Council den neu gewählten Parlamentariern die Empfehlungen für die Gesetzesarbeit begründen, kennen auch andere nordamerikanische Einzelstaaten, vgl. *Smith*, Western Political Quarterly 1955, S. 74.

[47] Das Gesetz über die Errichtung eines Legislative Council in Montana vom Jahre 1957 hat diese Frage umgangen, indem es die Mitgliedschaft im Council mit dem Ende der Legislaturperiode, für die der Ernannte gewählt ist, erlöschen läßt.

[48] So *Smith*, Western Political Quarterly 1955, S. 75, 79.

[49] Vgl. die Urteilsbegründung von Chief Judge *Cardozo* in People versus Hofstadter, 79 American Law Reports 1208, 1211.

[50] Justice *Anderson*, der der Entscheidung des Supreme Court of Montana im Jahre 1954 nicht zugestimmt hatte, hatte dabei auch auf die Entscheidung des Supreme Court of Texas im Fall Terrell versus King (Southwestern Reporter 14, 2 d series 786) hingewiesen, nach der, wenn die Verfassung es nicht ausdrücklich verbietet, auch Nichtparlamentarier Mitglieder der vom Parlament eingesetzten Ausschüsse sein können, Mitchell versus Holmes 274 Pacific Reporter 2 d series 611, 617; vgl. auch die Entscheidung Interstate Commerce Commission v. Brimson 14 S. Ct. 1125.

Zusammenfassung der Kapitel 1 und 2

Infolge der Einwirkungen der Exekutive und privater Gruppen auf den Gesetzgebungsprozeß hat sich die Legislative im Bund und in den Einzelstaaten Hilfseinrichtungen geschaffen, deren Aufgabenbereich bei der Gesetzgebung die Zusammenstellung von Material, die Erstellung von Gutachten, die Formulierung der Gesetzentwürfe, ferner die Beratung bei der Ausschußarbeit umfaßt, und die eine eigenständige Willensbildung der Abgeordneten ermöglichen.

Ein wesentlicher Grund dafür, daß der Gesetzgeber erheblich auf seine Eigenständigkeit bedacht ist, dürfte in der gegenseitigen Unabhängigkeit von Legislative und Exekutive, der dadurch geförderten Rivalität zwischen den Gewaltenträgern und dem alleinigen Gesetzesinitiativrecht der Gesetzgebungskörperschaft zu finden sein.

Der starke Einfluß, den der Präsident beziehungsweise die Gouverneure auf Grund des Fachverstandes der ihnen untergeordneten Bürokratie trotz der parlamentarischen Hilfseinrichtungen auf die Gesetzgebung nehmen, hat die Legislative des Bundes und vieler Einzelstaaten veranlaßt, in beträchtlichem Umfang die Verwaltung zu kontrollieren. Dadurch wird zwar die Gewaltentrennung erheblich beeinträchtigt, andererseits aber wird in gewissem Rahmen das Gleichgewicht zwischen den Gewalten gewahrt.

Ohne die parlamentarischen Hilfseinrichtungen, insbesondere die Ausschußassistenz und den Legislative Reference Service im Kongreß und die Legislative Councils in den Einzelstaaten, wäre der durch die vermehrte oder gründlichere Kontrolltätigkeit gesteigerte Aufgabenbereich nicht zu bewältigen und die nicht zuletzt durch die Möglichkeit einer eigenständigen Willensbildung gegenüber der Exekutive verstärkte Stellung der Legislative nicht zu erreichen gewesen.

Wenngleich das selbständige Auftreten und die Parteilichkeit einiger Ausschußassistenten des Kongresses Kritik hervorgerufen hat, so überwiegt gegenüber der Gesamtheit kongressioneller Hilfsorganisationen bei weitem eine positive Beurteilung. Auch in den Einzelstaaten wird die Tätigkeit der Hilfseinrichtungen der Legislative anerkannt, und die Verfassungsmäßigkeit der Legislative Councils wird nicht mehr bestritten.

Zweiter Teil

Der parlamentarische Hilfsdienst in der Bundesrepublik Deutschland

Erstes Kapitel

Die bestehenden Hilfseinrichtungen

I. Der Hilfsdienst des Deutschen Bundestages

1. Die wissenschaftliche Abteilung

Die Verwaltung des Deutschen Bundestages untersteht dem Bundestagspräsidenten als oberster Dienstbehörde und ist in drei Abteilungen aufgegliedert: Abteilung I „Allgemeine Verwaltung", Abteilung II „Ausschuß- und Stenographischer Dienst", Abteilung III „Wissenschaftliche Abteilung"[1].

Die wissenschaftliche Abteilung, die sich seit 1950 stetig entwickelt hat[2], hat u. a.[3] einen sogenannten parlamentarischen Beratungsdienst, der sich aus den Referaten „Allgemeine Dokumentation" und „Juristische Dokumentation" zusammensetzt. Der Aufgabenbereich dieses Dienstes ist nicht durch ein Gesetz oder einen Beschluß des Bundestages festgelegt. Zum Aufgabenbereich des Referats „Allgemeine Dokumentation" gehört z. B. die Inhaltsangabe wichtiger Publikationen, Wiedergabe des Standes der Diskussion und der Stellungnahme der Parteien[4]. Der juristische Dokumentationsdienst wird auf Ersuchen von Abgeordneten, Fraktionen und Ausschüssen[5] in bezug auf Rechtsfragen, die bei der Par-

---

[1] Vgl. Organisationsübersicht der Verwaltung des Deutschen Bundestages vom 25. 2. 1965.

[2] Vgl. *Wernicke*, S. 12.

[3] Die Abteilung gliedert sich ferner in die Bibliothek, das Archiv, die Presseauswertung und Gesetzesmaterialiensammlung.

[4] *Pikart*, ZfPol. 1962, S. 207.

[5] Die Aufträge werden dem Abteilungs- oder Referatsleiter von den Auftraggebern eingereicht, dort registriert und an den zuständigen Referenten weitergegeben.

lamentsarbeit entstehen, vorwiegend gutachtlich tätig, wobei er, falls erwünscht oder erforderlich, Lösungsmöglichkeiten aufzeigt. Das Referat steht unter der Leitung eines Ministerialrates, dem acht Referenten unterstehen, die nach dem Organisationsplan der Bundestagsverwaltung jeweils für ein Rechtsgebiet, wie z. B. Arbeits-, Sozial- und Verfassungsrecht und Staatslehre zuständig sind[6].

Wegen des Umfangs dieser Gebiete und des auch hinsichtlich der Materie sehr unterschiedlichen Eingangs der Aufträge kann die dargelegte Zuständigkeit der Referenten nur als grob skizziert gelten. Daß der Dienst zudem die sehr zahlreichen Anfragen deutscher und ausländischer Parlamente beantwortet, und er ferner die im Deutschen Bundestag auftauchenden Rechtsfragen, wie beispielsweise Fragen der Geschäftsordnung und sonstige parlaments- und verfassungsrechtliche Fragen bearbeitet, schränkt die unmittelbare Tätigkeit des Dienstes für die Ausschüsse, die Fraktionen und die Abgeordneten in sehr erheblichem Maße ein[7].

2. Die Ausschußassistenz

Nachdem der Verwaltungsdirektor des Frankfurter Wirtschaftsrates, kennzeichnenderweise ein ehemaliger Verwaltungsbeamter, einen Assistenzdienst für die Protokollführung und Materialbeschaffung der Ausschüsse des Wirtschaftsrates errichtet hatte und der Parlamentarische Rat dem Beispiel gefolgt war[8], übernahm der Deutsche Bundestag den Assistenzdienst, wobei seit 1949 zwar nicht wesentlich die Zahl der Stellen, wohl aber deren Einstufung angehoben wurde[9]. Heute handelt es sich bei den Assistenten vorwiegend um Beamte des höheren Dienstes vom Regierungsassessor bis zum Ministerialrat aufwärts[10].

Während für die besonders wichtigen Ausschüsse in der Regel ein Assistent ausschließlich tätig ist[11], werden mehrere kleinere Ausschüsse

---

[6] Das Referat hatte im Jahre 1966 Referenten für Parlaments- und Wahlrecht, Verfassungsrecht und Staatslehre, Verwaltungs- und Strafrecht, Finanz- und Steuerrecht, Arbeits-, Sozial- und Privatrecht. Siehe auch *Schäfer*, Der Bundestag, S. 186 ff.

[7] Etwa ein Drittel der bei dem Dienst eingehenden Aufträge stammt, wie dem Verfasser bei einem Besuch im Deutschen Bundestag gesagt wurde, von Fraktionen, Ausschüssen und Abgeordneten.

[8] *Dechamps*, S. 68, 69.

[9] Vgl. den Bundeshaushaltsplan 1965, Kapitel 02 01 Titel 101; *Schramm*, S. 108.

[10] Im einzelnen: Organisationsübersicht der Verwaltung des Deutschen Bundestages vom 25. 2. 1965.

[11] Anders der Haushaltsausschuß, in dem drei Assistenten tätig sind.

von einem Assistenten gemeinsam betreut[12]. Wenngleich die Tätigkeit der Assistenten bei der Ausschußarbeit differiert[13] und wesentlich durch das Verhältnis zum Ausschußvorsitzenden geprägt ist, so umfaßt sie in der Regel folgenden Arbeitsbereich, der in einem Pflichtenkatalog[14] des damaligen Bundestagspräsidenten Dr. Ehlers vom 13. Juni 1951 sehr detailliert beschrieben wurde, hier jedoch lediglich auszugsweise wiedergegeben werden soll:

Der Aufgabenbereich umfaßt die Unterstützung des Vorsitzenden bei der Vorbereitung der Sitzungen, die u. a. durch Vorschläge zur Entscheidung im Hinblick auf die Zusammenstellung der Tagesordnung, auf die Bestellung von Referenten, Korreferenten und Sachverständigen erfolgt. Ferner hat der Assistent dem Vorsitzenden das Material für die Sitzung zusammenzustellen, dort Protokoll zu führen, den Referenten und Korreferenten bei der Vorbereitung der Ausschußreferate und den Berichterstatter bei der Abfassung seiner Berichtes vor dem Plenum zu unterstützen.

Gleichzeitig obliegt dem Assistenzdienst die Vorbereitung u. a. des internen Schriftverkehrs, die Aufrechterhaltung der fachlichen Verbindungen zu den Ministerien und den zuständigen Bundesratsausschüssen, ferner die Unterrichtung des Vorsitzenden über die Beratungsergebnisse von Ausschüssen, die an der Beratung der Vorlage mitbeteiligt sind. In einem gewissen, allerdings sehr beschränkten Umfang leisten die Assistenten auch Formulierungshilfe.

Über den durch den Pflichtenkatalog festgelegten Tätigkeitsbereich hinaus erörtern die Assistenten mit dem Vorsitzenden und Berichterstatter der Ausschüsse Fragen, die angesichts der Gesetzesvorlagen in sachlicher und rechtlicher Hinicht entstehen, und erstatten zum Teil Kurzgutachten[15]. Die Erstattung von Kurzgutachten zu Fragen, die Ausschußvorlagen betreffen, führt zwar zu Kollisionen mit dem Aufgabenbereich der wissenschaftlichen Abteilung, darf aber in ihrer Bedeutung nicht überschätzt werden, weil die Assistenten mit den durch den Pflichtenkatalog festgelegten, teilweise technischen[16] Arbeiten bereits hinreichend ausgelastet sind.

---

[12] Vgl. die Organisationsübersicht des Deutschen Bundestages.

[13] „Die Stellung (als Assistent) ist in jedem einzelnen Falle das, was der Assistent aus ihr macht. Es handelt sich um eine Stellung, die ‚ausbaufähig' ist", so Prof. Dr. *Böhm*, CDU-MdB, Neue Gesellschaft 1964, S. 353.

[14] Abgedruckt bei *Schramm*, S. 111, 112; auszugsweise *Dechamps*, S. 69, 70.

[15] *Schramm*, S. 114.

[16] Im Jahre 1952 hatte der Präsident des Bundesrechnungshofes in einem Gutachten die Auffassung vertreten, die Aufgaben des Assistenzdienstes seien im wesentlichen technischer Natur, es würde deshalb genügen, daß die Assistenten den Rang von Expedienten besäßen. Dieser Auffassung widersprach der Berichterstatter des Haushaltsausschusses, Dr. *Blank* (FDP) mit

Bei der Erledigung der Ausschußarbeiten sind die Vorsitzenden gegenüber den Assistenten, die dem für Personalfragen und die Gesamtorganisation des Ausschußdienstes verantwortlichen[17] Leiter der Abteilung II unterstehen, zur Erteilung von Aufträgen berechtigt[18].

In diesem Zusammenhang soll auf die Tätigkeit des von zwei Referenten unterstützten Assistenten des Petitionsausschusses eingegangen werden, der zugleich Leiter des Büros für Petitionen ist. Nach § 112 GeschOBT werden alle Petitionen durch das zuständige Büro des Bundestages registriert. Vor Überweisung an den Ausschuß für Petitionen oder den zuständigen Fachausschuß prüft das Petitionsbüro — auf Grund eines Rundschreibens seines Vorgesetzten und der durch den Petitionsausschuß gebilligten Grundsätze[19] —, ob es sich um Petitionen i. S. des Art. 17 GG handelt, ob diese zulässig sind, und ob der Deutsche Bundestag sachlich zuständig ist. In dem Fall mangelnder Zulässigkeit — sei es, daß die Petition beleidigenden Charakter hat, etwas gesetzlich Unzulässiges oder offensichtlich Unmögliches verlangt — wird sie vom Petitionsbüro unbeantwortet zu den Akten gelegt und gelangt nicht in den Ausschuß. Eingaben, die ein Gerichtsverfahren zum Gegenstand haben oder für die die Volksvertretungen der Länder zuständig sind, werden vom Bundestag sachlich nicht behandelt, sondern deren Einsender werden vom Petitionsbüro abschließend beschieden. In Zweifelsfällen und in den Fällen, in denen die Entscheidung des Büros beanstandet wird, überweist das Büro die Eingaben an den Petitionsausschuß.

3. Der Redaktionsstab

Seit dem 1. Januar 1966 existiert im Deutschen Bundestag ein Redaktionsstab, der dem Büro des Bundestagsdirektors angegliedert und dessen Aufgabe es ist, für die sprachlich einwandfreie und verständliche

---

dem Hinweis, „daß der grundsätzliche Unterschied zwischen einer Behörde und einem Parlament von seiten des Bundesrechnungshofes in seinem Gutachten weitgehend verkannt worden sei", Sten.-Ber. der 225. Sitzung der 1. WP, S. 10096. Bundestagspräsident Dr. *Ehlers* vertrat die Auffassung, das Gutachten habe „nicht das notwendige Verständnis für die Funktion des Parlaments gezeigt". Im einzelnen *Schramm*, S. 106 ff., der als Leiter der Ausschußassistenz die Auffassung des damaligen Bundestagspräsidenten unterstützt; a. A. *Pikart*, ZfPol. 1962, S. 209.

[17] *Dechamps*, S. 69.

[18] So die schriftliche Auskunft des Leiters der Ausschußassistenz im Deutschen Bundestag vom 22. 6. 1965.

[19] Rundschreiben des Büros für Petitionen Nr. 1/61 vom 30. 10. 1961, dessen Grundsätze und Richtlinien kraft Beschlusses des Ausschusses für Petitionen vom 15. 2. 1962 auch für die 4. WP des Bundestages gelten, so schriftl. Auskunft des Büros für Petitionen vom 24. 6. 1965.

Abfassung der Gesetze Sorge zu tragen[20]. Dies geschieht dadurch, daß der Redaktionsstab, der eng mit den Ausschüssen und deren Assistenten zusammenarbeitet, dem Berichterstatter des Ausschusses seine Vorschläge, die sich auch auf sachliche Unstimmigkeiten oder Unklarheiten beziehen können, unterbreitet[21]. Auch überprüft der Redaktionsstab eine Gesetzesvorlage erneut in dem Fall, daß in der zweiten oder dritten Beratung im Bundestag Änderungen beschlossen wurden[22].

Bei dem Redaktionsstab, von dessen drei Mitarbeitern einer Jurist, ein zweiter Philologe und der dritte von der Gesellschaft für deutsche Sprache auf Zeit an den Bundestag abgestellt worden ist, handelt es sich bisher um ein Experiment[23], so daß nicht feststeht, ob — wie es einige Abgeordnete im Ältestenrat des Bundestages vorgeschlagen haben — ein dauernder Formulierungsdienst entsteht.

4. Die Fraktionsassistenz

Zur Vorbereitung der Gesetzgebungsaufgaben im Plenum und in den Ausschüssen haben sich die drei Fraktionen des Bundestages Arbeitskreise geschaffen[24]. So hat z. B. die sozialdemokratische Fraktion Arbeitskreise für Außen-, Wirtschafts- und Sozialpolitik, für Heimatvertriebene, Finanzwirtschaft, Rechtswesen und Sicherheitsfragen[25]. Vorwiegend sind in den Arbeitskreisen Abgeordnete tätig, die ihre Fraktion auch in den entsprechenden Bundestagsausschüssen vertreten[26]. Die durch Zuschüsse des Deutschen Bundestages[27] geförderte Tätigkeit der von den Fraktionen angetellten Assistenten[28] umfaßt außer den durch die Arbeitssitzungen bedingten technischen Arbeiten die Verhandlung mit den Interessentengruppen, die Zusammenstellung von Material, das für Gesetzesentwürfe von Bedeutung ist, und teilweise die Formulierung nicht sehr schwieriger und wenig umfangreicher Gesetzesvorlagen. Der Umstand, daß die SPD-Fraktion mit 18 Assistenten im Jahre 1966 mehr

---

[20] So Punkt 1 der Arbeitsanweisungen, die der Präsident des Deutschen Bundestages am 1. 2. 1966 den Ausschußvorsitzenden schriftlich mitgeteilt hat.

[21] So Punkt 2 der Arbeitsanweisung.

[22] So Punkt 3 der Arbeitsanweisung.

[23] So die schriftliche Auskunft von Dr. *Pesch*, Mitglied des Redaktionsstabes, vom 10. 5. 1966.

[24] *Waffenschmidt*, S. 122.

[25] Die beiden anderen Fraktionen unterhalten ähnliche Arbeitskreise.

[26] Die sogenannten Experten der Parteien sind häufig Vorsitzende der Arbeitskreise, so z. B. der Sozialexperte der SPD, Prof. *Schellenberg*, im sozialpolitischen Arbeitskreis.

[27] Vgl. Bundeshaushaltsplan für 1965, Kap. 02 01, Titel 301.

[28] Es handelt sich bei diesen um Akademiker, vorwiegend jüngere Politologen und Volkswirte.

als die doppelte Anzahl als die CDU-Fraktion aufwies, erklärt sich aus der damaligen Oppositionsrolle der Partei[29]. Nicht nur, daß eine Oppositionspartei zur Regierung Alternativen aufzuzeigen hat, sondern auch der Umstand, daß ihre Kontakte zu den Bundesministerien wegen der Oppositionsrolle wesentlich schwächer sind als die der Regierungsparteien, macht einen stärkeren Hilfsdienst für sie erforderlich.

II. Die Hilfseinrichtungen der Länderparlamente

1. Der Gesetzgebungs- und Beratungsdienst des Niedersächsischen Landtages

Seit dem Jahre 1957 besitzt der Niedersächsische Landtag einen Gesetzgebungs- und Beratungsdienst, dessen Einrichtung von ihm beschlossen und dessen Aufgabenbereich von ihm festgelegt worden ist[30].

Anlaß für die Errichtung dieses ersten Gesetzgebungshilfsdienstes in einem Landesparlament, die im Anschluß an einen Besuch des damaligen Landtagspräsidenten Dr. Hofmeister in nordamerikanischen Parlamenten erfolgte, war die Auffassung der damaligen Landesregierung. Diese Auffassung hat inzwischen in der gemeinsamen Geschäftsordnung der niedersächsischen Ministerien Ausdruck gewonnen[31], nach der es in Fällen, in denen Vorlagen aus dem Landtag kommen, Ministerialbeamten ohne Gestattung des Ressortministers untersagt ist, an deren sachlicher Vorbereitung mitzuarbeiten[32]. Es kommt hinzu, daß die Landesregierung dem Justizministerium die Stellung eines „Gesetzgebungsministeriums" absprach[33] und die von der Regierung eingebrachten Gesetzesvorlagen im Landtag — unabhängig von unterschiedlichen Auffassungen der verschiedenen Ressorts — einheitlich vertreten werden mußten[34].

Der vom Präsidium des Niedersächsischen Landtages auf Grund einer Ermächtigung durch den Landtagsbeschluß erlassene Geschäftsverteilungsplan nennt für den Dienst, dessen beamtete Mitglieder den Titel „Parlamentsrat" führen, folgende Aufgaben[35]:

---

[29] Es wird abzuwarten sein, wie sich der Eintritt der SPD in die Regierung auf die Zahl der Fraktionsassistenten auswirkt.

[30] Siehe die Drucks. der Nrn. 296 und 828 der 3. WP des Nds. Landtages; ferner Sten.-Ber. der 15. Sitzung der 3. WP des Nds. Landtages, Sp. 756.

[31] § 26 gem. GeschO der Nds. Min. — Bes. Teil — vom 19. 3. 1957.

[32] Vgl. die Sten.-Ber. der 36. Sitzung der 3. WP des Nds. Landtages, Sp. 1983.

[33] Diesen Umstand führte Landtagspräsident Dr. *Hofmeister* als einen wichtigen Grund für die Errichtung des Hilfsdienstes an, so Auszug aus dem Entwurf der Niederschrift über die 18. Sitzung des Ältestenrats am 28. 2. 1956.

[34] § 25 Abs. 2 und 3 der Geschäftsordnung der Nds. Landesregierung vom 17. 7. 1951, Nds. MinBl. S. 485.

[35] § 3 der Richtlinien und des Geschäftsverteilungsplans für den Gesetzgebungs- und Beratungsdienst, Drucks. Nr. 828 der 3. WP des Nds. Landtages.

1. Bei der Sammlung und Beschaffung von Material über Verfassungs- und Parlamentsrecht durch die Bibliothek und das Archiv mitzuwirken,
2. die Rechtsentwicklung in Bund und Ländern unter besonderer Berücksichtigung der Arbeit in den Parlamenten zu beobachten und rechtsvergleichend darzustellen,
3. Gutachten zu Anträgen, Anfragen und sonstigen Problemen zu erstatten,
4. in Fragen des Verfassungs- und Verwaltungsrechts Auskunft zu erteilen,
5. Vorlagen zu prüfen und zu würdigen, ob die beabsichtigte Regelung rechtlich möglich ist und dazu dient, den erstrebten Erfolg zu erreichen, sowie ob vorgeschlagene Ermächtigungen verfassungsrechtlich unbedenklich sind,
6. Entwürfe für Gesetze, Anträge und Anfragen vorzubereiten,
7. die Berichterstatter bei der Abfassung von Ausschußberichten zu unterstützen,
8. soweit er eine Angelegenheit in einem Ausschuß betreut, Material zu den einzelnen Besprechungspunkten zusammenzustellen und den Vorsitzenden während der Sitzung zu unterstützen.

Das hervorstechendste Merkmal des Dienstes — und hierdurch unterscheidet er sich von den im Deutschen Bundestag entwickelten Hilfsdienstformen erheblich — ist, daß er nach Eingang einer Gesetzesvorlage beim Landtag ex officio prüft, ob eine Betreuung der für die Vorlage in Frage kommenden Ausschüsse erforderlich ist, bejahendenfalls, daß er die Vorlage auf ihre Rechtmäßigkeit und gesetzestechnische Mängelfreiheit untersucht und eventuell Verbesserungen vorschlägt[36].

Abgesehen davon leistet der Dienst bei der Gesetzesberatung laufend Formulierungshilfe, wenn ein Ausschuß eine Vorlage aus diesem oder jenem Grunde zu ändern wünscht und dafür die richtige Form gefunden werden muß. Auch sonst steht der Dienst zur Unterstützung des Vorsitzenden und der übrigen Ausschußmitglieder zur Verfügung. Durch die Inanspruchnahme des Beratungsdienstes schützt sich der Abgeordnete davor, von der mit überlegenem Sachwissen ausgerüsteten Ministerial-

[36] Die Praxis geht dahin, daß bei einer Konformität der Meinungen von Ausschuß und Ministerium letzteres Formulierungshilfe gibt, bei nur teilweiser Übereinstimmung Ministerium und Hilfsdienst Formulierungshilfe erbringen, und in dem Fall, daß die Auffassung des Landesministeriums konträr zur Auffassung des Ausschusses ist, ausschließlich der Hilfsdienst Formulierungshilfe leistet, so Direktor *Rothsprach* vom Nds. Landtag auf der 25. Konferenz der Landtagspräsidenten (München, Oktober 1964), Niederschrift S. 77, 78.

bürokratie „überfahren“ zu werden. Ferner ist der Dienst gutachtlich auf Gebieten tätig geworden, die die Landtagsausschüsse außerhalb der eigentlichen Gesetzgebungsarbeit beschäftigen[37].

Anders als der Bundestag hat der Niedersächsische Landtag bei der Assistenz für die Ausschüsse zwischen technischem und wissenschaftlichem Dienst unterschieden und Aufgaben wie die technische Vorbereitung der Sitzungen, also z. B. die Versendung der Einladungen, Beamten des gehobenen Dienstes übertragen. Der Beratungsdienst fungiert als eigene Abteilung der Parlamentsverwaltung, und seine Mitglieder sind keinem Ausschuß ständig zugeteilt. Daß der Beratungsdienst im Gegensatz zur Ausschußassistenz des Deutschen Bundestages zentralisiert wurde, geschah nicht nur, um Ansätze einer eigenen Ausschußbürokratie zu verhindern, sondern auch, damit — zwecks Vermeidung einer erneuten Einarbeitung — der jeweils für die Vorlage zuständige Parlamentsrat diese in allen Ausschüssen betreuen kann, in die der Entwurf gelangt.

Auftraggeber des Dienstes sind die Fraktionen, die Ausschüsse, die Vorsitzenden der Ausschüsse und — bei Entwürfen zu Gesetzesvorlagen — Gruppen von mindestens zehn Abgeordneten[38].

Nach den Richtlinien des Dienstes sind die Parlamentsräte bei Ausübung ihrer Tätigkeit unabhängig und insbesondere bei der Erstattung von Gutachten und der Abgabe von Stellungnahmen keinen Weisungen unterworfen. Eine Ausnahme gilt für den Fall, daß der Dienst den Auftrag erhalten hat, eine Angelegenheit vorzubereiten[39]. In letzterem Fall kann der Auftraggeber gegenüber dem Hilfsdienst den Grad der Vertraulichkeit bestimmen.

Die Mitglieder des Dienstes, der kollegial zusammengesetzt als eigene Abteilung des Landtages ohne einen Abteilungsleiter tätig wird, unterstehen der Aufsicht des Landtagspräsidenten, der ihre oberste Dienstbehörde ist, nur in dienstrechtlicher und organisatorischer Hinsicht[40]. Die Vorschrift, daß die Mitglieder des Dienstes sich keiner politischen Richtung verpflichtet fühlen dürfen, weil alle Abgeordneten die Parlamentsräte als ihre Vertrauenspersonen betrachten sollen, hat von vornherein

[37] Vgl. beispielsweise das mit Hilfe des Beratungsdienstes vom Rechtsausschuß des Nds. Landtages erstellte Gutachten über die Eigentumsverhältnisse am VW-Werk, Hannoversche Allgemeine Zeitung, Nr. 129 vom 6. 6. 1958: „Die Parlamentsräte haben sich bewährt“; ferner das Gutachten des Beratungsdienstes zur Frage der Abtretung der Geschäftsanteile des Landes und des Fonds an die Nds. Landgesellschaft mbH, Hannover, Drucks. Nr. 596 der 5. WP des Nds. Landtages.

[38] Siehe § 5 der Richtlinien. Da der Dienst zudem als Justitiar des Landtages tätig wird, ist in diesen Rechtsangelegenheiten der Präsident des Landtages auch Auftraggeber des Dienstes, siehe die §§ 4, 5 der Richtlinien.

[39] Siehe § 1 Abs. 2 und § 2 der Richtlinien.

[40] § 2 der Richtlinien.

den Einfluß parteipolitischer Kräfte auf den Dienst verhindert[41]. Die parteipolitische Neutralität der Mitglieder des Beratungsdienstes wird allgemein anerkannt[42]. Die besoldungsrechtlich sehr günstige Einstufung der Parlamentsräte[43] trug nicht nur dem Umstand Rechnung, daß sich ihr Tätigkeitsbereich im Gegensatz zu den vorwiegend spezialisierten Ministerialbeamten auf alle Materien erstreckt, die in die Zuständigkeit des Landtages fallen, sondern sie hat auch zu verhindern verstanden, daß wegen besserer Aufstiegschancen im Bereich der Exekutive gewisse Rücksichten auf Minister und ihre Referenten gegenüber den Interessen der Abgeordneten überwogen.

2. Der Wissenschaftliche Dienst des Landtages von Rheinland-Pfalz

Seit dem Jahre 1963 besitzt der Landtag von Rheinland-Pfalz einen „Wissenschaftlichen Dienst", auch Gesetzgebungs- und Beratungsdienst genannt, dessen Organisation und Aufgabenbereich vom Ältestenrat des Landtages geregelt[44] und in den „Richtlinien" des Landtagspräsidenten vom 15. 12. 1964 festgehalten sind.

Gleich dem niedersächsischen hat auch der rheinland-pfälzische Landtag zwischen wissenschaftlichem und technischem Ausschußdienst eine Trennung vorgenommen; die technische Vorbereitung der Ausschußsitzung erfolgt durch die Parlamentsstenographen. Soweit der „Wissenschaftliche Dienst" als Justitiariat, Dokumentations- und als Ausschuß- und Plenardienst des Landtages tätig wird[45], besteht hinsichtlich seines Tätigkeitsbereiches mit der Ausnahme, daß die juristisch-redaktionelle Gesetzesarbeit in geringerem Umfang erfolgt[46], kein wesentlicher Unterschied zum niedersächsischen Beratungsdienst.

---

[41] Vgl. § 1 Abs. 2 der Richtlinien; anfänglich hatte jede Partei die Absicht gehabt, einen Vertrauensmann in den Beratungsdienst zu entsenden, was aber an der damaligen politischen Konstellation des Landtages (fünf Fraktionen) scheiterte.

[42] Nds. Landtag, Sten.-Ber. der 63. Sitzung der 4. WP, Sp. 3703; Nds. Landtag, Sten.-Ber. der 23. Sitzung der 4. WP, Sp. 1317; Nds. Landtag, Sten.-Ber. der 37. Sitzung der 4. WP, Sp. 2191. Hannoversche Allgem. Zeitung Nr. 173 vom 28. 7. 1965: „Parlamentsräte raten dem Landtag", Neuer Landes-Dienst (München) vom 13. 2. 1964: „Die Parlamentsräte sind im Kommen".

[43] Sie sind in die Besoldungsgruppe B 3 eingestuft, Nds. Besoldungsgesetz vom 1. 4. 1965 Anlage I, GVBl. 1965, S. 122.

[44] So die schriftliche Auskunft des Leiters des Wissenschaftlichen Dienstes vom 4. 8. 1965.

[45] §§ 3, 4, 6 der Richtlinien über die Organisation und die Aufgaben des beim Landtag Rheinland-Pfalz eingerichteten Wissenschaftlichen Dienstes.

[46] Ursache hierfür dürfte sein, daß der Dienst längere Zeit mit Assessoren besetzt war, die sich mit gesetzestechnischer Korrekturtätigkeit naturgemäß zurückhielten.

Im Unterschied zum niedersächsischen Beratungsdienst ist der „Wissenschaftliche Dienst" von Rheinland-Pfalz auch als Hilfsdienst im Rahmen der parlamentarischen Kontrolle tätig. Diese Aufgabenstellung umfaßt nach § 5 Abs. 2 der „Richtlinien":

a) die Beobachtung der Durchführungsvorschriften von Gesetzen (Rechtsverordnungen und Erlasse) im Hinblick auf die Einhaltung von Beschlüssen des Landtages und seiner Ausschüsse sowie im Hinblick auf die Beachtung des bei der parlamentarischen Beratung erkennbar gewordenen Willens des Gesetzgebers,

b) darauf zu achten, daß die von den Regierungsvertretern bei den Beratungen im Landtag gegebenen Erklärungen und Zusagen eingehalten werden.

In der Praxis vollzieht sich die Hilfstätigkeit bei der parlamentarischen Kontrolle zum Beispiel dadurch, daß die Zusagen der Regierungsvertreter in den Ausschußprotokollen auffällig vermerkt werden und dann, wenn die Regierung die entsprechenden Vorschriften erläßt, die Einhaltung der Zusagen untersucht wird. Im Falle der Nichtbefolgung wendet sich der Abteilungsleiter des Dienstes an den entsprechenden Regierungsvertreter, fragt, ob noch eine Möglichkeit besteht, den parlamentarischen Willen zu verwirklichen, verneinendenfalls erfolgt Vortrag beim Ausschußvorsitzenden oder Landtagspräsidenten, der sich gegebenenfalls an die Regierung wendet. Der Erfolg der diesbezüglichen Tätigkeit des Wissenschaftlichen Dienstes hängt weitgehend von dem politischen Gewicht des Zusageempfängers und dessen Interesse daran, daß die Zusage verwirklicht wird, ab. Im Rahmen der Gesamttätigkeit des Dienstes nimmt die Tätigkeit nach § 5 der Richtlinien „den geringeren Teil" ein[47].

Der Wissenschaftliche Dienst, dessen drei Mitglieder in gleichem Umfang wie der niedersächsische Beratungsdienst frei von sachlichen Weisungen sind[48], empfängt seine Aufträge von Fraktionen, Ausschüssen, deren Vorsitzenden, Abgeordneten in bestimmter Zahl, ferner von dem Landtagspräsidenten[49]; er steht unter der Leitung eines Regierungsdirektors[50]. Einer kollegialen Zusammensetzung des Dienstes stand der Umstand entgegen, daß den drei Fraktionen des Landtages — CDU,

---

[47] So die schriftliche Auskunft des Leiters des Wissenschaftlichen Dienstes vom 4. 8. 1965.

[48] § 7 Abs. 3 der Richtlinien.

[49] § 7 Abs. 1 der Richtlinien.

[50] Der Stellenplan des Landtages sieht eine B-3-Stelle für den Leiter des Wissenschaftlichen Dienstes und zwei A-16-Stellen für die beiden übrigen Mitarbeiter vor, die wegen des Dienstalters der gegenwärtigen Stelleninhaber jedoch nicht besetzt sind; LBesG von Rheinland-Pfalz, Anlage 1 vom 14. 7. 1965, GVBl. 1965, S. 113, 129, 130.

SPD, FDP — ein Vorschlagsrecht für jeweils ein Mitglied des Hilfsdienstes zugestanden wurde, was jedoch nicht zu einer parteipolitischen Festlegung des vorgeschlagenen Beamten führen soll. Da verhindert werden sollte, daß die Fraktionen zu „ihrem Mann" gehen, vollzieht der Dienst seine Tätigkeit unter der Verantwortlichkeit eines Abteilungsleiters, der auch die Geschäftsverteilung im einzelnen vornimmt[51]. Dabei hat sich die Methode bewährt, daß die Fraktionsaufträge von Mitarbeitern des Dienstes erledigt werden, die nicht von der auftraggebenden Fraktion bei ihrer Anstellung vorgeschlagen wurden[52].

Begünstigt dadurch, daß der Fraktionsvorsitzende der führenden Regierungspartei sich nicht als parlamentarische Bastion der Exekutive betrachtet, hat somit der Landtag von Rheinland-Pfalz kraft der anerkannten[53] Unterstützung durch den Wissenschaftlichen Dienst, dessen Mitglieder trotz des Vorschlagsrechts der Fraktionen als in ihrer Arbeit objektiv gelten, sein Eigengewicht, insbesondere in der Ausschußarbeit, gestärkt.

3. Der parlamentarische Beratungsdienst im Landtag von Baden-Württemberg

Die Organisation und Arbeitsweise des parlamentarischen Beratungsdienstes im Landtag von Baden-Württemberg unterscheidet sich stark von den bisher aufgezeigten Modellen in Niedersachsen und Rheinland-Pfalz. Der seit Januar 1963 bestehende parlamentarische Beratungsdienst umfaßt, soweit es sich nicht um von anderen Behörden an den Landtag abgeordnete Beamte handelt, ausschließlich nichtbeamtete Mitglieder, die vom Parlamentspräsidenten auf Vorschlag der Fraktionen angestellt und jeweils einer Fraktion, deren Vertrauen sie genießen müssen, zur ausschließlichen Dienstleistung zugewiesen sind[54]. Daß der CDU-Fraktion als der zahlenmäßig stärksten Fraktion zwei Berater, der SPD-Fraktion drei und der FDP-DVP-Fraktion ein Berater zugeteilt wurden, zeigt, daß bei der Zahl der Mitarbeiter nicht auf die Fraktionsstärke, sondern auf die parlamentarische Stellung der Opposition abgestellt wurde[55]. Die Mitglieder des Beratungsdienstes, die aus Mitteln

---

[51] § 8 Abs. 1 und 3 der Richtlinien.

[52] „Die Welt" v. 21. 7. 1965, W. *Pfuhl:* Der Parlamentsdienst hat sich bewährt.

[53] Sten.-Ber. der 45. Sitzung der 5. WP des Landtages von Rheinland-Pfalz, S. 1558, 1560, 1562; ebenso W. *Pfuhl,* aaO.

[54] So schriftliche Auskunft des Landtagspräsidenten Dr. *Gurk* vom 11. 6. 1965.

[55] Schriftliche Auskunft des parlamentarischen Referenten der CDU-Fraktion im Baden-Württembergischen Landtag, G. *Weygandt,* vom 23. 3. 1966.

des Landeshaushalts bezahlt werden, unterstehen bezüglich der fachlichen Weisungsbefugnis und in disziplinarrechtlicher Hinsicht dem Landtagspräsidenten[56]. Es ist ihre Aufgabe, die Fraktion und deren Angehörige bei allen Aufgaben zu unterstützen, die bei der parlamentarischen, insbesondere bei der gesetzgeberischen Tätigkeit anfallen.

Da die Mitglieder des Beratungsdienstes an den nichtöffentlichen Ausschußsitzungen des Landtages nicht teilnehmen dürfen, entfällt hierbei die Möglichkeit der Beratung. Die parlamentarischen Referenten sind den Fraktionen zugeteilt worden aus der Überlegung heraus, daß „die fachlichen Probleme oft untrennbar verknüpft sind mit politischen Wertungen", daß die Interessen der einzelnen Abgeordneten verschieden und oft sogar konträr sind und daß „der politisch neutrale Berater in seiner Objektivität überfordert ist"[57].

4. Parlamentarische Hilfseinrichtungen der übrigen Bundesländer

Die Parlamente der übrigen Bundesländer verfügen, wenn überhaupt, über äußerst schwach entwickelte Hilfseinrichtungen. Das Berliner Abgeordnetenhaus und der Landtag von Schleswig-Holstein haben zwei, beziehungsweise einen juristischen Mitarbeiter[58]. Neben ihrer Tätigkeit als Justitiar beraten die Mitarbeiter in sehr beschränktem Maße auch die Ausschüsse. Außerdem erhalten in beiden Parlamenten die Fraktionen gewisse Zuschüsse aus dem Haushaltsplan des Landes, auf Grund deren ihnen die Anstellung von Fachkräften als Berater für die Fraktionsarbeit ermöglicht werden soll.

Den Weg, die Fraktionen zwecks Anstellung von Mitarbeitern finanziell zu unterstützen, haben auch andere Parlamente, beispielsweise die von Bayern[59], Hamburg[60], Hessen[61] und Nordrhein-Westfalen[62] beschrit-

[56] Zur rechtlichen Stellung der Mitglieder und zu deren Aufgabenbereich siehe die vom Präsidenten des Landtages von Baden-Württemberg am 5. 11. 1964 erlassene „Verwaltungsanordnung über die Einrichtung eines parlamentarischen Beratungsdienstes beim Landtag von Baden-Württemberg".

[57] So Landtagspräsident Dr. *Gurk* in seiner schriftlichen Auskunft vom 11. 6. 1965.

[58] So die schriftliche Auskunft des Vizepräsidenten des Abgeordnetenhauses, W. *Müllerburg*, vom 13. 8. 1965, und des Direktors beim Landtag Schleswig-Holstein vom 20. 9. 1965.

[59] Schriftliche Auskunft von Ministerialdirigent Dr. *Pfister* vom Bayerischen Landtag vom 21. 9. 1965.

[60] Vgl. die Darlegungen des Präsidenten der Hamburgischen Bürgerschaft, H. *Dau*, auf der 25. Landtagspräsidentenkonferenz (München, Oktober 1964), Niederschrift S. 85.

[61] Sten.-Ber. der 41. Sitzung der 5. WP des Hessischen Landtages, S. 1805.

[62] Schriftliche Auskunft des Präsidenten des Landtages von Nordrhein-Westfalen vom 29. 3. 1965.

ten, ohne daneben einen Hilfsdienst in die Parlamentsverwaltung einzugliedern. Andererseits haben die Fraktionen, die in der Gestaltung und Besetzung ihres Mitarbeiterstabes frei sind, teilweise nur in geringem Maße Berater eingestellt, die zudem nach den Geschäftsordnungen der Landesparlamente nicht an den Ausschußsitzungen teilnehmen dürfen, die Fraktionstätigkeit sehr oft lediglich als berufliches Durchgangsstadium betrachten und nur selten als Spitzenkräfte bezeichnet werden können[63]. Die Fraktionsassistenten werden zudem weniger für die Gesamtheit der Fraktionsmitglieder als vorwiegend für den Fraktionsvorsitzenden tätig.

Als Gründe für die Ablehnung eines in die Parlamentsverwaltung eingegliederten, beamteten Hilfsdienstes werden u. a. das mangelnde Vertrauen der Abgeordneten in die Objektivität und Neutralität eines Hilfsdienstes[64], die Furcht vor beamteten Parlamentsberatern, die sich mit den Beamten der Exekutive gegen die Abgeordneten verbünden könnten[65], und schließlich die Befürchtung, es könnte eine Parlamentsbürokratie entstehen[66], angeführt. Auf anderen Überlegungen beruht die Zurückhaltung der Bremischen Bürgerschaft gegenüber einem parlamentarischen Hilfsdienst: Da die Gesetzesvorlagen in erheblicher Zahl in den Deputationen, den mit Vertretern der Legislative und Exekutive besetzten Ausschüssen[67], beraten und die Deputationen zudem für die Angelegenheiten der verschiedenen Verwaltungszweige[68] eingesetzt werden, ferner die Bürgerschaft lediglich einen ständigen parlamentarischen Ausschuß gemäß Art. 105 der Landesverfassung hat, erscheint der Bürgerschaft die Mitwirkung eines Hilfsdienstes „schwer vorstellbar“[69].

Ein im Jahre 1964 von den Oppositionsfraktionen FDP und SPD im Bayerischen Landtag[70], und ein im Jahre 1965 von der in Opposition stehenden CDU-Fraktion im Hessischen Landtag[71] eingebrachter Ge-

---

[63] Vgl. die Darlegungen von Landtagspräsident *Johnen* auf der 25. Landtagspräsidentenkonferenz, Niederschrift S. 84.

[64] Sten.-Ber. der 41. Sitzung der 5. WP des Hessischen Landtages, S. 1806.

[65] Präsident *Dau* auf der 25. Landtagspräsidentenkonferenz, Niederschrift S. 85.

[66] Präsident *Hanauer* (Bayer. Landtag) auf der 25. Landtagspräsidentenkonferenz, Niederschrift S. 89.

[67] Zur Stellung und den Aufgaben der Deputationen siehe das Gesetz über die Deputationen in der Fassung vom 19. 6. 1956, Brem.GesBl. S. 67 ff.; ferner *Kretschmann*, S. 116.

[68] Art. 129 Bremische Verfassung.

[69] So die schriftliche Auskunft des Direktors der Bremischen Bürgerschaft vom 2. 6. 1965.

[70] Bayer. Landtag, Beilage 906 der 5. Legislaturperiode.

[71] Hess. Landtag, 5. WP, Drucks. Abt. 1, Nr. 1415.

setzentwurf sieht in starker Anlehnung an den Aufgabenbereich und die Organisation des niedersächsischen Beratungsdienstes die Errichtung eines „Parlamentarischen Hilfsdienstes" vor[72]. Beide Gesetzesvorlagen haben jedoch bisher nicht die Unterstützung der Mehrheitsfraktion gefunden[73]. Nach einem in der Bürgerschaft der Freien und Hansestadt Hamburg von Abgeordneten der in Opposition stehenden CDU-Fraktion eingebrachten Gesetzentwurf soll ein „Parlamentarischer Gesetzgebungs- und Kontrolldienst" errichtet werden[74]. Der Entwurf wurde zur weiteren Beratung an den Sonderausschuß „Fragen zur Verfassungsänderung" überwiesen[75].

III. Die rechtliche Stellung der beamteten Mitglieder des parlamentarischen Hilfsdienstes

1. Die Beamten des Parlaments als Bundes- bzw. Landesbeamte

Bis zum Inkrafttreten des Bundesbeamtengesetzes, welches ausdrücklich bestimmt[76], daß Bundestagsbeamte Bundesbeamte sind und vom Präsidenten des Deutschen Bundestages ernannt und entlassen werden, war der rechtliche Status der in der Parlamentsverwaltung tätigen Beamten nicht eindeutig. Noch § 4 Bundespersonalgesetz[77] enthielt mit der Formulierung, die Bundestagsbeamten hätten die Rechte und Pflichten der Bundesbeamten, keine klare rechtliche Aussage[78].

Ursache hierfür war u. a. einmal, daß sowohl im Kaiserreich als auch in der Weimarer Republik die Eigenschaft eines Reichsbeamten von der Ernennung durch das Staatsoberhaupt abhing, die Reichstagsbeamten aber — als Folge der Polarität von Landesherren und Landesstand —

---

[72] Ein im Rahmen der Erörterung der Verfassung des Landes Nordrhein-Westfalen auf Anregung von Prof. H. J. *Wolff* (Münster) von dem Abgeordneten Dr. *Scholtissek* eingebrachter Antrag, eine in der Verfassung verankerte „Gesetzgebungskommission" zu errichten, deren Mitglieder beamtete mit richterlicher Unabhängigkeit ausgestattete Volljuristen sein sollten, als deren Aufgabenbereich vorgesehen war, die sachliche und sprachliche Einfügung der Gesetzentwürfe in die bestehende Rechtsordnung ex officio zu beurteilen, wurde nach kurzer, sehr kritischer Erörterung nicht weiter verfolgt; siehe Sten.-Ber. der 37. und 41. Sitzung der 1. WP des Landtages Nordrhein-Westfalen, S. 204 ff., S. 292 ff.

[73] Der Hessische Landtag hat in der 57. Sitzung der 5. WP den Initiativantrag der CDU-Fraktion in zweiter Lesung abgelehnt, Hess. Landtag, 5. WP, Sten.-Ber. S. 2602.

[74] Bürgerschaft der Freien und Hansestadt Hamburg, 6. WP, Drucks. Nr. 363.

[75] Sten.-Ber. der 15. Sitzung der 6. WP der Bürgerschaft der Freien und Hansestadt Hamburg, S. 611.

[76] § 176 BBG.

[77] Siehe BGBl. 1950, S. 207.

[78] *Wiedow* in Plog - Wiedow, § 176, S. 1 Rdn. 1.

vom Reichstagspräsidenten ernannt wurden[79], zum anderen, daß dem Reichstag und auch seinem Präsidenten die Eigenschaft einer Behörde abgesprochen wurde[80].

Die Trennung der Reichsbeamten von den Parlamentsbeamten im Hinblick auf das die Ernennung aussprechende Organ, die auf der Auffassung beruhte, Landesherren und Landesstand als zwei getrennte Rechtssubjeke anzusehen, wurde vereinzelt bereits am Beginn der Weimarer Republik angegriffen[81].

Daß der Parlamentspräsident, soweit er laufende Verwaltungsgeschäfte wahrnimmt, die Eigenschaften einer *Verwaltungsbehörde* besitzt[82], wird heute ebenso anerkannt wie der Charakter der Bundestagsverwaltung als eines besonderen Teiles der Bundesverwaltung[83]. § 176 Satz 3 des Bundesbeamtengesetzes hat ferner geklärt, daß der Bundestagspräsident nicht nur der Dienstvorgesetzte, sondern auch die *oberste Dienstbehörde* der Bundestagsbeamten ist[84].

Die Mitglieder des parlamentarischen Hilfsdienstes sind als Bundestagsbeamte somit Bundesbeamte, auf die unmittelbar das Bundesbeamtengesetz Anwendung findet[85]. Ebenso sind die beamteten Mitglieder des parlamentarischen Hilfsdienstes in den Landtagen Landesbeamte, deren oberste Dienstbehörde der Landtagspräsident[86] oder das Landtagspräsidium[87] ist.

2. Die Tätigkeit der Beamten und der Umfang ihrer Gehorsamspflicht

Da Bundes- bzw. Landesbeamtenrecht unmittelbar auf die Parlamentsbeamten anwendbar ist, stellt sich die Frage, wie sich die weitgehende Weisungsfreiheit, die z. B. in den Richtlinien des niedersächsischen Landtagspräsidenten für den Beratungsdienst statuiert ist[88], mit der Gehorsamspflicht[89] des Beamten vereinbaren läßt.

---

[79] Im einzelnen *Mattern*, DÖV 1953, S. 7 ff.; *Hatschek*, S. 248.

[80] *Hatschek*, aaO.

[81] Siehe *Mattern*, DÖV 1953, S. 8.

[82] *Rasch*, Verwaltungsarchiv, Bd. 50, S. 21; *Wolff*, S. 252; vgl. *Mattern*, DÖV 1953, S. 9.

[83] *Mattern*, DÖV 1953, S. 9 mit ausführlicher Begründung; im Anschluß an *Mattern: Klein* in v. Mangoldt - Klein, Art. 40, Anm. III 1 c.

[84] Vgl. zur Stellung des Reichstagspräsidenten in der Weimarer Republik *Sperling*, S. 56; *Seligmann*, S. 107.

[85] Somit entfallen auch die Bedenken wegen eines mangelnden Rechtsschutzes der Parlamentsbeamten; vgl. *Kleinschnittger*, S. 152/153.

[86] Siehe § 200 Niedersächsisches Beamtengesetz (NBG).

[87] Siehe § 186 Abs. 2 Bayer. Beamtengesetz.

[88] § 1 Abs. 1 der Richtlinien; vgl. auch § 7 Abs. 3 der Richtlinien des beim Landtag von Rheinland-Pfalz eingerichteten Beratungsdienstes und die §§ 1,

Das Problem stellt sich deswegen, weil die Gehorsamspflicht von dem Beamten verlangt, daß dieser die dienstlichen Anordnungen seiner Vorgesetzten ausführt und ihre allgemeinen Richtlinien befolgt[90]. Der Beamte ist dann frei von der Verpflichtung zum Gehorsam, wenn er nach besonderen *gesetzlichen* Bestimmungen an Weisungen nicht gebunden und nur dem Gesetz unterworfen ist[91]. Derartige gesetzlich geregelte Ausnahmefälle bestehen z. B. hinsichtlich der Richter[92], der Mitglieder des Bundespersonalausschusses[93] und der Mitglieder des Bundesrechnungshofes[94].

Die Gehorsamspflicht des Beamten bildet die Grundlage für das Funktionieren der Verwaltung[95], denn ohne sie wäre eine geordnete Staatsführung nicht möglich[96], „Gehorsam heißt nicht willenlose Unterwerfung unter die Herrschaft eines anderen, sondern Ausführung einer dienstlichen Weisung im Bewußtsein ihrer Notwendigkeit für die Gemeinschaft“[97].

Geht man davon aus, daß wesentlicher Zweck des Gehorsams seine Notwendigkeit für die Gemeinschaft und den reibungslosen Ablauf der Staatsgeschäfte ist, so erhellt, daß Beamte, die bei ihrer übrigen Tätigkeit Weisungen unterliegen, zwar nicht hinsichtlich der *Übernahme*, wohl aber bei der *Ausübung* bestimmter Amtsgeschäfte nicht an Weisungen gebunden sind: z. B. der Amtsarzt hinsichtlich der Ausstellung ärztlicher Zeugnisse, der Lehrer bei der Beurteilung von Prüfungsleistungen und der Justitiar, der bei der Rechtsberatung der Verwaltung häufig gutachtlich tätig wird.

Das Erfordernis einer weitgehenden Weisungsfreiheit entspringt z. B. beim Justitiar, dessen gutachtliche Tätigkeit starke Parallelen zur rechtsberatenden Tätigkeit des Hilfsdienstes bietet, seiner Aufgabenstellung. Sinn und Zweck des Gutachtens liegen darin, „Entscheidungsmotive für denjenigen, der das Gutachten einholt, herzustellen“[98]. Da es somit die

---

8 der Gesetzesvorlage der SPD-FDP-Fraktionen im Bayer. Landtag über die Einrichtung eines parlamentarischen Hilfsdienstes (Beilage 906 der 5. Legislaturperiode des Bayer. Landtages), die erstmalig die Weisungsfreiheit des Dienstes gesetzlich verankert.

[89] Siehe § 55 BBG, § 63 NBG. Daß das Wort Gehorsam nicht genannt ist, hat vorwiegend Gründe psychologischer Natur; *Fischbach*, § 55, Anm. II, Fußn. 1.

[90] So § 63 S. 2 NBG; ähnlich Art. 64 Abs. 2 des Bayer. Beamtengesetzes.

[91] § 63 S. 2 NBG.

[92] Art. 97 Abs. 1 GG, § 1 GVG.

[93] § 97 Abs. 1 S. 1 BBG.

[94] § 11 Abs. 1 S. 1 BRHG, BGBl. 1950, S. 765.

[95] *Wiedow* in Plog - Wiedow, § 55 S. 1, Rdn. 4.

[96] *Hefele* in Hefele - Schmidt, Art. 64, Anm. 5.

[97] *Fischbach*, § 55 Anm. III.

[98] *Bertram*, ZZP Bd. 53, S. 421.

Aufgabe des Gutachters ist, die verschiedenen für die Entscheidung wesentlichen Motive aufzuzeigen, muß er sich die „innere Unabhängigkeit und richterliches, also kausales Denken, im Gegensatz zu den finalen Kategorien des typischen Verwaltungsmannes bewahren“[99], und er ist außerhalb des Widerstreites der Interessen „in seiner Funktion neutralisiert, auf den Rechtswert ausgerichtet“[100].

Aus der *funktionellen Unabhängigkeit* des Justitiars resultiert dessen Weisungsfreiheit bei der Erstellung des Gutachtens[101].

Auch wenn der Prüfer schulischer oder wissenschaftlicher Leistungen wegen seiner Entscheidungsbefugnis nicht gutachtlich tätig wird[102], so verlangt doch der Charakter seiner Tätigkeit auch, daß er in seiner Entscheidung unabhängig, also nicht gehorsamspflichtig ist[103]. Die Weisungsfreiheit des Beamten bei gutachtlicher Tätigkeit und bei gewissen Prüfungsaufgaben ergibt sich somit aus der „Natur der Sache“[104]. Die Schranken bei der weisungsfreien Tätigkeit des Beamten ergeben sich aus seiner Bindung an Recht und Gesetz, Art. 20 Abs. 3 GG[105].

Diese wenigen Beispiele, denen sich noch viele hinzufügen ließen[106], sollen genügen, um aufzuzeigen, daß trotz allgemeiner Gehorsamspflicht in gewissen Bereichen „herkömmlicher“ Beamtentätigkeit ein *gehorsamsfreier Raum* besteht, ohne daß dieser gesetzlich normiert ist[107]. Der

---

99 *Giere*, S. 18.

100 *Giere*, aaO.

101 *Giere*, aaO.

102 *Endler*, S. 75.

103 BVerwGE 12, 359 (363) spricht hinsichtlich des Erfordernisses der Freiheit und Unabhängigkeit der Entscheidung des Prüfers von einem „anerkannten Rechtsgrundsatz“.

104 So ausdrücklich hinsichtlich staatlicher Prüfungstätigkeit *Loening*, DVBl. 1954, S. 175; vgl. *Fischbach*, § 55 Anm. 6 Fußn. 6.

105 Ausführlicher: *Endler*, S. 74.

106 z. B. darf dem Staatsanwalt vor der Hauptverhandlung nur bedingt, unter der Voraussetzung, daß keine neuen Gesichtspunkte auftreten, Weisung erteilt werden; *Müller* in Kleinknecht - Müller, § 146 GVG, Anm. 1 c; weitere Beispiele siehe *Endler*, S. 75, 77.

107 Auf die Frage, inwieweit ein *ministerialfreier* Raum, also ein gegen den leitenden Einfluß des Ressortchefs abgeschirmter staatlicher Tätigkeitsbereich in Anbetracht des Verfassungsgrundsatzes parlamentarischer Verantwortlichkeit zulässig ist, ist hier nicht näher einzugehen. Denn abgesehen davon, daß der ministerialfreie Raum eine gewisse organisatorische Unabhängigkeit, wie z. B. die des Bundespersonalausschusses (§§ 95 bis 104 BBG) verlangen dürfte, er also nicht jenen Bereich erfaßt, in dem ein und derselbe beamtliche Pflichtenkreis gehorsamsfrei und zugleich weisungsgebunden ist, gehört die Parlamentsverwaltung zu dem ministerialfreien Raum, der durch die Verfassung positivrechtlich geregelt ist und dessen Existenz somit unter dem Gesichtspunkt *parlamentarischer Kontrolle* nicht problematisch sein dürfte. Im einzelnen siehe *Loening*, DVBl. 1954, S. 173 ff; *Friesenhahn*, VVDStL Heft 16, S. 72 Ziff. 14.

besondere Charakter des parlamentarischen Hilfsdienstes dürfte gleichfalls eine Weisungsfreiheit in den Grenzen, die beispielsweise die Richtlinien des niedersächsischen Beratungsdienstes statuieren, gebieten. Die durch die Richtlinien des Hilfsdienstes gewährte Weisungsfreiheit steht deshalb im *Einklang* mit der Gehorsamspflicht des Beamten.

Die Regelung im Niedersächsischen Landtag, die als Vorbild für die Gesetzentwürfe in Hessen und Bayern diente, trägt — und dies soll im Hinblick auf die weitere Untersuchung jetzt gesagt sein — auch den Bedürfnissen der Arbeit des Hilfsdienstes Rechnung: Daß die Mitglieder des Hilfsdienstes beispielsweise bei der Auswahl von Materialien zu verfassungsrechtlichen Fragen und bei der Erstellung von schriftlichen Gutachten ebenso weisungsfrei sind wie bei der Beratung der Parlamentarier in den Ausschüssen, ist nicht nur vom Zweck ihrer Tätigkeit her geboten, sondern trägt auch mit dazu bei, daß der Einfluß parteipolitischer Kräfte im Parlament die Funktion des Beamten als eines Dieners am Gemeinwohl[108] nicht in Frage stellt. Trotz dieser Weisungsfreiheit ist es andererseits erforderlich, daß die Mitglieder des Beratungsdienstes in den Fällen, in denen sie eine Angelegenheit, z. B. einen Gesetzentwurf vorbereiten, den Vorstellungen und Wünschen des Auftraggebers Rechnung zu tragen haben[109], weil der Dienst nicht die politische Ausrichtung eines Gesetzentwurfs, für den ausschließlich die Gesetzgebungskörperschaft verantwortlich ist, bestimmen, sondern lediglich dessen sachliche und gesetzestechnische Fehlerlosigkeit sicherstellen soll. Es bedarf ferner keiner näheren Darlegung, daß der parlamentarische Hilfsdienst bei bestimmten, vorwiegend technischen Arbeiten in gleichem Maße weisungsgebunden ist, wie dies die Beamten der Exekutive und die außerhalb des Beratungsdienstes stehenden Beamten der Parlamentsverwaltung sind.

3. Die Auftraggeber der Beamten als Vorgesetzte?

Fraglich ist, ob der Umstand, daß die Fraktionen, die Ausschüsse, deren Vorsitzende und und andere Abgeordnete z. B. nach den Richtlinien des Hilfsdienstes in Niedersachsen[110] und in Rheinland-Pfalz[111] zur Auftragserteilung an die Mitglieder des Beratungsdienstes berechtigt sind, die Auftraggeber zu Vorgesetzten des Beratungsdienstes macht, was u. U. zur Folge hätte, daß die Auftraggeber gegenüber den beamte-

---

[108] Vgl. § 52 BBG.

[109] Siehe § 5 Abs. 2 der Richtlinien des Niedersächsischen Beratungsdienstes.

[110] § 5 Abs. 1 der Richtlinien des Nds. Beratungsdienstes.

[111] § 7 Abs. 1 der Richtlinien über die Organisation und die Aufgabe des beim Landtag Rheinland-Pfalz eingerichteten Wissenschaftl. Dienstes.

ten Mitgliedern des Hilfsdienstes auch andere Anordnungen, z. B. solche im Hinblick auf die Dienstzeit, zu treffen berechtigt wären.

Die Frage gewinnt ihre Berechtigung dadurch, daß nach einem Grundsatz des Beamtenrechts ausschließlich die Vorgesetzten des Beamten diesem dienstliche Weisungen erteilen dürfen, wenngleich eingeräumt wird, daß kraft besonderer Vorschrift auch eine nicht vorgesetzte, zudem nicht beamtete Person gegenüber einem Beamten weisungsberechtigt sein kann[112]. Die aktuelle Bedeutung der Frage zeigt sich ferner daran, daß im Landtag von Baden-Württemberg, in dem die parlamentarischen Referenten einer Fraktion zur ausschließlichen Dienstleistung zugewiesen sind, erwogen worden war, die Fraktionsvorsitzenden zu Fachvorgesetzten der beamteten Mitglieder des Hilfsdienstes zu machen[113].

Als Antwort auf die gestellte Frage bieten sich zwei Lösungsmöglichkeiten an: Einmal könnte man davon ausgehen, daß der die Gesetzgebungskörperschaft vertretende Präsident *sein Recht,* Weisungen zu erteilen, in allerdings begrenztem Rahmen auf Teile des Parlaments, wie z. B. die Fraktionen oder die Ausschüsse, *übertragen* hat. Daß bestimmte Vorgesetztenbefugnisse auf Teile der Gesetzgebungskörperschaft übertragen werden, die sich selbst dieser gegenüber nicht in einem Anstellungsverhältnis befinden, dürfte der Zulässigkeit der Delegation nicht entgegenstehen[114]. Folgt man bis hierher, so könnte man die Auftraggeber im Rahmen der Auftragserteilung als Vorgesetzte des Dienstes betrachten. Die hohe Zahl der Auftraggeber und ihre unterschiedliche personelle und parteipolitische Strukturierung würden jedoch dagegen sprechen, ihnen über die Auftragserteilung hinaus Weisungs- bzw. Vorgesetztenrechte zuzubilligen.

Als zweite Lösungsmöglichkeit würde sich anbieten, in der Befugnis der Auftraggeber, dem Dienst Aufträge zu geben, nicht die Ausübung eines vom Parlamentspräsidenten übertragenen Rechtes zu sehen. Vielmehr hätte der Parlamentspräsident weiterhin die volle fachliche Weisungsbefugnis, die er auch durch die generelle Anordnung ausübt, daß der Hilfsdienst beispielsweise die von den Ausschüssen und Fraktionen erteilten Aufträge zu erledigen hat; die *im einzelnen* vorzunehmende Bezeichnung der Aufträge würde dann allerdings bei dem jeweiligen Auftraggeber liegen[115].

---

[112] *Sachse* in Sachse - Topka, § 63 Anm. 2; *Bochalli,* § 3 Anm. 2 c; vgl. *Fischbach,* § 55 Anm. III, 1.

[113] Siehe die Darlegungen des Präsidenten des Landtages Baden-Württemberg, Dr. *Gurk,* auf der 20. Konferenz der Präsidenten der Parlamente der Deutschen Länder (14./15. Juni 1962 in Bremen), Niederschrift S. 22, 23.

[114] Vgl. z. B. § 80 Abs. 4 S. 2 der Niedersächsischen Gemeindeordnung.

[115] So das Gutachten des Innenministeriums von Baden-Württemberg, siehe die Darlegungen von Präsident Dr. *Gurk,* Landtagspräsidentenkonferenz, Niederschrift S. 22, 23.

Für die zweite Lösung spricht, daß die Auftragserteilung durch die verschiedenen Auftrageber gerade wegen deren personeller und politischer Unterschiedlichkeit nicht als echte Weisung gewertet werden kann. Denn angesichts der Vielzahl der Auftraggeber wäre eine geordnete Tätigkeit des Befehlsempfängers nicht gesichert, insbesondere die Frage, welche Aufträge im Falle unterschiedlicher Weisungen der Auftraggeber vorgehen, nicht geklärt. Der Umstand, daß nach den Richtlinien des niedersächsischen und des rheinland-pfälzischen Beratungsdienstes der Landtagspräsident auf Antrag die vorrangige Erledigung eines Auftrages bestimmen kann[116], zeigt, daß die Weisungsbefugnis bei dem Fach-Vorgesetzten verbleiben soll. Für die hier vertretene Auffassung spricht — zumal es keineswegs sachlich geboten ist, mehreren Auftraggebern eine Vorgesetztenstellung gegenüber dem Dienst einzuräumen —, daß sie mit einem hergebrachten Grundsatz des Beamtenrechts, nämlich der ausschließlichen Erteilung von Aufträgen durch Vorgesetzte, die in den öffentlichen Dienst eingegliedert sind, übereinstimmt.

Da somit festzuhalten ist, daß den Auftraggebern *keine Vorgesetztenstellung* zukommt, sondern daß ihnen lediglich die nähere Umschreibung bestimmter Aufträge, deren Erledigung der Parlamentspräsident angewiesen hat, obliegt, stellt sich nicht die Frage, ob die obengenannten Auftraggeber überhaupt über die Eigenschaft eines Vorgesetzten im öffentlichen Dienst verfügen. Der Landtag von Baden-Württemberg hat die fachliche Weisungsbefugnis bei dem Parlamentspräsidenten belassen, weil in einem vom Innenministerium angefertigten Gutachten die Auffassung vertreten wurde, die Fraktionsvorsitzenden könnten wegen ihrer mangelnden Eingliederung in den öffentlichen Dienst nicht Fachvorgesetzte des parlamentarischen Hilfsdienstes sein[117]. Wenngleich die Richtigkeit dieser Auffassung an dieser Stelle nicht näher untersucht werden kann, erscheint es fraglich, ob sie angesichts des von Köttgen[118] als Inhaber eines statusrechtlich radizierten öffentlichen Amtes bezeichneten Abgeordneten und angesichts der Untersuchungen von Moecke, der die Fraktion als öffentlich-rechtlichen Verein versteht[119], auf die Dauer haltbar ist.

4. Die Geheimhaltungspflicht und die Fachaufsicht

Angesichts der in den Richtlinien des niedersächsischen und rheinland-pfälzischen Hilfsdienstes vorhandenen Vorschrift, daß der Auftraggeber

[116] § 8 S. 2 der Richtlinien des Nds. Beratungsdienstes; ähnlich Punkt 3 der Verwaltungsanordnung über die Einrichtung eines parlamentarischen Beratungsdienstes beim Landtag von Baden-Württemberg.

[117] Siehe die Darlegungen von Landtagspräsident Dr. *Gurk*, aaO.

[118] *Köttgen*, S. 220.

[119] NJW 1965, S. 276 ff.; NJW 1965, S. 567, 569.

in bestimmten Fällen den Grad der Vertraulichkeit bestimmen kann und der Hilfsdienst insoweit zur Geheimhaltung verpflichtet ist[120], stellt sich die von den Richtlinien beider Dienste nicht beantwortete Frage, ob der Dienst einen als vertraulich bezeichneten Auftrag *auch gegenüber dem Parlamentspräsidenten* als Dienst- und Fachvorgesetzten geheimzuhalten hat. Diese Frage ist nicht nur von Bedeutung für die Dienstpflichten der Mitglieder parlamentarischer Hilfseinrichtungen, sondern auch für die Frage der Fachaufsicht über den Hilfsdienst.

Die Beantwortung der Frage hängt sowohl von dem Grad an Unabhängigkeit, den man dem Hilfsdienst zubilligt, als auch von der Haltung gegnüber dem Parlamentspräsidenten bzw. dem Präsidium als oberster Dienstbehörde ab. Ist man einerseits wegen der Fraktionszugehörigkeit der Präsidiumsmitglieder kritisch im Hinblick auf deren Verschwiegenheit und Objektivität, andererseits darauf bedacht, für den Hilfsdienst einen erheblichen Grad von Unabhängigkeit zu beanspruchen, dann könnte man dem Dienstvorgesetzten wegen seiner Fraktionsbindung u. U. jeden Einblick in für vertraulich erklärte Vorgänge verweigern. Daß der Grad der sachlichen Unabhängigkeit eines Beamten für die Beantwortung unserer Frage von Bedeutung ist, zeigt der Umstand, daß zwischen dem weisungsgebundenen Beamten und seinem Dienstvorgesetzten kein Amtsgeheimnis besteht[121], dieses aber dort existiert, wo — wie z. B. bei der richterlichen Beratung — der Amtsträger in sachlicher Unabhängigkeit und frei von Weisungen des Vorgesetzten tätig wird[122].

Das Mißtrauen gegenüber dem Parlamentspräsidenten hat insofern eine gewisse Berechtigung, als dessen Fraktionszugehörigkeit zu Konflikten führen kann. Diese Konflikte können in extremer Form in mangelnder Verschwiegenheit Ausdruck finden, in gemilderter Form darin, daß der Präsident kraft seines Amtswissens — z. B. auf Grund seiner Kenntnis über einen bevorstehenden Initiativantrag der Oppositionsfraktion — in der Fraktionssitzung anders abstimmt, als er es ohne Amtswissen täte.

Trotz dieser Konfliktsmöglichkeit ist zu bedenken, daß bereits bei der Wahl des Parlamentspräsidenten bzw. des Präsidiums Überlegungen hinsichtlich seiner Objektivität angestellt werden, daß ferner die Stellung des Präsidenten als Chef der Parlamentsverwaltung zu einer ge-

---

[120] § 5 Abs. 2 der Richtlinien des Nds. Beratungsdienstes; § 7 Abs. 4 der Richtlinien des Wissenschaftlichen Dienstes von Rheinland-Pfalz; ebenso § 9 des Gesetzentwurfs über die Errichtung eines parlamentarischen Hilfsdienstes beim Bayer. Landtag; § 8 des Initiativantrages betr. die Einrichtung eines parlamentarischen Hilfsdienstes beim Hessischen Landtag.

[121] *Fischbach,* § 61 BBG Anm. V; *Lindemann,* § 25 Anm. 3 zu Abs. 1.

[122] *Düwel,* S. 83, 84; hinsichtlich der Personalratsmitglieder vgl. *Molitor,* § 60 BPersVG Anm. 6.

wissen Distanz gegenüber der Fraktion beiträgt[123] und auch die theoretische Möglichkeit strafrechtlicher Ahndung bei Verletzung der Amtsverschwiegenheit (§ 353 b StGB)[124] das Vertrauen in seine Verschwiegenheit rechtfertigt.

Das auch gegenüber dem Dienstvorgesetzten zu wahrende richterliche Beratungsgeheimnis kann nur in begrenztem Maße zur Beantwortung der gestellten Frage dienen, da sein Motiv zwar auch die richterliche Unabhängigkeit, primär aber die Wahrung der Autorität des Richterspruchs ist[125]. Dieser Autorität bedarf der Hilfsdienst wegen seiner gutachtlichen Tätigkeit zumindest nicht in dem gleichen Maße wie der Richter. Während ferner das Beratungsgeheimnis gegenüber dem Dienstvorgesetzten des Richters erst mit Beginn der Beratung einsetzt, hätte die Amtsverschwiegenheit des Hilfsdienstes sinnvollerweise bereits mit der Übernahme des erteilten Auftrages einzusetzen, was die Dienstaufsicht erheblich erschweren würde.

Vor allem würde mit der Versagung der Akteneinsicht dem vielen Abgeordneten angesichts ihrer *Empfindlichkeit* gegenüber einem eigenen Beratungsdienst willkommenen Argument Vorschub geleistet, der Hilfsdienst würde wegen fehlender Dienstaufsicht zu einer eigenen Gewalt, während er nur die Hilfseinrichtung einer Gewalt sein sollte. Praktisch dürfte die Gefahr einer zu starken Eigenständigkeit des parlamentarischen Hilfsdienstes allerdings dort weitgehend beseitigt sein, wo der Hilfsdienst sich seiner lediglich assistierenden Tätigkeit bewußt ist.

Trotz gewisser Bedenken erscheint es bei Abwägung der aufgezeigten Überlegungen angebracht, daß der Parlamentspräsident auch in solche Angelegenheiten Einblick nehmen kann, die ein Auftraggeber für vertraulich erklärt hat[126]. Der Umstand, daß nach den Richtlinien des

---

[123] Vgl. *Kleinrahm*, AÖR Bd. 79, S. 137, 153.

[124] Die Frage, ob die Abgeordneten des Bundes und der Länder Beamte im strafrechtlichen Sinne sind, wird zwar von der Lehre überwiegend verneint (statt vieler: *Schröder* in Schönke - Schröder, § 59, Anm. 20; *Welzel*, S. 486), ebenso von der Rechtsprechung (BGHSt. 5, S. 100 ff.). Selbst wenn man nicht aus den grundlegenden Ausführungen *Köttgens* über den Abgeordnetenstatus (Jellinek-Gedächtnisschrift, S. 195 ff.) die für den strafrechtlichen Beamtenbegriff notwendigen Konsequenzen zieht (siehe *Düwel*, S. 64, 69), dürfte man die Beamtenstellung des Parlamentspräsidenten in strafrechtlicher Beziehung ebenso wenig in Frage stellen, wie dies auch die herrschende Lehre hinsichtlich des Ministers unter Hinweis auf seine Stellung an der Spitze der Staatsverwaltung tut (Schönke - Schröder, § 359 StGB, Anm. 11).

[125] Zum Sinn und Zweck des Beratungsgeheimnisses siehe Schmidt - Räntsch, § 43 Rdn. 3.

[126] Im Niedersächsischen und Rheinland-Pfälzischen Landtag verzichten allerdings die Landtagspräsidenten auf jegliche Einsichtnahme in die von den Fraktionen für vertraulich erklärten Aufträge; siehe die Darlegungen des Direktors und des Präsidenten des Nds. Landtages auf der 25. Landtagsprä-

Hilfsdienstes in Niedersachsen und Rheinland-Pfalz der Auftraggeber den Grad oder Umfang der Vertraulichkeit bestimmt[127], ist allerdings so auszulegen, daß hierzu der Auftraggeber *ausschließlich,* nicht etwa daneben noch der Landtagspräsident als oberste Dienstbehörde, berechtigt ist[128]. Für diese Interpretation spricht einmal, daß eine Vorschrift, die dem Präsidenten ein endgültiges Entscheidungsrecht einräumt, wie sie z. B. hinsichtlich der Vorrangigkeit der Bearbeitung von Aufträgen besteht, in den einschlägigen Bestimmungen fehlt. Vor allem würde dem aus dem öffentlich-rechtlichen Beratungsverhältnis resultierenden *Vertrauensverhältnis*[129] zwischen dem Abgeordneten und dem Hilfsdienst die Basis entzogen, wenn der Parlamentspräsident durch eine dem Willen des Auftraggebers entgegengesetzte Weisung in der Lage wäre, auf dienstlichem Wege das Bekanntwerden eines ihm politisch nicht genehmen Auftrages zu ermöglichen.

---

sidentenkonferenz (19./20. 10. 1964, München), Niederschrift S. 76, 77; schriftliche Auskunft des Leiters des Wissenschaftlichen Dienstes beim Landtag Rheinland-Pfalz vom 30. 3. 1966.

[127] Ähnlich § 9 des Gesetzentwurfs über die Errichtung eines parlamentarischen Hilfsdienstes beim Bayerischen Landtag; § 10 des Gesetzentwurfs über die Errichtung eines parlamentarischen Hilfsdienstes beim Hessischen Landtag.

[128] Eine diesbezügliche Befugnis des Auftraggebers stellt auch keine Vorgesetzteneigenschaft dar. Die grundsätzliche Pflicht des Beamten zur Geheimhaltung eines Vorganges ergibt sich dann, wenn durch dessen Bekanntgabe politische Belange geschädigt würden, so z. B. wenn Gesetze bearbeitet werden, und zwar resultiert sie aus der Bedeutung der Angelegenheit (*Fischbach,* § 61, Anm. III 2 c). Daß die einschlägigen Vorschriften davon sprechen, daß der Auftraggeber den Grad oder Umfang der Vertraulichkeit bestimmt, rechtfertigt den Schluß, daß bereits eine Verpflichtung des Auftragempfängers zur Vertraulichkeit besteht, siehe § 9 des Gesetzentwurfs über die Errichtung eines Hilfsdienstes in Bayern. Auch ist die Fähigkeit, einem anderen gegenüber den Umfang der Vertraulichkeit einer mitgeteilten Angelegenheit festzulegen, kein ausschließliches Vorgesetztenrecht, was die Verschwiegenheitspflicht bzw. die Entbindung hiervon bei bestimmten Berufsgruppen, wie z. B. Ärzten und Anwälten, aufzeigt.

[129] Ebenso wie Art. 47 GG dem Vertrauensverhältnis zwischen dem Staatsbürger und dem Abgeordneten durch dessen Zeugnisverweigerungsrecht Rechnung trägt und vorwiegend die Aufgabe hat, die Entscheidungsfreiheit des Abgeordneten zu sichern (*Maunz* in Maunz - Dürig, Art. 47, S. 2, Rdn. 2; *Klein* in v. Mangoldt-Klein, Art. 47, Anm. II, 2; Anm. III, 5 b), bedarf das Vertrauensverhältnis zwischen dem Abgeordneten und dem ihn bei der Entscheidungsfindung unterstützenden Hilfsdienstmitglied eines besonderen, wenn auch nicht verfassungsrechtlich verankerten Schutzes.

Zweites Kapitel

Die Erforderlichkeit des parlamentarischen Hilfsdienstes und seine Wirkungsmöglichkeiten in der Bundesrepublik Deutschland

I. Die Fragestellung

Der Umstand, daß lediglich drei Länderparlamente und der Deutsche Bundestag, letzterer zudem in schwacher, bescheidener[1] und keineswegs mit dem amerikanischen Kongreß vergleichbarer Form einen parlamentarischen Hilfsdienst besitzen, berechtigt zu der Frage, ob im *parlamentarischen* Regierungssystem, in dem sich Exekutive und Legislative nicht mehr auf verschiedene politische Potenzen verteilen[2], überhaupt ein Bedürfnis nach einem Hilfsdienst besteht.

Diese grundsätzliche Fragestellung findet durch die anfangs angeführten Äußerungen von Partsch und Scheuner[3], Henle[4] und Schaeffer[5], ferner in Anbetracht dessen Unterstützung, daß die übrigen kontinentaleuropäischen Parlamente einen in keiner Weise mit dem des amerikanischen Kongresses vergleichbaren Hilfsdienst aufweisen[6]. Es kommt hinzu, daß die unterschiedlichen Ansatzpunkte, die ein Hilfsdienst im Bund und in den Bundesländern bei unserem Verfassungssystem auf dem Gebiet der Gesetzgebung und der parlamentarischen Kontrolle hat, bisher nicht grundsätzlich erörtert wurden. Dieser Umstand hat sich insbesondere im Rahmen der in den Parlamenten der Bundesrepublik geführten Erörterungen teilweise sehr negativ ausgewirkt, weil die mangelhafte Vorstellung darüber, bei welchen Aufgaben des Parlaments der Hilfsdienst unterstützend tätig werden kann, oft dazu führte, dessen

---

[1] Vgl. Wissenschaftlicher Beirat, Bulletin der Bundesregierung 1965, Nr. 41, S. 330. *Schaefer*, Neue Gesellschaft 1965, S. 691.

[2] Werner *Weber*, Gewaltenteilung, S. 498.

[3] Auf der Tagung der Gesellschaft für Rechtsvergleichung in Köln 1951, JZ 1951, S. 701.

[4] DÖV 1950, S. 15.

[5] Deutscher Bundestag, Sten.-Ber. der 28. Sitzung der 2. WP, S. 1234 C, D.

[6] Siehe die ausführliche Darstellung des Gesetzgebungsdienstes europäischer Parlamente bei *Schramm*, S. 34 ff.

Existenzberechtigung in Frage zu stellen oder die Abgeordneten glauben zu lassen, fraktionseigene Hilfsdienste würden den Anforderungen der Parlamentsarbeit gerecht.

Die bereits erwähnte Abhängigkeit des Dienstes von der Stellung des Parlaments im Verfassungssystem eines Staates, die auch in dem Hinweis von Partsch und Scheuner auf das gegenüber den Vereinigten Staaten anders geartete Regierungssystem der Bundesrepublik und in der Äußerung von Kleinrahm[7], ein Hilfsdienst fördere ein gesundes Kräftespiel zwischen den Gewalten, Ausdruck findet, macht die Untersuchung erforderlich, wie es sich mit der Balance und den Spannungen zwischen der Legislative und der Exekutive im parlamentarischen Regierungssystem der Bundesrepublik verhält. Dabei soll die Untersuchung vorerst weniger im Hinblick auf jeden Einzelbereich parlamentarischer Tätigkeit erfolgen; es sind vielmehr die Faktoren aufzuzeigen, die grundsätzlich das Verhältnis zwischen den Gewalten bestimmen; auf die dabei gewonnenen Ergebnisse wird, Beispiele aufzeigend, bei dem jeweiligen Aufgabenbereich des Parlaments zurückzukommen sein.

Bei der Frage, ob ein Bedürfnis für einen Hilfsdienst besteht und welche Wirkungsmöglichkeiten sich für diesen bieten, soll von der Gesetzgebungs- und Kontrolltätigkeit des Parlaments ausgegangen werden.

II. Erforderlichkeit und Wirkungsmöglichkeiten im parlamentarischen, gewaltenteilenden Regierungssystem des Bundes

1. Die Gewaltenteilung im parlamentarischen Regierungssystem

a) Das Bekenntnis des Grundgesetzes zur Gewaltenteilung

Artikel 20 Abs. 2 GG besagt: Alle Staatsgewalt geht vom Volke aus. Sie wird vom Volke in Wahlen und Abstimmungen und durch besondere Organe der Gesetzgebung, der vollziehenden Gewalt und der Rechtsprechung ausgeübt.

Während in der Feststellung, daß alle Staatsgewalt vom Volke ausgeht, das Prinzip der Volkssouveränität im Sinne der Staatsträgerschaft des Volkes unabhängig davon, welches Organ staatliches Handeln vollzieht, Ausdruck findet[8], statuiert Artikel 20 Abs. 2 Satz 2 GG unmißverständlich das herkömmliche Prinzip der Dreiteilung der Gewalten[9].

---

[7] *Kleinrahm*, AÖR Bd. 79, S. 155.

[8] *Klein* in v. Mangoldt - Klein, Art. 20, V 4, 4 a; *Maunz* in Maunz - Dürig, Art. 20, S. 17, Rdn. 47.

[9] Maunz - Dürig, Art. 20, S. 31, Rdn. 75; *Klein* in v. Mangoldt - Klein, Art. 20, Anm. V 5.

Das Dreiteilungschema, also die Verteilung materieller Staatstätigkeiten im Hinblick auf den Erlaß generell — abstrakter Normen, die unstreitige Normsetzung im Einzelfall und die Beurteilung streitiger rechtlicher Verhältnisse[10] auf drei verschiedene Organe, ist einmal aus Gründen technisch-organisatorischer Arbeitsteilung erforderlich[11] und trägt deshalb — wie Imboden[12] zutreffend feststellt — „den Charakter eines allgemein gültigen, rational motivierten Organisationschemas". Vor allem aber soll die Verteilung der Funktionen — und ein diesbezüglicher Wille des Verfassungsgebers tritt in den Beratungen des Parlamentarischen Rates eindringlich hervor[13] — der Kontrolle und Balance zwischen den Gewalten und damit der Freiheitssicherung des Bürgers dienen[14].

Die besondere Bedeutung, die der Gewaltenteilung außer durch Artikel 20 GG zuerkannt wird, findet nicht nur durch ihre Erwähnung in verschiedenen Verfassungsvorschriften Ausdruck[15], sondern ist dadurch gekennzeichnet, daß der Bonner Verfassungsschöpfer sie durch Artikel 79 Abs. 3 GG unter den Schutz einer nicht revidierbaren Norm gestellt und ihr somit eine gewisse Vorrangigkeit eingeräumt hat[16, 17].

Allerdings ist die Gewaltenseparierung nicht konsequent durchgeführt worden. Dies zeigt sich weniger bei der Gesetzesform des Haushaltsplanes (Art. 110 Abs. 2 GG) und der Einrichtung von Untersuchungsausschüssen durch die Volksvertretung (Art. 44 und 45a Abs. 2 GG) —, solche Gewaltenhemmungen haben auch Staaten, die im übrigen die Gewalten stärker separiert haben, wie z. B. die Vereinigten Staaten von Nordamerika —, sondern dies tritt vielmehr beispielsweise bei dem Recht des Bundespräsidenten zur Bundestagsauflösung (Art. 68 GG), bei der Zustimmung der Exekutive zu ausgabeerhöhenden Beschlüssen der Legislative (Art. 113 GG) und der Gesetzesinitiativbefugnis der Bundesregierung (Art. 76 GG)[18, 19] zutage.

---

[10] *Imboden*, S. 39, 40.

[11] *Küchenhoff*, S. 138.

[12] *Imboden*, S. 40.

[13] Vgl. die Darlegungen der Abgeordneten *Schmid* (SPD), *Süsterhenn* (CDU), Parl.-Rat, Sten.-Ber. S. 14 und 21.

[14] Vgl. *Klein* in v. Mangoldt - Klein, Art. 20, Anm. V 5 b: „Der Grundsatz der in der Gewaltentrennung und Gewaltenhemmung bestehenden Gewaltenteilung bedeutet nach allgemeiner Auffassung nicht nur Arbeitsteilung, sondern ausgleichende Balance. Das Grundgesetz wird aus wohlerwogenen Gründen durch ein ganzes System von ‚checks and balances' gekennzeichnet."

[15] z. B. Art. 1 Abs. 3; Art. 19 Abs. 1 S. 1; Art. 20 Abs. 3; Art. 80 Abs. 1, Art. 92 i. V. m. Art. 97 GG.

[16] Vgl. *Waffenschmidt*, S. 6.

[17] Siehe den strafrechtlichen Schutz, den die Gewaltenteilung durch § 88 Abs. 2 Ziff. 1 StGB erfahren hat.

[18] Im einzelnen vgl. die Aufstellung bei Hildegard *Krüger*, ZStW Bd. 106, S. 710/711; *Klein* in v. Mangoldt - Klein, Art. 20, Anm. V 5 b.

[19] Zu der Frage, inwieweit Einwirkungen der Gewalten aufeinander zu-

Daß das Bonner Grundgesetz sich nicht nur zur Gewaltenteilung, sondern auch zum parlamentarischen Regierungssystem bekennt, dessen Merkmale im folgenden aufzuzeigen sind, dürfte beweisen, daß es die Gewalten „weniger getrennt, als zueinander in kooperierende Beziehung gesetzt hat“[20].

b) Das parlamentarische Regierungssystem und das Bonner Grundgesetz

Die geistigen Wurzeln des parlamentarischen Regierungssystems finden sich in der parlamentarischen Idee[21], die ihren Ursprung sowohl in der dem Gedanken der Demokratie zurechenbaren Lehre von der Volkssouveränität[22] als auch in der Repräsentation[23] hat. Die Anerkennung des Volkes als alleinigen Trägers der Staatsgewalt einerseits, andererseits aber der Umstand, daß diese in großräumigen Staaten nicht mehr vom Volk ausgeübt werden kann, führte zur Repräsentation des Volkes durch ein aus allgemeinen Volkswahlen hervorgegangenes Parlament. In der Institution der Volksvertretung sieht das Staatsvolk die beste Möglichkeit, trotz des Mangels unmittelbarer eigener Herrschaft nicht lediglich Objekt der Regierung zu sein, sondern Einfluß auf die Staatsgeschäfte auszuüben[24]. Der Einfluß des Staatsvolkes auf die Regierung kann sich allerdings nur dann auf dem Wege über das Parlament voll-

---

lässig sind, hat das Bundesverfassungsgericht (BVerfGE Bd. 9, S. 270, 280) festgestellt: „Nicht jede Einflußnahme des Parlaments auf die Verwaltung bedeutet schon einen Verstoß gegen die Gewaltenteilung. Selbst eine gewisse Gewichtsverlagerung auf Kosten der Exekutive zugunsten des Parlaments ist in der parlamentarischen Demokratie unbedenklich. Erst wenn zugunsten des Parlaments ein Einbruch in den Kernbereich der Exekutive erfolgt, ist das Gewaltenteilungsprinzip verletzt.“ Ebenso der überwiegende Teil der Lehre: Maunz - Dürig, Art. 20, S. 33 Rdn. 81, *Klein* in v. Mangoldt - Klein, Art. 20, Anm. V 5 b.

[20] So Werner *Weber*, Gewaltenteilung, S. 502. Da das Grundgesetz wie auch die Landesverfassungen die Gewaltenteilung und das parlamentarische Regierungssystem nebeneinander als Regierungsform anerkennen, soll auf die Frage ihrer grundsätzlichen Vereinbarkeit nicht näher eingegangen werden. Während *Peters* (Gewaltentrennung, S. 11) in der parlamentarischen Regierungsform eine Durchbrechung der Gewaltentrennung wegen der Abhängigkeit der Exekutive von der Volksvertretung sieht, betrachtet *Klein* (in v. Mangoldt - Klein, Art. 20, Anm. V 5 b) das parlamentarische Regierungssystem als „typischen Fall der Gewaltenhemmung.“ Mit *Scheuner* (AÖR Bd. 52, S. 223) darf angenommen werden, daß gerade im Parlamentarismus die Gewaltenteilung der Alleinherrschaft des Parlaments durch Machtverteilung entgegentritt.

[21] *v. Blume*, S. 336; vgl. auch die ausführliche Darstellung der ideellen Grundlagen des parlamentarischen Systems bei Carl *Schmitt*, Verfassungslehre, S. 307 ff.

[22] *Maunz* in Maunz - Dürig, Art. 20, S. 17, Rdn. 47.

[23] *Glum*, S. 7.

[24] *Runte*, S. 32: ausführlich *Glum*, S. 3, 5, 7.

ziehen, wenn von letzterem die Regierung hinsichtlich ihrer Bestellung, vor allem aber auch hinsichtlich ihrer Abberufung[25] abhängig ist.

Wenngleich das Grundgesetz sich nicht ausdrücklich zum parlamentarischen Regierungssystem bekennt, so geht aus der Ausgestaltung des Verhältnisses der Regierung zum Parlament eindeutig hervor, daß der Verfassungsgeber diese Regierungsform gewünscht hat[26]. Dabei ist das gegenüber dem Präsidialsystem der Vereinigten Staaten von Nordamerika hervorstechendste Merkmal des parlamentarischen Regierungssystems unter dem Bonner Grundgesetz die politische Verantwortlichkeit der Bundesregierung gegenüber dem Bundesrat und vor allem dem Bundestag, die u. a. im Recht des Bundestages, den Rücktritt der Bundesregierung zu erzwingen (Art. 67 GG)[27], und in gewissen Mitwirkungs- und Kontrollrechten[28] Ausdruck findet. Die Kontrollrechte des Parlaments ergeben sich dabei nicht erst kraft der ausdrücklichen Hervorhebung durch das Grundgesetz, sondern das Recht der Volksvertretung, die Regierung zu stürzen, verlangt, daß das Parlament in der Lage ist, sich jederzeit über die Handhabung der Regierungs- und Verwaltungsgeschäfte zu informieren[29].

Im Unterschied zum Präsidialsystem der Vereinigten Staaten basiert das parlamentarische Regierungssystem auf der „Homogenität zwischen Volksvertretung und Regierung"[30], die im Bonner Grundgesetz in Art. 69 Abs. 2 zum Ausdruck gelangt. Daß die Separierung von Legislative und Exekutive „in ihrem Kern, nämlich darin, daß sich die beiden Hauptgewalten auf verschiedene politische Potenzen verteilen"[31], aufgehoben ist, stellt ein wesentliches Merkmal der parlamentarischen Demokratie dar und bestimmt, was aufzuzeigen sein wird, in der *Verfassungswirklichkeit* die Beziehungen von Regierung und Parlament in erheblichem Maße.

---

[25] *Scheuner* (AÖR Bd. 52, S. 231) stellt den Einfluß des Parlaments auf die Abberufung der Regierung als das spezifische Mittel des Parlamentarismus heraus.

[26] Siehe *Klein* in v. Mangoldt - Klein, Vorb. III 1 zu Art. 62 ff.

[27] Wegen der sachlichen, zeitlichen, personellen und verfahrensmäßigen Einschränkungen, denen das durch Art. 67 GG konstituierte Mißtrauensvotum des Parlaments gegen die Regierung unterliegt, wird das System als „gedrosseltes parlamentarisches System" (*Dennewitz* im Bonner Kommentar, Einleitung S. 68) oder als „Sonderspielart des parlamentarischen Typus" (*Scheuner*, DÖV 1957, S. 633) bezeichnet; zu den wesentlichen Unterschieden dieses Regierungssystems gegenüber dem parlamentarischen System der Weimarer Verfassung — letzteres hat Carl *Schmitt* in seiner Verfassungslehre (S. 340 ff.) ausführlich analysiert — siehe *Maunz* in Maunz - Dürig, Art. 67, S. 2 Rdn. 3.

[28] Siehe die Zusammenstellung dieser Rechte bei *Klein* in v. Mangoldt - Klein, Vorbem. III 3 zu Art. 62 ff.

[29] *Runte*, S. 33.

[30] *Nawiasky*, Grundgedanken, S. 98.

[31] Werner *Weber*, Gewaltenteilung, S. 498.

c) *Die Gewaltenteilung in der Verfassungswirklichkeit*

Es soll jetzt die Bedeutung, die der Gewaltenteilung in der Verfassungswirklichkeit, insbesondere im Hinblick auf ein Gleichgewichts- und Spannungsverhältnis zwischen Legislative und Exekutive zukommt, untersucht werden.

Nach der Auffassung Werner Webers[32] handelt es sich bei Legislative und Exekutive nicht mehr um reale politische Gewalten, sondern lediglich um Bezeichnungen für staatliche Funktionsbereiche. Denn hinter der Führungsschicht der Exekutive stehen, wie Werner Weber darlegt, die Exponenten politischer Mächte, vornehmlich der politischen Parteien[33], die gleichfalls im Parlament zusammengeführt werden, in dem die maßgebliche Parlamentsmehrheit politisch identisch ist mit dem Regierungskollegium[34]. Da somit die Legislative wie die Leitung der Exekutive von denselben parteipolitischen Kräften getragen werden, hinter beiden „Gewalten" also nur eine Gewalt steht, ist zwischen diesen — nach der Meinung Werner Webers — das Prinzip der politischen Balance aufgehoben[35]. Vielmehr stellt der Pluralismus oligarchischer Herrschaftsgruppen — das sind z. B. die Gewerkschaften, Wirtschafts- und Arbeitgeberverbände[36] — „ein geradezu ideales System der Gewaltenteilung und -balance"[37] dar.

Demgegenüber hat v. Mangoldt[38] kritisiert, Werner Weber hätte zu Unrecht das Spannungsverhältnis zwischen Legislative und Exekutive verneint; dieses Spannungsverhältnis bestünde aber erfahrungsgemäß selbst dann, wenn an der Spitze der Exekutive Persönlichkeiten stehen, die Mitglieder der herrschenden Parteien sind. Auch Friesenhahn[39] ist der Auffassung, daß in Deutschland als Nachwirkung der Frontstellung des Parlaments zum konstitutionellen Monarchen und seiner vom Parlament unabhängigen Regierung trotz der Verbindung von Mehrheitspartei und Regierung das Spannungsverhältnis zwischen der Legislative und der Exekutive erhalten bleibt, da auch die Regierungspartei eifersüchtig über gewisse parlamentarische Privilegien wache. Ebenso bejaht

---

[32] Werner *Weber*, Spannungen und Kräfte, S. 43.

[33] Ähnlich J. H. *Kaiser*, Die Repräsentation, S. 268: „Jedenfalls erweisen sich auch in der Exekutive die parteipolitischen Kräfte als die eigentlich wirksamen Größen."

[34] Werner *Weber*, Das Richtertum, S. 267.

[35] Werner *Weber*, Spannungen und Kräfte, S. 45; *derselbe* in Wandlungen und Formen, S. 377.

[36] Werner *Weber*, Spannungen und Kräfte, S. 50; *derselbe* in Schmitt-Festschrift, S. 261.

[37] Werner *Weber*, Spannungen und Kräfte, S. 58.

[38] *v. Mangoldt*, Art. 20 Anm. 5.

[39] *Friesenhahn*, VVDStL Heft 16, S. 52.

Kleinrahm[40] unter Hinweis u. a. auf die Unabhängigkeit der Minister vom Parlament und den psychischen Wandel, den der zum Minister berufene Abgeordnete durchlebt, ein Spannungsverhältnis und einen natürlichen Interessengegensatz zwischen Parlament und Regierung.

Daß das Parlament über gewisse seiner Rechte eifersüchtig wacht, ist nicht zu bestreiten, ebensowenig kann geleugnet werden, daß der zum Minister berufene Abgeordnete einen gewissen psychischen Wandel durchlebt[41]. Dieser Umstand zeigt zwar auf, daß trotz des Zusammenspiels der Mehrheitsfraktion mit dem Kabinett nicht „die institutionelle Verschiedenheit und die soziologische Differenz“[42] von Regierung und Parlament aufgehoben werden, aus der heraus sich gewisse Unterschiede, unter Umständen auch Gegensätze ergeben können, die man als „natürliche Spannungen“ bezeichnen mag[43]. Dies bestreitet auch Werner Weber[44] nicht, denn „man kann in gewissen Grenzen aus ihnen (den Gewalten) ein balancierendes Kräftespiel formen“.

Wesentlich ist jedoch, daß zwischen der Exekutive einerseits und dem Parlament andererseits eine Spannung und Polarität im Sinne einer *echten Rivalität* um die Macht, wie wir sie aus der stärker gewaltenteilenden Präsidentschaftsrepublik der Vereinigten Staaten von Nordamerika kennen, im parlamentarischen Regierungssystem der Bundesrepublik nicht mehr besteht und auch wegen der Homogenität von Regierung und Parlament nicht denkbar ist. Dafür sind die durch diese Homogenität ermöglichten Einwirkungen der Mehrheitsfraktion auf die Regierung und die personellen und sachlichen Bindungen zwischen Regierung und Mehrheitsfraktion zu stark[45]. Vielmehr bestehen die Spannungen im Sinne einer Rivalität bei der Gestaltung des politischen Lebens zwischen der Regierung und der Regierungspartei einerseits und den Oppositionsparteien andererseits[46], wobei von letzteren vorwiegend die parlamentarische Kontrolle ausgeübt wird.

Trotz des Umstandes, daß ein echtes Spannungs- und Balancesystem zwischen den Gewalten nicht mehr besteht, wird die Berechtigung des

---

[40] *Kleinrahm*, AÖR Bd. 79, S. 152, 153.

[41] Vgl. *Scheuner*, AÖR Bd. 52, S. 224, der unter Hinweis auf *Hauriou* formuliert: „Die Minister fühlen sich selbständig, sie gehen ins Lager der Exekutive über.“

[42] *Scheuner*, DÖV 1957, S. 636; ähnlich Herbert *Krüger*, S. 213: „Aber Konfliktslosigkeit (der Regierungsfraktion mit der Regierung) ist gewiß nicht gleichbedeutend mit Identität.“

[43] Vgl. *Runte*, S. 44.

[44] Werner *Weber*, Spannungen und Kräfte, S. 44.

[45] Dazu, daß die Beziehungen von Regierung und Parlament trotz Übereinstimmung der beiden Gewalten sehr unterschiedlicher Art sein können, siehe Carl *Schmitt*, Verfassungslehre, S. 338.

[46] *Scheuner*, DÖV 1957, S. 636; vgl. Herbert *Krüger*, S. 215.

Dreiteilungsschemas auch bei der heutigen Verfassungslage nicht bestritten. Menzel[47] gesteht dem Gewaltenteilungsprinzip eher die Bedeutung eines Richtungsbegriffes als die eines Verfassungsdogmas zu, Peters[48] erkennt die Bedeutung der Gewaltenteilung grundsätzlich an, meint aber, sie bedürfe wegen der „gewaltigen Machterweiterung der Exekutive" im modernen Verwaltungsstaat anderer Formen. Auch Werner Weber[49] sieht in dem Dreiteilungsschema ein Mittel von „gewissem staatshaltendem und disziplinierendem Wert" und eine Sicherung der individuellen Freiheit: „Aber das Grundgesetz nimmt die Gewaltenteilung zu ernst, als daß man sie als inhaltlos gewordenes Requisit vergangener Zeiten abtun könnte[50]."

2. Erforderlichkeit und Wirkungsmöglichkeiten auf dem Gebiet der Gesetzgebung

a) Bei der Aktivierung der Gesetzesinitiative des Parlaments

aa) Das Gesetzesinitiativrecht nach Artikel 76 GG und seine Ausübung durch die Berechtigten

Es soll zunächst untersucht werden, ob ein Bedürfnis für die Aktivierung der Gesetzesinitiative des Parlaments besteht, des weiteren, welche Wirkungsmöglichkeiten sich dabei für den parlamentarischen Hilfsdienst ergeben.

Nach Art. 76 Abs. 1 GG haben die Bundesregierung, der Bundesrat und die Mitglieder des Bundestages gleichermaßen[51] das Recht zur Gesetzesinitiative. Kleinrahm[52] ist allerdings zuzustimmen, wenn er aus der vom Bonner Verfassungsgeber gewählten Reihenfolge der Initiativberechtigten im Wortlaut des Art. 76 GG den Schluß zieht, „daß das Grundgesetz selbst die Initiative der Regierung offenbar als das Normale und den Regelfall ansieht" und daß hierin ein Erbe der konstitutionellen Monarchie[53] hervortrete.

Eine Betrachtung der Gesetzgebungsleistung des Bundes[54] zeigt, daß die Regierung in höherem Maße als das Parlament Gesetzesvorlagen ein-

---

[47] *Menzel* im Bonner Kommentar, Nachtrag zu Art. 79, I Erl. 8.

[48] *Peters*, S. 38.

[49] Werner *Weber* in Carl Schmitt-Festschrift, S. 263.

[50] Werner *Weber*, Die Verfassung der Bundesrepublik, S. 41.

[51] Eine Ausnahme gilt hinsichtlich der Haushaltsgesetze und der Gesetzesvorlagen zu Ratifikationszustimmungsgesetzen; *Klein* in v. Mangoldt - Klein, Art. 76, Anm. III 2 c.

[52] *Kleinrahm*, AÖR Bd. 79, S. 139.

[53] Siehe *Apelt*, S. 12.

[54] Siehe die Zusammenstellung „16 Jahre Bundesgesetzgebung" im Bulletin der Bundesregierung 1965, Nr. 184, S. 1487.

bringt. Stärker als bei den Gesetzesinitiativen, an denen der Bundestag mit etwa 35 bis 40 % beteiligt ist, tritt bei den Gesetzesbeschlüssen, von denen nur etwas mehr als ein Fünftel auf Initiativen des Parlaments zurückgeht[55], die starke Präponderanz der Regierung hervor. Bei diesen Zahlen ist zudem zu berücksichtigen, daß von der Regierung in überwiegendem Maße die umfangreicheren und bedeutungsvolleren Gesetzesvorlagen stammen[56], ferner, daß zahlreiche Initiativen, die von Abgeordneten der Regierungsparteien zum Teil zwecks Umgehung des Bundesrates eingebracht wurden[57], tatsächlich von der Exekutive stammen. Daß Vorlagen aus dem Bundestag weniger Chancen haben, zum Gesetzesbeschluß zu führen, hat sicherlich einen Grund darin, daß die Gesetzesinitiativen der die parlamentarische Minderheit bildenden Opposition weniger Chancen auf Realisierung haben als jene der Regierung und der diese stützenden Parteien[58].

Der tiefere Grund für die hohe Zahl der Regierungsvorlagen und deren wesentlich höherer Anteil bei den Gesetzesbeschlüssen liegt jedoch vor allem in der ständig komplexer und spezieller werdenden Gesetzgebungsmaterie und der hierbei günstigeren Stellung der Exekutive. Auf beide Gegebenheiten wird näher einzugehen sein, zumal sie auch hinsichtlich der Tätigkeit des Hilfsdienstes im Rahmen der Ausschußarbeit sowohl des Bundes als auch der Bundesländer von erheblicher Bedeutung sind.

bb) Die spezialisierte Gesetzgebung des Bundes und deren Ursachen

Das liberale 19. Jahrhundert verwirklichte eine scharfe Trennung zwischen Staat und Gesellschaft. Mit seiner Tendenz zum Staatsminimalismus wollte es Interventionen des Staates in die Gesellschaft, insbesondere in die persönliche Freiheit, das Privateigentum und die Wirtschaft verhindern. Der Staat, selbst noch unabhängig von den verschiedenen Machtgruppen der Gesellschaft[59], sollte sich gegenüber deren frei konkurrierenden Mitgliedern neutral verhalten und allenfalls zwecks Wiederherstellung der gestörten Wettbewerbsbedingungen intervenieren[60].

---

[55] Auswertung „16 Jahre Bundesgesetzgebung", aaO.

[56] *Klein* in v. Mangoldt - Klein, Art. 76, Anm. III 2 e.

[57] Zur Umgehung des Bundesrates siehe die von B. *von Doemming* in der Staatszeitung von Rheinland-Pfalz 1953, Nr. 16 S. 1 („Der unbeliebte Bundesrat") angeführten Fälle; ferner *Fleck* in Geller - Kleinrahm, Art. 65, Anm. 1 d.

[58] *Gross*, DVBl. 1954, S. 324.

[59] Carl *Schmitt*, Hüter der Verfassung, S. 73 ff.

[60] Carl *Schmitt*, Hüter der Verfassung, S. 78; W. *v. Humboldt*, S. 58: „Der Staat enthalte sich aller Sorgfalt für den positiven Wohlstand der Bürger und gehe keinen Schritt weiter, als zu ihrer Sicherstellung gegen sich selbst und gegen auswärtige Feinde notwendig ist; zu keinem anderen Endzweck beschränke er ihre Freiheit."

Der zwischen Staat und Gesellschaft im 19. Jahrhundert existent gewesene Dualismus hat mit dem Wegfall der Monarchie weitgehend an Spannung verloren und besteht heute kaum noch[61]. Vielmehr haben die politischen Parteien, die Wirtschaftsverbände und die Gewerkschaften, um nur einige zu nennen, sich des Staates bemächtigt und stellen diesen heute weitgehend dar[62]. Damit schwindet die neutrale Rolle des Staates dahin, und die Probleme der Gesellschaft werden zu Aufgaben des Staates[63].

Auf der Grundlage der Aufhebung des Dualismus von Staat und Gesellschaft erklärt sich weitgehend die Aktivität des als Wohlfahrts-, Sozial-, Leistungs- und Verteilerstaates bezeichneten Staatsgebildes. Die Forderungen der verschiedenen Gruppenmächte nach Hilfe und Daseinsvorsorge durch den Staat, das dem Sozialstaat wesenseigene Ziel einer wohlgefügten, an strikter Einheitlichkeit ausgerichteten Sozialordnung[64] und die erhebliche Bedeutungszunahme des in steigendem Maße international verflochtenen Wirtschaftslebens[65] verlangen staatliches Handeln, teils fördernder, teils lenkender, teils planender, teils regulierender Art[66]. Es kommt hinzu, daß die Folgen von zwei verlorenen Weltkriegen gleichermaßen staatliches Handeln erforderlich machen wie die Wiederaufrüstung des Staates[67].

Das Anwachsen staatlicher Aufgaben führte zur Steigerung der Gesetzgebungsarbeit des Parlaments[68]. Daß die Regelung der in die Kompetenz des Bundestages fallenden Materien durch förmliche Gesetze erfolgte, hat seinen Grund teilweise im formalen Rechtsstaatsgedanken[69], in der Methode der staatlichen Planung[70], in der Neigung des Gesetzgebers, durch Gleichbehandlung kraft Gesetzes Ermessensentscheidungen der Verwaltung weitgehend vorwegzunehmen[71], und in den Schranken, die Art. 80 GG hinsichtlich der delegierten Gesetzgebung errichtet[72].

---

[61] Werner *Weber*, Spannungen und Kräfte, S. 47, 48; siehe auch *Dagtoglou*, S. 147.

[62] Carl *Schmitt*, Hüter der Verfassung, S. 78, spricht davon, daß der Staat zur „Selbstorganisation der Gesellschaft" wird.

[63] Carl *Schmitt*, Hüter der Verfassung, S. 78, 79.

[64] *Scheuner*, DÖV 1960, S. 605; Werner *Weber*, Wandlungen und Formen, S. 370.

[65] *Scheuner*, DÖV 1960, S. 605, 606.

[66] Werner *Weber*, Wandlungen und Formen, S. 371: „Der Staat ist zu einem großen Versorgungs- und Ausgleichsapparat geworden." Vgl. auch *Runte*, S. 127.

[67] Im einzelnen *Kaufmann*, S. 82.

[68] *Zeidler*, S. 22.

[69] *Scheuner*, DÖV 1960, S. 606.

[70] *Jahrreiss*, S. 48: „Die unersetzbare Methode der Zentrallenkung des Staates heißt aber: Normen setzen, Gesetze geben"; ferner *Schneider*, VVDStL Heft 8, S. 51: „Planung ohne Normierung ist aber unmöglich."

[71] *Scheuner*, DÖV 1960, S. 607.

[72] *Strauß*, Die Bundesgesetzgebung 1953—1957, S. 6.

Die Gesetze sind aber nicht nur zahlreicher[73] geworden, sondern es hat sich auch ihr Charakter gewandelt. Der Gesetzgeber setzt nicht mehr generelle Schranken für das Handeln des Bürgers[74], sondern schreitet zur Aktion, und seine Gesetze bedeuten in zunehmendem Maße eine Einengung und Lenkung der Verwaltung[75], wobei das auf die konkrete Situation zugeschnittene Gesetz stark ins Detail[76] geht.

Das für die Bundesgesetzgebung erforderliche Maß an Sachverstand resultiert weitgehend aus dem Objekt der Normsetzung, das durch die Vielfältigkeit und Fülle verschiedenartiger, teilweise sehr spezieller Materien gekennzeichnet ist. Als Beispiele der hochspezialisierten, oft stark ins Detail gehenden, vielfachen Änderungen unterworfenen Bundesgesetzgebung sollen das intrikate Gebiet der Sozialversicherung[77], die Kriegsschädenregelung[78], die Steuer-[79] und Kartellgesetzgebung[80] und die öffentliche Fürsorge[81] angeführt werden, Gebiete, die zwar nicht unter die ausschließliche Gesetzgebungskompetenz des Bundes fallen, deren Regelung der Bundesgesetzgeber aber weitgehend an sich gezogen hat. Der Umstand, daß wegen der sehr detaillierten gesetzlichen Regelung Veränderungen des Normobjektes mehrfach zu Gesetzesänderungen führten[82], hat dazu beigetragen, den Nichtspezialisten das Verständnis der oben angeführten Materien, von subtileren Einsichtnahmen ganz zu schweigen, weitgehend zu verschließen.

cc) Die fachliche Überlegenheit der Exekutive gegenüber der Legislative

Aus dem Wesen der oben gekennzeichneten Gesetzgebung, die in hohem Maße Detailkenntnisse und Spezialmaterial verlangt, erklärt

---

[73] *Bühler*, JZ 1959, S. 297, spricht von Gesetzesinflation; *Dichgans*, NJW 1963, S. 977, von Gesetzesflut.

[74] *Zeidler*, S. 22.

[75] *Scheuner*, DÖV 1960, S. 603, weist auf die technisierte, Planungsfunktionen erfüllende Gesetzgebung hin.

[76] *Zeidler*, S. 23, 25.

[77] Vgl. z. B. das Angestelltenversicherungs-Neuregelungsgesetz vom 23. 2. 1957 (BGBl. 1957 I S. 88 ff.).

[78] Vgl. z. B. das Bundesversorgungsgesetz vom 20. 12. 1950 (BGBl. 1950 S. 791 ff.); das Lastenausgleichsgesetz vom 14. 8. 1952 (BGBl. 1952 I S. 446 ff.), das mehrfach geändert wurde.

[79] Vgl. z. B. das Umsatzsteuergesetz in der Fassung vom 1. 9. 1951 (BGBl. 1951 I S. 791), bis 26. 3. 1965 sechzehnmal geändert; das Einkommensteuergesetz in der Fassung vom 15. 8. 1961 (BGBl. 1961 I S. 1253), das mehrfach geändert wurde.

[80] Gesetz gegen Wettbewerbsbeschränkungen vom 27. 7. 1957 (BGBl. 1957 I, II S. 1081 ff.).

[81] z. B. das Bundessozialhilfegesetz (BGBl. 1961 I S. 815), mehrfach geändert.

[82] Siehe die bei *Zeidler*, S. 24, weiter angeführten Beispiele.

sich die Vormachtstellung der Exekutive im Gesetzgebungsverfahren[83]. Die fachliche Überlegenheit der Exekutive gegenüber den Parlamentariern ergibt sich weitgehend aus der Organisation der beiden „Gewalten" und aus den Eigenschaften der sie im wesentlichen tragenden Personengruppen, der Beamten und der Abgeordneten. Die Überlegenheit entspringt dabei sowohl der arbeitsteiligen Technik der Verwaltung als auch dem Sachverstand der Beamten. Max Weber[84] hat bereits 1917 darauf hingewiesen, daß das Wissen der Beamten von zweierlei Art ist: Neben das „technische" Fachwissen, das der Beamte auf Grund seiner Fachschulung erwirbt, tritt das Dienstwissen, also jene nur dem Beamten durch die Mittel des amtlichen Apparates ermöglichte Kenntnis bestimmter Tatsachen.

Auch der Umstand, daß der gehorsamspflichtige, vorwiegend spezialisierte Beamte anders als der weitgehend weisungsfreie[85], den „begrifflichen Gegentyp des Bediensteten"[86] verkörpernde Abgeordnete intensiver, weil hauptberuflich und in der Regel länger als ein oder zwei Legislaturperioden, sich mit der Materie befaßt, begründet ferner die Monopolstellung der Exekutive in bezug auf das der Gesetzgebung zu Grunde liegende Tatsachenmaterial. Es kommt hinzu, daß die wissenschaftlichen Beiräte, die Fachbeiräte, die Verwaltungsbeiräte und die Interessentenbeiräte der verschiedenen Bundesministerien[87] den Sachverstand der Exekutive erhöhen. Auch wird die Vormachtstellung der Exekutive dadurch gefestigt, daß die Ministerien bei der Vorbereitung der Gesetzentwürfe häufig die Verbände konsultieren[88] und von diesen die notwendigen Informationen erhalten[89].

Gegenüber dieser erheblichen Vormachtstellung der Exekutive fällt es nicht wesentlich ins Gewicht, daß das Parlament einige Experten hat, die im übrigen in starkem Maße vom Tatsachenmaterial der Exekutive[90]

---

[83] *Maunz* in Maunz - Dürig, Art. 76, S. 2, Fußn. 5.

[84] Max *Weber*, Parlament und Regierung, S. 57.

[85] Dazu *Eschenburg*, Staat und Gesellschaft, S. 511.

[86] *Köttgen*, S. 213.

[87] Zur Zahl und Aufgabenstellung dieser Gremien vgl. *Böckenförde*, S. 253; zur Funktion der wissenschaftlichen Beiräte *Weisser*, S. 30 ff.

[88] § 23 GemGeschOBMin. (abgedruckt bei Lechner - Hülshoff, S. 399 ff.) stellt Richtlinien für den Verkehr mit den Verbänden auf; als Grundsatz der Praxis gilt, daß die Ministerien den Verkehr auf die Zentral- und Gesamtverbände beschränken, *Ellwein*, S. 130. Vgl. auch Max *Weber*, Wirtschaft und Gesellschaft, S. 584: „Diese letztere Entwicklung speziell, welche die konkrete Sachkenntnis der Interessenten in den Dienst der rationalen Verwaltung fachgebildeter Beamter zu stellen sucht, hat sicherlich eine bedeutende Zukunft."

[89] Zu den Gefahren dieser Praxis vgl. Wissenschaftlicher Beirat, Bulletin der Bundesregierung 1965, Nr. 41, S. 330.

[90] Dies wurde dem Verfasser von einigen Experten der Fraktionen gesprächsweise mitgeteilt.

und der Interessenverbände abhängig sind. Diesen wenigen Experten, deren Sachverstand in der Regel zudem spezialisiert ist, kann es zugeschrieben werden, wenn umfangreichere Gesetzentwürfe einmal aus der Mitte des Bundestages stammen[91]. Für den Regelfall jedoch hat zu gelten, daß, wenn die Gesetze einen umfangreichen Inhalt aufweisen, das Parlament vom Sachverstand der Regierung in starke Abhängigkeit gerät, weil es keinen eigenen Hilfsdienst besitzt[92].

dd) Das Verhältnis Regierung — Parlament und das Erfordernis eines parlamentarischen Hilfsdienstes

Die Frage, ob ein Bedürfnis für die Aktivierung der Gesetzesinitiative des Parlaments und für eine Unterstützung der Abgeordneten bei Ausübung der Initiative besteht, wird im Schrifttum unterschiedlich beantwortet.

Nawiasky[93] hat darauf hingewiesen, daß — geschichtlich bedingt — die Regierung regelmäßig die Gesetze ausarbeite und sie für diese Tätigkeit über den erforderlichen, mit Sachkenntnis ausgerüsteten Beamtenstab verfüge. Dem demokratischen Gedanken habe der Verfassungsstaat dadurch genügt, daß die Gesetze nicht mehr „durch einen fremden, höheren Willen“, sondern durch den Willen der Volksvertretung bestimmt würden. Wollte man die Ausarbeitung der Gesetzentwürfe an Stelle der sachkundigen Regierung „in der Hauptsache“ den Abgeordneten übertragen, so wäre eine Verdoppelung des staatlichen Personalkörpers notwendig, da einige wenige qualifizierte Beamte für diese Arbeit nicht ausreichten.

Unter Hinweis auf die erhebliche Sachkenntnis und die schon historische Rolle der Exekutive bei der Ausarbeitung der Gesetze meint auch Henle[94], die Parlamente der Bundesrepublik könnten es sich leisten, die Gesetzesvorbereitung bei der Regierung zu belassen, weil das Parlament die Regierung stelle und deren Initiative somit „mehr oder weniger die Initiative eines Gremiums von Abgeordneten sei, die vom Parlament mit Ministerämtern betraut sind“. Ebenso erachtet Scheuner[95] einen parlamentarischen Hilfsdienst zu Zwecken der Gesetzesformulierung nicht

[91] Vgl. *Kralewski* in Kralewski - Neunreither, S. 175.

[92] *Böhm*, Neue Gesellschaft 1964, S. 349.

[93] *Nawiasky*, Die Verfassung, S. 21, 22. Wenngleich die Überlegungen *Nawiaskys* im Hinblick auf die Errichtung eines Gesetzgebungshilfsdienstes im Bayerischen Landtag erfolgten, dürfte sich mangels eines diesbezüglichen Unterschiedes von Bundestag und Landesparlament ihre Wiedergabe an dieser Stelle rechtfertigen.

[94] *Henle*, DÖV 1950, S. 15.

[95] *Scheuner* auf der Tagung der Gesellschaft für Rechtsvergleichung in Köln 1951, JZ 1951, S. 701.

für notwendig, da bei parlamentarischer Regierungsweise die Initiative regelmäßig von der Regierung ausgeübt werde.

Demgegenüber spricht Kleinrahm[96] unter Hinweis auf die geringe Zahl der von Abgeordneten eingebrachten Gesetzentwürfe von einer Aushöhlung legislativer Funktionen und hält eine Aktivierung der Initiative des Parlaments, insbesondere im Interesse eines Gleichgewichts der politischen Kräfte, für geboten. Auch Apelt[97] erachtet eine größere Teilhaberschaft des Parlaments bei den Gesetzentwürfen für notwendig, um die Stellung der Legislative zu stärken. Sowohl Kleinrahm als auch Apelt bejahen deshalb die Notwendigkeit eines parlamentarischen Hilfsdienstes.

Die gestellte Frage kann nicht ohne eine nähere Betrachtung des Verhältnisses der *Bundestagsfraktionen* zur *Bundesregierung* beantwortet werden.

Nach § 49 GemGeschO BMin, demzufolge Angehörige der Ministerien nicht ohne Genehmigung des zuständigen Ministers bei der sachlichen oder rechtsförmlichen Vorbereitung einer aus der Mitte des Bundestages stammenden Gesetzesvorlage mitwirken dürfen[98], sind Regierungs- und Oppositionsparteien gegenüber der Exekutive *normativ* gleichberechtigt.

Eine andere Betrachtungsweise ergibt sich aber in Anbetracht des Verhältnisses von Regierung und Parlament im parlamentarischen Regierungssystem, das bereits generell gekennzeichnet worden ist. Der Umstand, daß die grundlegenden Entscheidungen, die die Mehrheitsfraktion des Bundestages seit 1949 zu treffen hatte, Regierungsentscheidungen darstellten[99], hat sich erheblich auf die Gesetzgebungsarbeit der stärksten Regierungspartei ausgewirkt. Daß wegen der verschiedenen verbandspolitischen Einflüsse innerhalb der Mehrheitsfraktion zwischen dieser und der Regierung in außen- und verteidigungspolitischen Fragen mehr Einheitlichkeit herrschte als auf dem Gebiet der Sozial- und Wirt-

[96] *Kleinrahm*, AÖR Bd. 79, S. 140, 152.

[97] *Apelt*, S. 12.

[98] Während *Klein* (in v. Mangoldt - Klein, Art. 76 Anm. V 3 b) den Grund für diese Vorschrift in der allgemeinen Dienstaufsicht sieht, betrachten Lechner - Hülshoff (§ 49 GemGeschOBMin., Anm. 2, Abs. 1) die Bewilligung der Hilfeleistung als eine politische Frage. Da nach Auffassung beider Kommentare die Regierung unter gewissen Umständen die Hilfe verweigern kann und auch schon verweigert hat, ohne die das Parlament u. U. einen größeren Entwurf nicht anzufertigen vermag, dürfte die Gewährung von Formulierungshilfe — schon wegen des zu bewilligenden Ausmaßes der Inanspruchnahme — nicht lediglich eine dienstrechtliche Frage darstellen. Vgl. Deutscher Bundestag, Sten.-Ber. der 83. Sitzung der 4. WP, S. 4061 B, C.

[99] Der Bericht der Parteienrechtskommission (S. 58) spricht dies für die Willensbildung der CDU aus.

schaftspolitik, ist evident[100], hat aber die Zusammenarbeit von Regierung und Mehrheitsfraktion nicht nennenswert zu beeinflussen vermocht, weil hierbei die durch die Repräsentation divergierender Interessen bedingten, *fraktions-internen* Reibungen Ausdruck fanden. Vielmehr gilt als Regel, daß der gemeinsamen Willensbildung bei der Gesetzgebungsarbeit interne Beratungen von Kabinett und Mehrheitsfraktion vorangehen, wobei sehr häufig Ministerialbeamte in den Fraktionen und Arbeitskreisen der Regierungsparteien entweder lediglich fachlich beratend[101] oder in der ausdrücklichen Absicht, die Konzeption ihres Ministers durchzusetzen[102], tätig werden.

Der Umstand, daß die Anregungen zu Gesetzentwürfen zwischen der Exekutive und der Mehrheitsfraktion häufig wechselseitig erfolgen[103], und daß wiederholt, wie bereits gesagt, zum Teil zwecks Umgehung des Bundesrates die seitens der Regierung ausgearbeiteten Gesetzesvorlagen

[100] Im einzelnen siehe *Domes*, S. 131 und die Tabelle bei *Domes* auf S. 122, 123; vgl. auch *Lohmar*, S. 95/96.

[101] Siehe die bei *Waffenschmidt*, S. 210, 211 angeführten Beispiele.

[102] Das keineswegs seltene Zusammenspiel von CDU-Fraktion und Bundesexekutive bei der Vorbereitung von Gesetzentwürfen soll an Hand des Gesetzentwurfes zur Förderung der Vermögensbildung der Arbeitnehmer vom 12. 7. 1961 (BGBl. 1961 I S. 909 ff.) im Anschluß an *Domes*, S. 136 ff. aufgezeigt werden: Nachdem der „Unterausschuß Eigentum“ des Arbeitskreises IV der CDU-Bundestagsfraktion bereits seit 1957 gesetzgeberische Maßnahmen auf dem Gebiete der Eigentumsbildung gefordert hatte, entstand 1959 seitens der „Arbeitnehmergruppe“ der Fraktion unter Mitarbeit von Beamten des Bundesarbeitsministeriums der „Entwurf eines Gesetzes zur Förderung der Vermögensbildung der Arbeitnehmer“ (Entwurf I), der der CDU/CSU-Fraktion, bereits von 69 Abgeordneten unterzeichnet, zugeleitet wurde. Nach dem Entwurf sollten u. a. die durch Pensionsrückstellungen der Arbeitnehmer frei werdenden Beträge von den Wirtschaftsunternehmen für die Vermögensbildung der Arbeiter verwendet werden, wobei steuerliche Erleichterungen vorgesehen waren. Ende 1959 wurde dann in mehreren Sitzungen des „Unterausschusses Eigentum“ von einem Beamten des Arbeitsministeriums ein von diesem ausgearbeiteter Gesetzentwurf (Entwurf II), demzufolge die Betriebe steuerbegünstigt bis zu 312 DM jedem Arbeiter jährlich zukommen lassen konnten, erläutert und darauf an mehrere Arbeitskreise von der CDU-Fraktion überwiesen. Bei einer Beratung der Arbeitskreise sprach sich dann ein Abteilungsleiter des Bundesfinanzministeriums aus steuerpolitischen Gründen mit Entschiedenheit gegen den Entwurf I aus, worauf ihm von zwei Abgeordneten entgegengehalten wurde, er ginge mit seinen Ausführungen „über das Maß dessen hinaus, was sachlich vom Standpunkt des Finanzministeriums zu sagen sei“ und belaste die Diskussion in der Fraktion.

Nachdem die beiden Entwürfe wieder an den „Unterausschuß Eigentum“ überwiesen worden waren und dessen Mitglieder in der Fraktion erfolglos verlangt hatten, daß der Entwurf II vom Bundesarbeitsminister dem Bundeskabinett vorgelegt werde, wurden nach fraktionsinternen Auseinandersetzungen Ende 1960 beide Entwürfe vereinigt und von der Bundesregierung, auf die zudem noch verschiedene Interessenvertreter einzuwirken bemüht waren, als „Entwurf eines Gesetzes zur Förderung der Vermögensbildung der Arbeitnehmer“ dem Bundesrat vorgelegt.

[103] *Domes*, S. 153.

von Abgeordneten der Regierungsparteien als Initiativantrag im Bundestag eingebracht werden, zeigt die enge Kooperation zwischen den Beteiligten auf. Bei dieser engen Zusammenarbeit dürfte es in der Regel gleichgültig sein, ob die Gesetzesinitiative von der Regierung oder von den sie tragenden Fraktionen ausgeübt wird. Da die Gesetzesinitiative sich hierbei nicht mehr als ein Mittel darstellt, unterschiedliche politische Gestaltungsvorstellungen zu realisieren, wäre es zu formalistisch, wenn man lediglich zwecks Stärkung der Gesetzesinitiative des Parlaments eine erhöhte Initiativtätigkeit von den Abgeordneten der Regierungsparteien verlangen würde. Die sehr seltenen Gesetzentwürfe, insbesondere wirtschafts- und sozialpolitischer Art, bei denen aus der Mehrheitsfraktion zu Vorlagen der Regierung Alternativen geboten wurden und bei denen sich die Schwierigkeit der Materialbeschaffung und der Formulierung ergab[104], ferner der Umstand, daß wegen eines anderen Blickwinkels das Interesse der Exekutive bei gewissen Gesetzesvorlagen ein anderes ist als das der Parlamentarier[105], vermag nicht die Feststellung zu beeinträchtigen, daß, wenn überhaupt, nur in sehr geringem Maße ein praktisches Bedürfnis für eine Steigerung der Initiativtätigkeit von Mitgliedern der *Mehrheitsfraktion* besteht[106].

Eine andere Betrachtungsweise hinsichtlich der Erforderlichkeit eines parlamentarischen Hilfsdienstes zwecks Unterstützung bei der Ausübung des Gesetzes-Initiativrechts ergibt sich aus dem Verhältnis der *Oppositionsparteien* zur Regierung, wie sie sich seitens der Abgeordneten der Regierungsparteien mit dem Kabinett vollzieht. Bei der Formulierung ihrer Alternativvorschläge steht die Opposition, vor allem auf dem Gebiet der Sozial-, Wirtschafts- und Finanzpolitik, oft im Gegensatz zur Regierung und den Ministerialreferenten. Zwar hat auch die Opposition von den Bundesministerien Formulierungshilfe erhalten[107], aber wegen ihrer sachlichen Frontstellung zu bestimmten Ministerien und der Politik der Ressortchefs ist sie selbst naturgemäß in erheblich geringerem Maße an ministerieller Unterstützung interessiert als die durch starke Interessenidentität mit der Regierungspolitik gekennzeich-

---

[104] Vgl. *Böhm*, Neue Gesellschaft 1964, S. 348, 349.

[105] Nach einem Bericht der „Badischen Neuesten Nachrichten" vom 27. 1. 1962 hat der verstorbene Außenminister Dr. *v. Brentano* auf das Interesse der Exekutive, sich auszudehnen, und auf die Aufgabe der Legislative, dies Bestreben zu hemmen, hingewiesen und gefordert, der Bundestag bedürfe eines stärkeren parlamentarischen Hilfsdienstes, wenn er die notwendige Unabhängigkeit bei Ausübung des Gesetzesinitiativrechts haben wolle.

[106] Da die Mehrheitsfraktion den Dienst bei Ausübung der Initiative somit nur in sehr geringem Umfange in Anspruch nehmen dürfte, fällt damit bereits das von *Nawiasky* (Die Verfassung, S. 21, 22) angeführte personalpolitische Argument weitgehend fort.

[107] *Domes*, S. 154.

nete Mehrheitsfraktion. Domes[108] hebt zudem hervor, daß den Mitgliedern der Mehrheitsfraktion in der Regel bereitwilligere, schnellere und gründlichere Unterstützung bei der Gesetzesformulierung durch die Ministerialbürokratie zuteil wurde. Daß sich dieser Mangel an Unterstützung bei der Gesetzgebungsarbeit der Opposition erschwerend auswirkt und deren Wirkungsmöglichkeiten einschränkt[109], versteht sich von selbst und hat außer in dem gegenüber der CDU-Fraktion fast doppelt so starken Fraktionsdienst der SPD in den wiederholten Forderungen[110] von Abgeordneten der Opposition, den im Deutschen Bundestag bestehenden Hilfsdienst auszubauen, Ausdruck gefunden[111].

Den oben dargelegten Auffassungen von Nawiasky, Henle und Scheuner kann somit deswegen nicht zugestimmt werden, weil sie die Stellung der Opposition und das Erfordernis einer angemessenen Ausgangsposition[112] bei der Gesetzgebungsarbeit, ohne die eine effektive Opposition im demokratischen Rechtsstaat nicht möglich ist[113], nicht hinreichend berücksichtigen. Es dürfte ferner zu beachten sein, daß das Gesetzes-Initiativrecht zu den Prärogativen[114] des Parlaments gehört, denen insbesondere dann, wenn die Kontrollrechte bereits vorwiegend von den Oppositionsparteien ausgeübt werden, eine gesteigerte Bedeutung zukommt.

Bei der Ausübung und der Aktivierung der Gesetzes-Initiative vornehmlich der Oppositionsfraktionen könnte ein parlamentarischer Hilfs-

---

108 *Domes*, aaO.

109 *Kralewski* in Kralewski - Neunreither, S. 215; vgl. *Kleinrahm*, AÖR Bd. 79, S. 154.

110 Deutscher Bundestag, Sten.-Ber. der 119. Sitzung der 1. WP, S. 4560 c ff., ferner Sten.-Ber. der 24., 28. und 86. Sitzung der 2. WP, S. 886, 1238 d, 4734 d; ebenso forderte der SPD-Abgeordnete Dr. *Kübler* im SPD-Pressedienst vom 20. 7. 1963 einen stärkeren parlamentarischen Hilfsdienst im Deutschen Bundestag. Wenngleich auch Abgeordnete der Regierungsparteien, wie z. B. Prof. *Böhm* (CDU), und der verstorbene Außenminister Dr. *v. Brentano* („Badische Neueste Nachrichten" vom 27. 1. 1962) einen stärkeren parlamentarischen Hilfsdienst im Bundestag verlangt haben, so zeigt eine Durchsicht der Bundestagsprotokolle ein wesentlich größeres Interesse seitens der jeweiligen Oppositionsfraktionen.

111 *Neunreither*, S. 62, 190, berichtet, daß sich mangels eines eigenen aktionsfähigen Hilfsstabes die Fraktionen des Bundestages bei Initiativentwürfen zuweilen der Hilfe einer ihnen nahestehenden Landesregierung bedienen; so zieht z. B. die Sozialdemokratische Bundestagsfraktion zuweilen die hessische Landesregierung hinzu.

112 Das Bundesverfassungsgericht (BVerfGE Bd. 10, S. 4, 16, 17) hat die Frage, ob der Opposition ein Anspruch auf Chancengleichheit hinsichtlich der Verteilung der Redezeiten im Deutschen Bundestag zusteht, offen gelassen.

113 Vgl. Deutscher Bundestag, Sten.-Ber. der 24. Sitzung der 2. WP, S. 887 b.

114 So ausdrücklich die Parteienrechtskommission, S. 58; ebenso Apelt, S. 12.

dienst eine Unterstützung für das Parlament darstellen. Sein Aufgabenbereich hätte dabei sowohl die Zusammenstellung von Fakten, die für den Gesetzgeber erheblich sind, als auch die Formulierung von Gesetzentwürfen, die bei umfangreicheren Vorlagen erhebliche Schwierigkeiten hervorruft[115], zu umfassen. Dieser Tätigkeit des Dienstes hätte die Prüfung voranzugehen, ob für eine vorgesehene Regelung *rechtlich* ein Bedürfnis besteht, ferner, ob der Gesetzentwurf in Widerspruch zu anderen Gesetzen geraten könnte[116], wenn nicht, ob die gesetzgeberische Absicht in *eindeutiger* Weise zum Ausdruck gelangt.

Ob ein parlamentarischer Hilfsdienst zu einer wesentlichen Steigerung der aus der Mitte des Bundestages stammenden, vom Plenum verabschiedeten Gesetzesvorlagen beitragen würde, erscheint deswegen fraglich, weil die vorwiegend von der Opposition eingebrachten Gesetzentwürfe wegen der Mehrheitsverhältnisse im Bundestag häufig der Ablehnung verfallen dürften. Unabhängig von dem Abstimmungsergebnis darf jedoch der *politische*, dem Ansehen der Opposition förderliche Wert der Gesetzesinitiative, insbesondere die Möglichkeit, der Regierung durch Ausübung der Gesetzesinitiative die politische Führung im Parlament streitig zu machen, nicht unterschätzt werden[117].

In jedem Falle kann ein Hilfsdienst ferner bewirken, daß die von Abgeordneten eingebrachten Gesetzentwürfe *sachlich* und *rechtlich*, insbesondere auch *gesetzestechnisch*, einwandfrei werden[118]. Ein solcher Beitrag ist im Interesse sowohl einer guten Gesetzgebung als auch des Ansehens[119] der Abgeordneten notwendig. Gleichzeitig würde der Regierung die Möglichkeit genommen, sachlich anders orientierte Gesetzesentwürfe schon unter Hinweis auf qualitative Mängel abzulehnen[120]. Eine Unterstützung der Opposition bei Ausübung der Gesetzesinitiative

---

[115] Der CDU-Bundestagsabgeordnete Prof. *Böhm* hat im Hinblick auf umfangreiche Gesetze „das Schwert einer Abgeordneten-Gesetzesinitiative oder einer Fraktionsgesetzesinitiative als bloßes Pappdeckelschwert" bezeichnet und als regelmäßige Grenze für einen Initiativantrag aus der Mitte des Bundestages einen Umfang von 2 Seiten genannt, Neue Gesellschaft 1964, S. 349; siehe auch *Kralewski* (in Kralewski - Neunreither S. 215).

[116] Vgl. Hessischer Landtag, Sten.-Ber. der 41. Sitzung der 5. WP, S. 1803.

[117] *Partsch*, VVDStL Heft 16, S. 103.

[118] Siehe *Mielke*, Monatsblätter für freiheitliche Wirtschaft 1957, S. 728, 730.

[119] *Böhm*, Neue Gesellschaft 1964, S. 352: „Das Ansehen der Abgeordneten aber bei den Wählern und im Volk hängt davon ab, daß wir uns wenigstens als Gesetzgeber in Respekt setzen."

[120] So hat z. B. bei der 1. Lesung des von der SPD-Fraktion eingebrachten Entwurfes „Gesetz über das Bundesverfassungsgericht" der damalige Justizminister Dr. *Dehler* geäußert: „Ich darf für mich und die Arbeit meines Ministeriums in Anspruch nehmen, daß wir vielleicht doch noch um einen Grad umfassender und gründlicher sind" (Deutscher Bundestag, Sten.-Ber. der 28. Sitzung der 1. WP, S. 864 b).

bedeutet somit auch einen *verstärkten Schutz* der parlamentarischen Minderheit[121].

b) Bei der Ausschußarbeit

aa) Die zunehmende Bedeutung des Ausschußwesens für die Willensbildung des Gesetzgebers

Seit dem kaiserlichen Reichstag von 1871 hat sich die Zahl der ständigen Fachausschüsse in deutschen Parlamenten erheblich erhöht. Denn hatte sich der alte Reichstag noch mit fünf ständigen Fachausschüssen („Fachkommissionen") begnügt[122], so verfügte der Reichstag der Weimarer Republik bereits über 18 ständige Fachausschüsse[123], und der Deutsche Bundestag der Vierten Wahlperiode hat 28 ständige Ausschüsse[124] eingesetzt. Andererseits hat die Zunahme der ständigen Ausschüsse zu einer Verminderung der parlamentarischen Sonderausschüsse geführt, von denen der Weimarer Reichstag noch 15[125], der Deutsche Bundestag in seiner Vierten Wahlperiode dagegen lediglich einen aufwies.

Ursache für die erhebliche Ausdehnung des Ausschußwesens ist vor allem[126] das Erfordernis detaillierten Sachverstandes, das angesichts der bereits skizzierten Spezialisierung der Gesetzgebung ständig zunahm. Auch erfordert der Umfang der Gesetzgebung eine gewisse Arbeitsteilung, und diffizile Fragen können in einem Ausschuß als einem kleineren und vertraulichen Gremium[127] gründlicher behandelt werden als im Plenum, das an einer eigenen Vorbereitung der einzelnen Detailfragen weder interessiert sein kann, noch diese arbeitsmäßig zu bewältigen vermöchte. Die Ausschüsse[128], die keinen eigenen Verfassungsauftrag haben, sondern denen als Organen des Bundestages die Vorbereitung der Bundestagsbeschlüsse obliegt[129], haben auf Kosten der Vollversammlung[130] einen erheblichen Einfluß auf die Gestaltung der Gesetzesvor-

---

[121] So ausdrücklich *Kleinrahm*, AÖR Bd. 79, S. 154.

[122] Die §§ 5, 26 der Geschäftsordnung des kaiserlichen Reichstages sahen die Errichtung von 7 Ausschüssen vor, vgl. *Hatschek*, S. 227, 228.

[123] Im einzelnen *Dechamps*, S. 60.

[124] *Trossmann*, S. 34, 35.

[125] *Dechamps*, S. 61.

[126] Zu weiteren Gründen, die sich aus der unterschiedlichen verfassungsrechtlichen Stellung des Parlaments im Kaiserreich und in der Weimarer Republik ergeben, vgl. *Dechamps*, S. 60.

[127] Vgl. *Dechamps*, S. 58, 59.

[128] Vgl. *Klein* in v. Mangoldt - Klein, Art. 40, Anm. III, 1 e.

[129] Art. 40 Abs. 1 Satz 2 GG i. V. m. § 60 Abs. 2 GeschOBT; *Hatschek*, S. 240, 241, hebt hervor, daß der Reichstag bereits 1874 erkannte, daß die Parlamentsausschüsse — anders als im Ständestaat — nicht Mandatare des ständischen Kollegs, sondern frei in ihrer Willensbildung sind.

[130] Die Gefahr einer Zweckentfremdung des Parlaments, die infolge der

lagen gewonnen, die vom Plenum nur selten abgeändert werden: „Nach der deutschen Praxis sind es die Ausschüsse, die den Inhalt der Gesetze bestimmen[131]." Die Ausschußphase ist somit zwar nicht rechtlich, wohl aber tatsächlich zum wesentlichen Stadium[132] der gesetzgeberischen Willensbildung geworden[133], die wegen ihrer Bedeutung einer näheren Darlegung bedarf.

Das Bonner Grundgesetz macht zu der Frage der Willensbildung der Volksvertretung bei einem Gesetzentwurf nur knappe Aussagen (vgl. Art. 76, Art. 42 Abs. 2 GG) und verweist im übrigen auf das Recht des Bundestages, sich eine Geschäftsordnung zu geben (Art. 40 Abs. 1 Satz 2 GG). In der Vorschrift der Geschäftsordnung (§ 27 GeschOBT), daß eine Gesetzesvorlage der dreifachen Beratung und — auf Antrag — der Ausschußberatung bedarf (§ 79 GeschOBT), findet die Bedeutung, die das Parlament seiner Willensbildung als Gesetzgeber beimißt, bereits Ausdruck[134]. Daß das Gesetz „als Willenserklärung einer Gesamtpersönlichkeit eine *gehörige* Bildung des gesetzgeberischen Willens"[135] erfordert, ergibt sich bereits aus dem Umstand, daß die Zurechnung des Gesetzesinhalts als Willensentscheidung des repräsentierten[136] Volkes eine „gegenständlich unterrichtete und auf den Gegenstand zielende Willensbildung des Repräsentanten"[137] verlangt. Auch tritt die Bedeutung der gesetzgeberischen Willensbildung, die zudem wesentlich durch die Würde und Wirkung des Gesetzes gekennzeichnet ist, durch die Unterteilung des Gesetzesbeschlusses in die Gesetzesfeststellung und die Gesetzessanktion hervor[138].

---

mangelnden öffentlichen Diskussion im Plenum entsteht und die ihren Ausdruck u. a. in der zunehmenden Bedeutung von regelmäßig nichtöffentlichen Ausschußsitzungen findet, hat Carl *Schmitt* (Die geistesgeschichtliche Lage, S. 62 ff.) aufgezeigt. Zur Bedeutung des Plenums unter den veränderten Umständen vgl. *Stammer,* S. 303; *Deneke,* ZStW Bd. 109, S. 526, 527.

[131] *Dichgans,* Der Volkswirt 1965, S. 1912; ähnlich *Dechamps,* S. 104.

[132] *Mallmann,* S. 66: „In den Stadien der Vorbereitung und der Entscheidung wird der gesetzgeberische Wille geprägt." Vgl. auch *Triepel,* AÖR Bd. 39, S. 473 ff.

[133] Vgl. BVerfGE Bd. 2, S. 143, 161; „Alle Mitglieder des Organs, auch die überstimmten, sind ... Elemente der Willensbildung bei dem einheitlichen Geschäft der Stimmabgabe."

[134] Vgl. *Quaritsch,* S. 38.

[135] Otto *v. Gierke,* Zeitschrift für das Privat- und Öffentliche Recht der Gegenwart, 6. Bd., S. 221, 229.

[136] Da von der Entscheidung des Grundgesetzes (z. B. Art. 38 Abs. 1, Art. 20 Abs. 2 GG) für die Repräsentanz ausgegangen wird, ist die Frage, inwieweit für die Repräsentation angesichts des Parteienstaates und der Interessenverbände noch Raum ist, hier nicht zu erörtern. Vgl. *Leibholz,* Der Parteienstaat, S. 106; Werner *Weber,* Spannungen und Kräfte, S. 61, 62; *Kaiser,* Die Repräsentation, S. 355.

[137] *Quaritsch,* S. 41.

[138] *Quaritsch,* S. 39, 41.

Wenn das, was Gesetz werden soll, weitgehend von einem Ausschuß des Parlaments, der lediglich einen Bruchteil der Vollversammlung darstellt, festgelegt wird, so muß wegen der gesteigerten Verantwortung dieses Gremiums der gesetzgeberische Wille *objektiv* und *mit erheblicher Sorgfalt* gebildet werden. Daß die zunehmende Aufsplitterung der Ausschüsse deren Aufgabenbereich stets fachlicher[139] und damit die Ausschüsse zu „Spezialistenkonventikeln“[140] werden ließ, hat die Anforderungen an den Sachverstand der Ausschußmitglieder zudem erheblich erhöht und damit eine unabhängige Willensbildung weiter erschwert. Ob bei dieser Sachlage parlamentseigene Sachverständige zu einer gehörigen Willensbildung der Ausschußmitglieder beitragen können, und wenn, in welchem Umfang, wird im folgenden zu untersuchen sein.

bb) Die Stellung des Dienstes angesichts der Einwirkungen der Ministerialbürokratie

Die Arbeit der Bundestagsausschüsse ist gekennzeichnet durch die starke Teilnahme von Ministerialbeamten[141], die sich als Folge des parlamentarischen Regierungssystems und der in der Verfassung nicht konsequent ausgeprägten Gewaltenteilung darstellt[142].

Die bereits dargelegte fachliche Überlegenheit der Exekutive und ihrer in erheblichem Maße spezialisierten Referenten tritt gegenüber den Parlamentariern gerade in der Ausschußphase hervor. Die in die Ausschüsse entsandten, zudem nur in sehr geringer Zahl[143] vorhandenen Experten[144] der Fraktionen haben zwar ein erhebliches Wissen, aber dies kann nur in seltenen Fällen, was auch von Bundestagsabgeordneten[145] hervorgehoben wird, mit den Spezialkenntnissen der Ministerialreferenten konkurrieren. Die mitunter ausgezeichnete Begründung sachkundiger Ministerialreferenten, die in hoher Zahl in den Ausschüssen des Bundestages erscheinen, verfehlt zudem ihre psychologische Wirkung bei den Mitgliedern der Ausschüsse, auch bei den Spezialisten, selten[146]. Aus der fachlichen Präponderanz der Regierung im Gesetzgebungsverfahren fol-

---

[139] *Dechamps*, S. 64.

[140] So der Bundestagsabgeordnete *Schoettle* in der 86. Sitzung der Zweiten Wahlperiode, Sten.-Ber. S. 4734.

[141] *Ellwein*, S. 132; *Partsch*, VVDStL Heft 16, S. 84, gibt die Frage eines prominenten Ausschußvorsitzenden des Deutschen Bundestages an einen Ministerialbeamten wieder; „Was werden Ihre Oberregierungsräte tun, wenn wir in die Ferien gegangen sind und Sie sie nicht mehr zu uns in die Ausschüsse schicken können?“

[142] Vgl. *Partsch*, AÖR Bd. 83, S. 461.

[143] *Dichgans*, Der Volkswirt 1965, S. 1912.

[144] Vgl. *Dechamps*, S. 147, 148.

[145] *Böhm*, Neue Gesellschaft 1964, S. 348.

[146] So *Kleinrahm*, JÖR Bd. 11, S. 321.

gert Kleinrahm[147] im Anschluß an W. B. Graves, „daß die Legislative in Wirklichkeit als bloß ratifizierende Körperschaft, nicht aber als Körperschaft, die die Gesetze, die sie in Kraft setzt, wirklich erarbeitet“, tätig wird. Wenngleich dieser Auffassung angesichts der Ausschußprotokolle, insbesondere angesichts der langwierigen Ausschußberatungen zu einigen Gesetzen, nicht zugestimmt werden kann[148], so ist allerdings hervorzuheben, daß der Abgeordnete sich im Ausschuß der fast unüberwindbaren Konkurrenz der Ministerialbeamten gegenübergestellt sieht[149].

Die Bedenklichkeit einer zu starken Abhängigkeit der Abgeordneten vom Sachverstand der Ministerialreferenten zeigt sich einmal daran, daß nach § 41 der Gemeinsamen Geschäftsordnung der Bundesministerien[150] die von der Regierung eingebrachten Gesetzesvorlagen, auch wenn einzelne Ministerien eine andere Auffassung geäußert haben, von den Regierungsbeamten im Parlament einheitlich vertreten werden müssen. Dies bedeutet aber, daß den Abgeordneten die Meinungsverschiedenheiten zwischen den verschiedenen Ressorts und deren Referenten ebenso unbekannt bleiben wie die endgültigen Motive der Vorlage.

Es kommt hinzu, daß die politische Ausrichtung des Ministers nicht ohne Einfluß auf die Darlegungen der Beamten in den Ausschüssen ist[151]. Auch darf das Interesse der Exekutive, ihre Macht zu erweitern[152], nicht unterschätzt werden. Eine *unabhängige Willensbildung* der Abgeordneten wird ferner dadurch erschwert, daß die Regierung vor Einbringung einer Gesetzesvorlage die Verbände anhört, ohne dem Parlament die dabei erhaltenen Informationen bekanntzugeben[153].

Angesichts der Einwirkung exekutivischen Sachverstandes reichen auch die wenigen Experten der Fraktionen nicht aus, um eine gehörige Willensbildung sämtlicher Ausschußmitglieder sicherzustellen. In An-

---

[147] *Kleinrahm*, AÖR Bd. 79, S. 137, 143.

[148] So auch *Schunck* in Giese - Schunck, Art. 76 Anm. II 2.

[149] So auch *Böhm*, Neue Gesellschaft 1964, S. 348.

[150] § 41 GemGeschOBMin., Bes. Teil, abgedruckt bei Lechner - Hülshoff, S. 399 ff.

[151] „Aber wir haben in der Arbeit der Ausschüsse auch schon manchmal Auskünfte von Regierungsvertretern bekommen, bei denen wir durchaus den Eindruck hatten, daß die mehr oder minder große Zurückhaltung (der Beamten) in gewissen Punkten mehr der Politik des Ministers oder der Regierung als dem Wunsch oder der Verpflichtung entsprach, dem Gesetzgeber die notwendigen Aufschlüsse zu geben.“ So der Abg. Dr. *Reif* in der 86. Sitzung der 2. WP, Deutscher Bundestag, Sten.-Ber. S. 4733 d.

[152] Auf diesen Gesichtspunkt hat — wie bereits erwähnt — der verstorbene Außenminister Dr. *v. Brentano* hingewiesen (Badische Neueste Nachrichten v. 27. 1. 1962).

[153] Vgl. die Empfehlung des Wissenschaftlichen Beirats, Bulletin der Bundesregierung 1965, Nr. 41, S. 330.

betracht der erheblichen Arbeitsbelastung[154] gerade der Fraktionsexperten stellt sich einmal die Frage, wer die Ausschußmitglieder berät, wenn die Experten an der Teilnahme der Ausschußsitzung verhindert sind. Entscheidend ist jedoch, daß der Fachverstand des oft an bestimmten Gruppeninteressen orientierten, zudem selbstverständlich parteipolitisch engagierten Experten nicht das darstellt, was das Ausschußmitglied benötigt, nämlich ein an objektiven Kriterien ausgerichtetes Sachwissen[155]. Ohne die Grundlage eines an *objektiven Maßstäben* orientierten Sachwissens ist die politische Entscheidung von vornherein mangelhaft, weil sie infolge einer einseitigen, nicht vollständigen Vorstellung gefällt wurde. Es versteht sich von selbst, daß durch eine objektive Information parteipolitische Überlegungen bei der Entscheidung des einzelnen Ausschußmitgliedes nicht ausgeschaltet werden können und sollen, zumal oft „der reine Sachverstand — auch wenn er objektiv unterbaut ist — den Geboten untergeordnet werden muß, die sich unter dem Blickpunkt der Existenzerhaltung von Volk, Nation und Staat ergeben“[156].

Andererseits aber ist die Möglichkeit nicht zu übersehen, daß manche politische Streitfrage bei einer gründlichen, alle Gesichtspunkte umfassenden, objektiven Problemklärung anders entschieden wird als auf Grund rein parteipolitischer Überlegungen[157]. Der Sachverstand, der bei dem parteipolitisch gebundenen Abgeordneten nur selten frei ist von ideologischen Hemmnissen, kann gerade in der Ausschußberatung die ihm eigene *neutralisierende* Wirkung entfalten[158].

Zu der hiernach gebotenen objektiven Information kann ein unabhängiger Hilfsdienst den Abgeordneten verhelfen. In diesem Sinn haben sich auch Abgeordnete des Bundestages wiederholt geäußert: Der CDU-Bundestagsabgeordnete Prof. Böhm[159] hat die Auffassung vertreten, die Abgeordneten wären in den Ausschüssen dem Sachverstand der Ministerialbürokratie nur dann nicht unterlegen, wenn sie über einen Apparat geschulter, mit spezieller Sachkunde ausgerüsteter Berater verfügten. Auch der FDP-Abgeordnete Dr. Reif[160] hat zwecks Verbesserung der Ausschußarbeit einen Stab geschulter Kräfte gefordert, und der Abgeordnete Dr. Mommer[161] hat verlangt, „damit aufzuhören, Fachkräfte nur

---

[154] Zur Arbeitsbelastung des Bundestagsabgeordneten siehe *Dichgans*, NJW 1963, S. 977, 979; Bundestagspräsident Dr. *Gerstenmaier* im Bulletin der Bundesregierung 1965, Nr. 115, S. 926; *Immesberger*, S. 179.

[155] Gerhard *Leibholz*, Die Kontrollfunktion, S. 74.

[156] Gerhard *Leibholz*, Die Kontrollfunktion, S. 75.

[157] Siehe die Darlegungen der Abgeordneten Frau Dr. *Walz* in der 41. Sitzung der 5. WP des Hess. Landtages, Sten.-Ber. S. 1803.

[158] J. H. *Kaiser*, Sachverstand und Politik, S. 70.

[159] *Böhm*, Neue Gesellschaft 1964, S. 348.

[160] Deutscher Bundestag, Sten.-Ber. der 86. Sitzung der 2. WP, S. 4733 d.

[161] Deutscher Bundestag, Sten.-Ber. der 28. Sitzung der 2. WP, S. 1239 a.

der Verwaltung zu bewilligen, uns selbst aber mit unzulänglichen Hilfsmitteln zu begnügen".

Ein unabhängiger Hilfsdienst hätte im Rahmen der Ausschußarbeit die Aufgabe, von der breiteren Basis des Parlaments aus dem Ressortdenken entgegenzutreten[162] und kraft eigenen Sachverstandes den Abgeordneten gewisse Korrekturerfordernisse bei den Gesetzesvorlagen aufzuzeigen. Angesichts des Umstandes, daß eine Gesetzesvorlage bereits durch eine von den Ministerialreferenten geschickt vorgenommene Formulierung eine bestimmte Ausrichtung bekommen kann[163], kommt dem Dienst auch die Aufgabe zu, die Abgeordneten auf bestimmte, von diesen nicht gewollte Auswirkungen der Vorlage hinzuweisen.

Das bedeutet, daß der Dienst auf Unklarheiten und sachliche Widersprüche der Regierungsvorlagen hinzuweisen, gegebenenfalls, wie es die Mitglieder des Niedersächsischen und des Rheinland-Pfälzischen Beratungsdienstes tun, dem Ausschuß vorzuschlagen hätte, von der Regierung eine detaillierte Begründung oder die Anfertigung einer Synopse zu verlangen. Eine derartige Verhaltensweise trüge gleichermaßen zu einer abgerundeten Willensbildung bei, wie eine grundsätzliche fachliche Beratung der Ausschußmitglieder, die von den Abgeordneten sicherlich bereitwillig begrüßt würde[164]. Denn der Umstand, daß die Spannungen zwischen Legislative und Exekutive im Sinne eines Balancesystems grundsätzlich nicht mehr bestehen, ändert nichts daran, daß der Abgeordnete bei der Gesetzesdetailarbeit, und hierfür bieten die Ausschußberatungen[165] wie auch die verschiedenen Forderungen nach der Errichtung eines Hilfsdienstes hinreichend Beweis, nicht an den Fachverstand der Exekutive *ausgeliefert* sein will.

Voraussetzung für eine erfolgreiche Arbeit der Mitglieder des Hilfsdienstes ist allerdings, daß es sich bei ihnen um qualifizierte Personen mit speziellen Kenntnissen handelt[166], die in der Regel an Sachverstand

---

162 Ähnlich *Stein*, S. 21.

163 *Klein* in v. Mangoldt - Klein, Art. 76, Anm. III 2 e.

164 Vgl. K. *Eichenberger*, Wirtschaft und Recht 1962, S. 294: „Es ist, wenn die Exekutive Sachwissen und Sachbewertung in die parlamentarische Beratung einführt, zweierlei, ob das Parlament dies einfach hinnehmen muß, weil ihm kein ebenbürtiges Wissen und Können auf eigenem Boden zur Verfügung steht, oder ob es das, was die Exekutive produziert, aus eigenem Vermögen beurteilen, annehmen oder verwerfen kann. Hier wird an Glauben appelliert, dort an vernünftige Überzeugung und Prüfung."

165 Vgl. *Schunck* in Giese - Schunck, Art. 76, Anm. II 2 mit den dort aufgeführten Belegen; nach *Kralewski* (Kralewski - Neunreither, S. 216), sind in den Hauptausschüssen sowohl die Frontstellung Ausschuß gegen die Regierung als auch Regierung mit Koalitionsabgeordneten gegen Opposition anzutreffen.

166 Zum Erfordernis der besonderen Qualifikation vgl. *Böhm*, Neue Gesellschaft 1965, S. 347, 348; *Kleinrahm*, AöR Bd. 79, S. 138, 157.

den oft hochspezialisierten Ministerialreferenten auf dem Gebiet, für das der von ihnen unterstützte Ausschuß zuständig ist, um nichts nachstehen[167]. Hinsichtlich ihrer fachlichen Fähigkeiten könnten die im amerikanischen Kongreß sehr gut bewährten Senior Specialists als Vorbild eines deutschen Hilfsdienstes betrachtet werden. Neben der Aufgabe, die Ausschußmitglieder durch Material- und Literaturzusammenstellung vor und durch mündliche Beratung während der Ausschußberatung bei ihrer Meinungsbildung zu unterstützen, könnte es den Mitgliedern des Dienstes obliegen, dem Berichterstatter im Ausschuß und im Plenum bei der Abfassung seines Berichtes zu assistieren.

cc) Der Verbändeeinfluß und der Dienst

Neben der Teilnahme von Regierungsvertretern ist die Arbeit der Ausschüsse gekennzeichnet durch die erhebliche Einwirkung der Verbände, auf deren Informationen die Ausschüsse in starkem Maße angewiesen sind[168]. Dabei findet die Einwirkung der Verbände ihren Ausdruck sowohl in den Informationen von Interessenvertretern, die außerhalb des Parlaments stehen[169], als auch in der Mitarbeit von Abgeordneten, die oft in bedeutsamer Anzahl[170] organisierte Interessen repräsentieren. Der Einfluß der Verbände in den Ausschüssen ist durch ihre Mitwirkung bei der Kandidatenaufstellung und durch das Bemühen der Parteien, Fachleute für die Fraktions- und Ausschußarbeit zu gewinnen[171], bedingt, was dazu geführt hat, daß im Deutschen Bundestag drei von vier Abgeordneten einem Interessenverband angehören[172], und infolgedessen bestimmte Ausschüsse, vor allem jene wirtschafts- und sozialpolitischer Art, einen stark „ständischen Charakter"[173] aufweisen. In den Ausschüssen versuchen die interessengebundenen Abgeordneten[174], auf den Inhalt der Gesetzesvorlagen einzuwirken.

Die Einwirkungsmöglichkeit des Abgeordneten-Interessenvertreters ist dadurch verstärkt, daß er nicht nur wegen seiner speziellen Interessenorientierung, sondern auch wegen des Tatsachenmaterials, das er

---

[167] Ausnahmen dürften sich zwangsläufig in den Fachgebieten ergeben, in denen die Exekutive selbst kaum über Fachleute verfügt, wie z. B. bei detaillierten verteidigungstechnischen Fragen.

[168] Wissenschaftlicher Beirat, Bulletin der Bundesregierung 1965, Nr. 41 S. 330.

[169] Siehe Deutscher Bundestag, Sten.-Ber. der 28. Sitzung der 2. WP, S. 1239 d.

[170] *Wittkämper*, S. 173.

[171] *Kralewski* (Kralewski - Neunreither) S. 214.

[172] *Lohmar*, S. 96.

[173] *Eschenburg*, Staat und Gesellschaft, S. 549.

[174] Zur Rechtsstellung des Abgeordneten-Interessenvertreters siehe *Wittkämper*, S. 181 ff.

von seinem Verband erhält, häufig über eine erhebliche Sachkenntnis verfügt[175]. Wegen dieses Sachverstandes sind die Experten der Fraktionen häufig Interessenvertreter[176]. Daraus ergibt sich die Gefahr, daß der Sachverstand nicht mehr der Erhellung sachlicher Zusammenhänge, sondern der fachlich unterwanderten Repräsentation von Sonderinteressen dient[177, 178].

Angesichts des Sachverstandes der Interessenvertreter ist ein unabhängiger, nicht an Verbandsinteressen ausgerichteter parlamentarischer Hilfsdienst erforderlich.

Ein leistungsfähiger parlamentarischer Beratungsdienst könnte solche Abgeordnete, die um Objektivität und Interessenausgleich bemüht sind, in die Lage versetzen, eine Gesetzesvorlage besser zu beurteilen[179], wobei der Dienst insbesondere während der Ausschußdebatte den Abgeordneten zur Verfügung zu stehen hätte. Den Interessenvertretern könnte damit ein gewisses Gegengewicht geboten werden[180]. Die Grenzen der Wirksamkeit eines Beratungsdienstes ergeben sich allerdings dort, wo bei den Ausschußmitgliedern eine durchgehende Linie gleichartiger Verbandsinteressen besteht. Diese Linie besteht deshalb häufig, weil die Parteien nicht nur von den Verbänden teilweise erheblich subventioniert werden, sondern weil sie vor allem an den hinter den Verbänden stehenden Mitgliedern als Wählern interessiert sind[181], was die Gesetze oft zu „Abkommen zwischen mächtigen Gruppen"[182] werden läßt.

Gleichwohl dürfte die Vielzahl der die Fraktionen durchdringenden, häufig konträren[183] Interessen und die Existenz der gruppenfreien, nicht

---

[175] Vgl. *Eschenburg*, Staat und Gesellschaft, S. 549.

[176] Siehe *Leibholz*, Die Kontrollfunktion, S. 74; vgl. J. H. *Kaiser*, Sachverstand und Politik, S. 66.

[177] *Kuhn*, S. 18; vgl. auch *Immesberger*, S. 117.

[178] Der „Verkehrsexperte" der CDU/CSU-Fraktion, Dr. *Müller-Hermann*, hat, um unabhängig von den Informationen der Verbände zu sein und um einen Überblick über die verschiedenen Interessen auf dem Gebiet der Verkehrspolitik zu bekommen, sich einen eigenen Verkehrsbeirat geschaffen, in dem 15 Personen, und zwar sehr maßgebliche Vertreter der an der Verkehrsgesetzgebung interessierten Kreise (z. B. Bundesbahn, Bauindustrie, Binnenschiffahrt) ohne Entgelt für ihre Mitwirkung vertreten sind.

[179] Vgl. Wissenschaftlicher Beirat, Bulletin der Bundesregierung 1965, Nr. 41, S. 330.

[180] Ähnlich *Kleinrahm*, AÖR Bd. 79, S. 155; Scheuner, DÖV 1957, S. 637; *Böhm*, Neue Gesellschaft 1964, S. 348.

[181] *Lohmar*, S. 95.

[182] *Scheuner*, DÖV 1960, S. 605; vgl. Deutscher Bundestag, Sten.-Ber. der 80. Sitzung der 1. WP, S. 2970 a.

[183] Dazu *Domes*, S. 155; zur Berufsgruppierung der CDU/CSU-Fraktion im 5. Deutschen Bundestag siehe „Die Welt" vom 25. 9. 1965 („Mehr katholische Abgeordnete bei der CDU/CSU").

interessengebundenen Abgeordneten[184] in hinreichendem Maße dafür sprechen, daß nach unabhängigen Informationen in den Bundestagsausschüssen ein erheblicher Bedarf besteht. Daß von Mitgliedern des Bundestages selbst gerade im Hinblick auf den Sachverstand der Verbände der Ausbau des parlamentarischen Hilfsdienstes wiederholt gefordert wurde[185], dürfte das reale Bedürfnis und den Wunsch der Abgeordneten nach objektivem Sachwissen zudem unterstreichen.

Wenn wiederholt kritisiert wird[186], daß Abgeordnete gerade jener Berufsgruppen in den Ausschüssen sitzen, deren Interessen in dem entsprechenden Ausschuß weitgehend geregelt werden, so stellt — wie bereits erwähnt — der Sachverstand des Abgeordneten-Interessenvertreters einen wesentlichen Grund hierfür dar. Daß ein Hilfsdienst den Fraktionen die *Möglichkeit* eröffnen würde, in stärkerem Maße als bisher Abgeordnete in die Ausschüsse zu entsenden, die ihren Sachverstand nicht durch Verbandsarbeit erworben haben, soll erwähnt sein[187], wenngleich es fraglich erscheint, ob die politischen Parteien wegen ihres bereits an anderer Stelle genannten Interesses an den Verbänden von der gebotenen Möglichkeit Gebrauch machen würden.

In diesem Zusammenhang soll auf die Empfehlung des Wissenschaftlichen Beirats[188] beim Bundeswirtschaftsministerium eingegangen werden, nach Art der public hearings des amerikanischen Kongresses öffentliche Informationssitzungen der Bundestagsausschüsse durchzuführen. Durch die öffentliche Anhörung der Interessenverbände würden nach der Auffassung des Beirats die Bundestagsausschüsse umfassender informiert und die Motive einer Vorlage sowie deren Formulierungen könnten ersichtlich werden.

Die Grundlage für die bisher selten[189] durchgeführten öffentlichen Informationssitzungen bietet § 73 Abs. 2 GeschOBT[190]. Wenngleich auch Scheuner[191] in den öffentlichen Informationssitzungen der Ausschüsse die Möglichkeit sieht, den Einfluß der Interessenverbände zu regulieren, so dürften sich gewisse Grenzen für die Wirksamkeit der hearings ergeben.

---

[184] Siehe *Domes*, S. 39 ff.

[185] Außer dem bereits zitierten Abgeordneten Prof. *Böhm* ferner der FDP-Abgeordnete Dr. *Mende* in der 28. Sitzung des 2. Deutschen Bundestages, Sten.-Ber. S. 1239 c.

[186] So z. B. Bundestagspräsident Dr. *Gerstenmaier* in einer Sendung des NDR vom 10. 7. 1965, 18.40—18.55 Uhr.

[187] Vgl. *Kleinrahm*, AÖR Bd. 79, S. 137, 155.

[188] Wissenschaftlicher Beirat, Bulletin der Bundesregierung 1965, Nr. 41, S. 330.

[189] *Partsch*, VVDStL Heft 16, S. 88.

[190] Diese Vorschrift stellt darauf ab, ob die räumlichen Verhältnisse öffentliche Informationssitzungen zulassen.

[191] *Scheuner*, DÖV 1957, S. 637.

Die gegenüber den public hearings des amerikanischen Kongresses begrenzten Möglichkeiten ergeben sich deswegen, weil wegen einer anderen verfassungspolitischen Lage, vornehmlich der anders gearteten Stellung der Volksvertretung im Gesetzgebungsverfahren, die Einwirkung der Interessenverbände in der Bundesrepublik nicht zuerst auf das Parlament, sondern bereits — und dies in erheblichem Maße[192] — auf die Regierung ausgerichtet ist. Der Einfluß der Verbände kann also dort nicht mehr kanalisiert werden, wo er zuerst auftritt[193].

Mit dieser Auffassung soll die Bedeutung öffentlicher Informationssitzungen, vor allem die Möglichkeit, daß die Anhörung verschiedener Interessenvertreter eine gründlichere parlamentarische Willensbildung ermöglicht, nicht in Frage gestellt, sondern lediglich das Maß der an die hearings geknüpften Erwartungen[194] gesenkt werden.

Die Abhaltung öffentlicher Informationssitzungen würde aber zugleich eine *erhebliche* Steigerung der Arbeitslast der Ausschußmitglieder bedeuten. Ähnlich der Tätigkeit der Ausschußassistenz im amerikanischen Kongreß könnte ein Hilfsdienst den Abgeordneten die für die Informationssitzungen erforderlichen Sachverständigen, die an diese zu richtenden Fragen vorschlagen und das für die Sitzungen erforderliche Informationsmaterial beschaffen. Auch dürfte sich eine Beratung des Vorsitzenden und der Ausschußmitglieder während der Sitzungen durch einen des Tatbestandes der Informationssitzung mächtigen Hilfsdienst als sehr erforderlich erweisen, weil ohne eine erhebliche Unterstützung angesichts der bereits jetzt bestehenden Arbeitsbelastung der Ausschußmitglieder die Durchführung der hearings stark in Frage gestellt würde[195].

dd) Die Bedeutung des Dienstes für die Gesetzestechnik

Die Gesetzestechnik betrifft sowohl den sprachlichen als auch den gedanklichen Ausdruck eines konkret bestimmten Rechtszustandes[196], also neben der Sprache eines Gesetzes dessen Aufbau und Gliederung[197]. Während für die Gesetzessprache als der „wahren Leiblichkeit des Ge-

---

[192] *Kaiser*, Die Repräsentation, S. 268.

[193] So *Partsch*, VVDStL Heft 16, S. 89; vgl. auch *Fraenkel*, S. 307.

[194] Siehe *Stein*, S. 20; *Schramm*, S. 69, 170.

[195] Auf dem 45. DJT hat der Bundestagsabgeordnete *Jahn* darauf hingewiesen, daß die Gesetzgebungsenquête ohne eine hinreichende Unterstützung durch einen Gesetzgebungshilfsdienst angesichts der Belastung und Überforderung des Parlaments nicht möglich sei (Verhandlungsberichte Teil E, S. 113, 114). Demgegenüber vertrat Staatssekretär Dr. *Schaefer* die Auffassung, das Parlament, das bereits jetzt am Ende der Legislaturperiode viele Gesetzesvorlagen zeitlich nicht habe bewältigen können, habe nicht noch Zeit für die Gesetzgebungsenquêten (Verhandlungsberichte Teil E, S. 95).

[196] *Gutherz*, S. 111.

[197] H. w. *Müller*, S. 41.

dankens"[198] z. B. eine gleichbleibende Terminologie erforderlich ist[199], kommt es bei Gliederung und Aufbau eines Gesetzes auf dessen Klarheit, innere Einheitlichkeit und Folgerichtigkeit an[200].

So leicht es sein mag, ein gesetzestechnisch einwandfreies Gesetz zu fordern, so schwer dürfte seine Verwirklichung sein, was die starke Kritik an vielen Gesetzen beweist. So wurden häufig am Beispiel einzelner Gesetze deren nicht zuletzt durch das Übermaß an Normen bedingte Lückenhaftigkeit und Unvollständigkeit[201], die geschraubte Sprechweise[202], schließlich die „undurchsichtige Gesetzgebungstechnik"[203], die insbesondere in wenig klaren Verweisungen auf früher ergangene Vorschriften Ausdruck findet, bemängelt[204].

Für die Frage, inwieweit der Gesetzgebungshilfsdienst gesetzestechnische Verbesserungen vorzunehmen hat, ist von erheblicher Bedeutung, ob die Gesetzesvorlage von der Bundesregierung, von dem Bundesrat oder von Teilen des Bundestages herrührt.

Die von der Bundesregierung stammenden Gesetzentwürfe unterliegen hinsichtlich ihrer Fassung den Vorschriften der Gemeinsamen Geschäftsordnung der Bundesministerien[205]. Diese Vorschriften betreffen lediglich die äußere Form der Entwürfe und deren Rechtsförmlichkeit, haben jedoch im übrigen keinen Einfluß auf den materiellen Inhalt oder die Sprache. Die hohe Zahl der Gesetzentwürfe und deren Spezialisierung sind nicht ohne Einwirkung auf die gesetzestechnische Qualität der Regierungsvorlagen geblieben[206], zumal insbesondere die durch die Spezialisierung der Gesetzgebungsarbeit bedingte Abhängigkeit der Regierung vom Fachverstand der Ministerialreferenten die Möglichkeit, Verbesserungen gesetzestechnischer Art an dem Entwurf im Bereich der Exekutive vorzunehmen, verringert hat.

Angesichts der gesetzestechnisch nicht stets einwandfreien Regierungsvorlagen bietet der Bundesrat die Möglichkeit einer erheblichen Korrek-

---

[198] Otto *von Gierke*, zitiert nach *Fleischmann*, S. 233.

[199] Vgl. H. w. *Müller*, S. 94.

[200] Vgl. *Kleinrahm*, AÖR Bd. 79, S. 156.

[201] Vgl. Deutscher Bundestag, Sten.-Ber. der 28. Sitzung der 2. WP, S. 1234 a.

[202] *Schiffer*, JZ 1953, S. 5; vgl. auch die Kritik von H.-H. *Giesing* in NJW 1965, S. 957; ferner *Scheuner*, DÖV 1960, S. 603.

[203] Hildegard *Krüger*, DVBl. 1956, S. 711.

[204] Vgl. auch die Kritik von *Bühler*, Finanzrundschau 1955, S. 221, 223.

[205] §§ 26 bis 40 GemGeschOBMin., Besonderer Teil.

[206] Hans *Schneider*, NJW 1962, S. 1275, weist darauf hin, daß die Gesetzentwürfe, die unter der Federführung des Bundesjustizministeriums oder des Bundesinnenminsteriums entstanden, ausgereifter sind als solche, die in schmalen Fachressorts entstehen, weil letztere u. a. atypische Formulierungen wählen und wegen der Spezialisierung nicht hinreichend den Zusammenhang mit anderen Rechtsgebieten berücksichtigen.

tur. Denn die Stellungnahmen des Bundesrates gemäß Art. 76 Abs. 2 Satz 2 GG betreffen nicht nur politische, die Interessen der Länder berührende Fragen, sondern auch gesetzestechnische Einzelheiten.

Eine Durchsicht der Stellungnahmen des Bundesrates zu den Gesetzentwürfen der Bundesregierung ergibt, daß der Bundesrat wiederholt in sehr detaillierter Weise Formulierungs- und sachliche Änderungen vorgeschlagen hat[207], die auf die Klarheit und innere Geschlossenheit der Vorlagen erheblichen Einfluß hatten. Daß die Bundesregierung häufig den Änderungsvorschlägen zugestimmt hat[208, 209], dürfte zudem deren Berechtigung aufzeigen.

Die starke Einwirkung des Bundesrates auf die Regierungsvorlagen wird aus der Tätigkeit seiner Ausschüsse und deren Unterstützung durch die Länderbürokratien verständlich. Die Bundesratsausschüsse, deren fachlicher Aufgabenbereich sich im wesentlichen mit der sachgebietlichen Kompetenz der Bundesministerien deckt[210], werden bei der Vorbereitung und während der Beratung der Sitzungen von Ausschußsekretären im Range von Ministerialräten unterstützt[211], die sich in den Länderbürokratien die für die Ausschußarbeit erforderlichen Fachkenntnisse angeeignet haben[212]. Noch wichtiger für das Verständnis der Stellung des Bundesrates im Gesetzgebungsverfahren ist die Mitarbeit der Ministerialbürokratie der einzelnen Bundesländer. Daß an Stelle des zuständigen Ressortministers in den Ausschüssen des Bundesrates vorwiegend Ministerialreferenten der Länder auftreten und die Äußerungen der Minister im Plenum des Bundesrates, soweit sie nicht an politischen Gesichtspunkten ausgerichtet sind, auf dem Fachwissen einer erfahrenen Ministerialbürokratie beruhen, verleiht der Bundesratsarbeit den not-

---

207 Siehe Deutscher Bundestag, Anl. 2 zu Drucks. 516 der 3. WP; Anlage 2 zu Drucks. 2256 der 3. WP; Anl. 2 zu Drucks. 2106 der 4. WP; vgl. auch *Neunreither*, S. 60; *Fundis*, S. 53.

208 Vgl. Deutscher Bundestag, Anl. 3 zu Drucks. 516 der 3. WP.

209 Die Einwirkung des Bundesrats geht aus den Drucksachen insofern noch nicht hinreichend hervor, als der Bundesrat rein redaktionelle Änderungsvorschläge nicht in seinen Stellungnahmen anführt, wenn die Bundesregierung deren Berücksichtigung bei den anschließenden Beratungen im Bundestag zugesagt hat, *Fundis*, S. 54.

210 *Fundis*, S. 43; im einzelnen *Pfitzer*, S. 25.

211 Vgl. *Fundis*, S. 43; *Dechamps*, S. 161.

212 Auf die Tätigkeit der Ausschußsekretäre wurde im darstellenden Teil der Arbeit nicht eingegangen, weil der Verfasser sich der Auffassung anschließt, daß der Bundesrat wegen der Weisungsgebundenheit und Abberufbarkeit seiner Mitglieder kein Parlament ist, siehe *Vonderbeck*, S. 106, mit der dort angegebenen Literatur. Die gegen einen parlamentarischen Hilfsdienst im Hinblick auf die Unabhängigkeit des Abgeordneten und die Errichtung einer Parlamentsbürokratie vorgebrachten Bedenken können zudem gegen die Hilfseinrichtungen des Bundesrates wegen dessen Verknüpfung mit der Ministerialbürokratie der Bundesländer nicht eingreifen.

wendigen Sachverstand[213] und bedeutet zugleich eine Ergänzung und gewisse Korrektur der Arbeit der Ministerialbürokratie des Bundes, der wegen der verschiedenen Gesetzgebungskompetenzen von Bund und Ländern nach dem Grundgesetz bei dem Entwurf vieler Gesetze die praktische Verwaltungserfahrung fehlt[214].

Die Grenzen der gesetzestechnischen Wirksamkeit des Bundesrates ergeben sich allerdings sowohl in dem Fall, in dem Bundesregierung oder Bundesrat gewillt sind, eine Gesetzesvorlage aus politischen Gründen — unabhängig von gesetzestechnischen Einzelheiten — durchzusetzen[215], als auch aus den Auffassungen einiger Mitglieder des Bundesrats, es stünde dem Bundesrat nicht zu, aus gesetzestechnischen Gründen zum ständigen Korrektor der Bundesregierung zu werden, bzw. es sei nicht Aufgabe des Bundesrates, Formulierungsarbeit vorzunehmen, die an sich den Bundesministerien obläge[216, 217].

Mag trotz der aufgezeigten Grenzen beim ersten Durchlauf des Regierungsentwurfes die rechtstechnische Korrekturfunktion des Bundesrats noch als hinreichend betrachtet werden, so ergibt sich die Notwendigkeit eines parlamentarischen Hilfsdienstes, der gesetzestechnisch tätig wird, unter folgendem Gesichtspunkt: Die Bundestagsausschüsse nehmen an den Regierungsvorlagen teilweise erhebliche Änderungen vor[218, 219].

Die Gründe hierfür sind oft rein parteipolitischer Natur, oft macht sich der Einfluß von Interessenverbänden bemerkbar, die sich im Referentenstadium nicht vollständig durchzusetzen vermochten[220]. Diese Veränderungen werden oft in einer gesetzestechnisch äußerst mangelhaften Weise vorgenommen und beeinträchtigen in zuweilen sehr negativer

---

213 *Neunreither*, S. 37, 38.

214 *Neunreither*, aaO.; *Strickrodt*, DÖV 1950, S. 526.

215 *Neunreither*, S. 60, 61.

216 Siehe die Darlegungen von Minister *Renner* in der 13. Sitzung des Bundesrates (10. 2. 1950), Sitzungsberichte S. 200 D: „Es ist nicht unsere Aufgabe, jeden Gesetzentwurf bis ins einzelne durchzuberaten, wie es der Bundestag tut.“ Ausdrücklich anderer Meinung: Minister Dr. *Katz* ebenda, Sitzungsbericht, S. 201 A.

217 Einige der Präsidenten des Bundesrates haben — wie dem Verfasser gesprächsweise bei einem Besuch des Deutschen Bundesrates mitgeteilt wurde — die gleiche Auffassung vertreten. Der Bundesrat hält seine Vorschläge dann lediglich in Protokollen fest, die vom Bundestag für die Ausschußberatung allerdings hinzugezogen werden können.

218 Vgl. Deutscher Bundestag, Drucks. 2161, 2162, 2195, 3014 der 4. WP.

219 Das gleiche gilt für die Gesetzentwürfe des Bundesrates, auf die wegen ihrer sehr geringen Anzahl hier nicht näher eingegangen werden soll. Vgl. Bulletin der Bundesregierung 1965, Nr. 184, S. 1487.

220 *Wittkämper*, S. 178.

Form die innere Einheitlichkeit der Gesetzesvorlage erheblich[221]. Sie unterliegen zudem nicht der Korrektur des Bundesrates, da dieser im zweiten Durchgang der Regierungsvorlage — auch bei zustimmungsbedürftigen Gesetzen — kaum dazu neigt, aus rechtstechnischen Gründen den Vermittlungsausschuß[222] anzurufen[223].

Stärker als die Regierungsvorlagen erfordern die aus der Mitte des Bundestages stammenden Gesetzentwürfe eine Verbesserung in gesetzestechnischer Hinsicht, nicht nur, weil sie qualitativ nur selten an die Regierungsvorlagen heranreichen[224], sondern weil es bei ihnen der fachkundigen Stellungnahme des Bundesrates ermangelt und diesem als alleinige Einwirkungsmöglichkeit auf die Gesetzentwürfe des Bundestages entweder die Anhöhrung seiner Mitglieder und deren Beauftragter in den Sitzungen des Bundestages (Art. 43 Abs. 2 GG) oder lediglich die in Art. 77 Abs. 2 GG genannten Möglichkeiten verbleiben.

Bei der *Formulierungsarbeit*, bei der der Abgeordnete häufig arbeitsmäßig, vor allem aber im Hinblick auf die Formulierungstechnik überfordert ist[225] und er deswegen oft den Rat in der Regel[226] hilfsbereiter

---

[221] So ergibt z. B. eine Durchsicht der vielfach kritisierten Regierungsvorlage zum Raumordnungsgesetz (Deutscher Bundestag, Drucks. 3014 der 4. WP), daß der bei weitem überwiegende Teil gesetzestechnischer, vorwiegend sprachlicher Mängel (§ 2 Abs. 1 Nr. 6: Die Gesundung ungesunder Bedingungen soll gefördert werden; § 5 Abs. 1: Die Durchführung der Ziele; § 6 Abs. 1 Nr. 4: Bundesgebiet in seiner Gesamtheit), erst durch Veränderungen der Regierungsvorlage in der Ausschußphase entstanden ist. Vgl. auch Sten.-Ber. der 163. Sitzung des 4. Deutschen Bundestages, S. 1812 und H.-H. *Giesing* in NJW 1965, S. 957; ferner Hans *Schneider*, NJW 1962, S. 1277: „Es muß bedacht werden, daß die Regierungsentwürfe ... im Bundestag vielfach abgeändert (meistens „angereichert") werden, wodurch sich Unstimmigkeiten einschleichen."

[222] Siehe Art. 77 Abs. 2 und 3 GG.

[223] Staatspräsident Dr. *Müller* in der 14. Sitzung des Bundesrates (16. 2. 1950), Sitzungsberichte S. 243 B: „Wenn dagegen der Bundestag das Gesetz schon verabschiedet hat, stehen wir vor der Wahl, es entweder anzunehmen oder es abzulehnen. Wir können nicht mehr mit Einschränkungen oder Bedingungen oder Einzelabänderungen kommen." Vgl. *Fundis*, S. 53, 77.

[224] Vgl. *Schneider*, NJW 1962, S. 1275: „Übrigens zeigt sich, daß Gesetze, die einer Initiative des ständig unter Zeitdruck arbeitenden Bundestages entsprungen sind, meist schlechter geraten, als diejenigen, die im Schoße der Bundes- und Länderbürokratie ausgearbeitet worden sind."

[225] Vgl. *Kralewski* (Kralewski - Neunreither) S. 214, 215.

[226] In einem Ausnahmefall, in dem das Bundesinnenministerium einem gegen seine Ansicht gerichteten Änderungsantrag die Formulierungshilfe verweigert hatte, führte Bundesminister *Höcherl* in der 83. Sitzung der 4. WP des Deutschen Bundestages auf Vorwürfe des FDP-Abgeordneten Dorn aus: „Ich weiß nicht, ob das ein außerordentlicher Vorgang ist, wenn die Regierung, die daran interessiert sein muß, mit ihren Vorlagen über die Runden zu kommen, ausgerechnet dazu beitragen sollte, durch Formulierungshilfe etwas gegen die Regierungsvorlage zu unternehmen. ... Ich frage nur, ob das etwas so Außergewöhnliches ist. Zweitens gibt es keine Rechtsbestimmungen, und dies ganze Gebiet hier ist terra incognita. Drittens weiß

Regierungsvertreter oder von Mitgliedern[227] der Länderbürokratie beansprucht, wird ein parlamentarischer Hilfsdienst von großem Nutzen sein[228]. Denn, „der beamtete Jurist ist hier unentbehrlich, da diese Arbeit Erfahrung, Übersicht und ständige Praxis verlangt“[229]. Dabei weist Kleinrahm[230] zutreffend darauf hin, daß in Sachfragen der notwendige Kompromiß zwischen Parlament und Regierung nur auf dem Wege über eine vermittelnde Formulierung gefunden werden kann.

Vor allem könnte ein qualifizierter Beratungsdienst erreichen, daß bei der Formulierungstätigkeit in den Ausschüssen sprachliche Ungereimtheiten und Mißbildungen, die nur allzu oft Ausdruck gedanklicher Unklarheiten sind[231], ebenso vermieden werden wie die oft unklaren Verweisungsvorschriften und die zeitweilig wenig präzisen Gesetzesformulierungen bei staatlichen Eingriffen in das Leben der Bürger.

Daß ein Hilfsdienst *erhebliche gesetzestechnische* Leistungen zu erbringen vermag, zeigen die Veränderungen, die der Niedersächsische Beratungsdienst in terminologischer, sachlicher und rechtlicher Hinsicht den Abgeordneten zu den Gesetzesvorlagen empfiehlt. Dabei dürfte der gegenüber dem Landesgesetzgeber zweifellos vorhandene breitere Rahmen der Bundesgesetzgebung grundsätzlich nicht die Wirkungsmöglichkeit eines Beratungsdienstes schmälern. Denn der hinsichtlich ihres Umfanges weit gespannte Aufgabenbereich der Bundesgesetzgebung wird dadurch eingeengt, daß — anders als beim Landesgesetzgeber — die Arbeit des Bundesrates die Korrekturerfordernisse an den Regierungsvorlagen stark einschränkt und die Formulierungstätigkeit in starkem Maße beschränkt ist auf die im Bundestag eingebrachten Entwürfe und die Veränderungen, die die Ausschüsse an den Gesetzesvorlagen der Regierung, des Bundesrates oder von Teilen des Bundestages vornehmen. Daß neben der Formulierungstechnik die Mitglieder des Beratungsdienstes auch über die für die Formulierung erforderliche Sachkenntnis und

---

ich aber, daß es ein gewisses Gewohnheitsrecht im folgenden Rahmen gibt und daß die Regierung in ihrer Noblesse sogar soweit geht, ... gegen die Regierungsvorlage allen Seiten des Hauses Formulierungshilfe zu leisten ... Es ist ja in anderen Parlamenten so, daß die Abgeordneten Stäbe haben, die es ihnen möglich machen, ohne Formulierungshilfe der Regierung auszukommen, die unter Umständen gegen eigene Vorlagen handeln müßte“ (Deutscher Bundestag, Sten.-Ber. S. 4061 c ff.).

[227] *Neunreither*, S. 62.

[228] Der FDP-Abgeordnete Dr. *Mende* äußerte unter Hinweis auf gesetzestechnische Fehler, die dem Deutschen Bundestag unterlaufen waren, in der 28. Sitzung der 2. WP, Sten.-Ber. S. 1234 a: „Wenn 20 leidenschaftliche junge Leute, die sich dem Parlamentsrecht innerlich ergeben haben, uns bei den Gesetzgebungsarbeiten helfen, dann ist die Gefahr solcher Versehen zumindest geringer als sie gegenwärtig ist.“ Ähnlich *Kleinrahm,* AÖR Bd. 79, S. 156.

[229] *Kleinrahm,* AÖR Bd. 79, S. 156.

[230] *Kleinrahm,* aaO.

[231] H.-H. *Giesing,* NJW 1965, S. 956, 957.

Neutralität[232] verfügen, dürfte dabei durch eine geschickte Personenauswahl und eine gute Organisation des Dienstes erreichbar sein.

ee) Weitere Hilfsmittel für die Ausschußarbeit

Außer den bereits aufgezeigten erforderlichen Hilfsmitteln bedarf das Parlament für die Bewältigung der Ausschußarbeit nicht nur der Unterstützung des Ausschußvorsitzenden bei der Vorbereitung der Sitzung und deren Protokollierung, sondern einer Assistenz für alle diejenigen Dienste, die, soweit für ihre Erledigung im bisherigen Teil der Arbeit nicht schon die Einrichtung eines Hilfsdienstes gefordert wurde, heute von der Ausschußassistenz des Deutschen Bundestages erbracht werden. Um eine Wiedergabe dieser zwar wichtigen, aber zahlreichen einzelnen Tätigkeiten, deren Erforderlichkeit zudem keineswegs in Frage gestellt werden kann, zu vermeiden, sei deshalb hier auf die Darstellung des Aufgabenbereichs des Assistenzdienstes beim Deutschen Bundestag verwiesen.

c) Bei der Information und Willensbildung des einzelnen Abgeordneten außerhalb der Ausschußarbeit

Die Wirkungsmöglichkeiten des Hilfsdienstes, die in den einzelnen Phasen der Gesetzesvorlage vor dem Gesetzesbeschluß, bei der Gesetzesinitiative und der Ausschußberatung bestehen, wurden aufgezeigt. Darüber hinaus besteht seitens des einzelnen Abgeordneten ein Bedürfnis nach Information, Dokumentation und juristischer Beratung, das dargelegt werden soll.

Hervorgehoben wurde bereits das Erfordernis einer gehörigen Willensbildung der Abgeordneten. Die parlamentarische Wirklichkeit zeigt jedoch, daß das einzelne Bundestagsmitglied in seiner Haltung zu einer bestimmten Gesetzesvorlage, bedingt durch die Spezialisierung der Gesetzgebung, in erheblichem Maße von den Experten seiner Fraktion abhängig ist, wobei sich die Abhängigkeit mit der Schwierigkeit des Normobjekts steigert. Häufig ohne eine genaue Vorstellung vom Inhalt ihrer Entscheidung richten sich die Abgeordneten während der Plenarberatung und der Abstimmung über die Gesetzesvorlage — insbesondere auf dem Gebiet der Finanz- und Währungspolitik[233], in Verteidigungsfragen[234] und in der Sozialpolitik[235] — nach der Meinung der Fraktions-

---

[232] Vgl. *Kleinrahm*, AÖR Bd. 79, S. 156.

[233] Vgl. *Schmölders*, S. 137 und die angeführten Ergebnisse der Abgeordneten-Teste.

[234] Auf die besondere Schwierigkeit der Meinungsbildung des Abgeordneten in verteidigungspolitischen Fragen hat der CDU-„Wehrexperte" Dr. *Kliesing* in der 166. Sitzung der 4. WP des Deutschen Bundestages hingewiesen, Sten.-Ber. S. 8302 c, d.

[235] Vgl. den Bericht von H. *Schuster* in der „Zeit" vom 9. 4. 1965 („Der Politiker muß sich an Bildung gewöhnen.").

experten[236]. Daß ein ernsthaftes Bedürfnis nach Abänderung dieses Zustandes besteht, der sich nicht nur auf die Qualität der Gesetze, sondern auch auf die Achtung vor dem Gesetzgeber selbst auswirken muß, ist evident und bedarf keiner näheren Begründung.

Ein Dokumentationsdienst, der, in ausreichender Zahl mit qualifizierten Referenten für die der Parlamentskompetenz unterliegenden Materien ausgestattet und — im Unterschied zur Ausschußassistenz — jedem[237] Abgeordneten zugänglich ist, könnte durch Zusammenstellung von Material und Erstattung von Kurzgutachten gerade die Abgeordneten bei der Willensbildung unterstützen, die nicht als Mitglieder des zuständigen Ausschusses oder als Interessenvertreter im Hinblick auf einzelne Gesetzesvorlagen sachverständig sind. Erscheint es auch sehr fraglich, ob der Durchschnittsabgeordnete sich an den Hilfsdienst wendet, um durch Aneignung von Sachverstand z. B. in der Beurteilung von Gesetzesvorlagen unabhängiger von der Meinung der Fraktionsexperten zu werden, so sollte eine diesbezügliche Wirkungsmöglichkeit des Dokumentationsdienstes wegen der erheblichen Kluft, die zwischen der rechtlichen und sachlichen Kompetenz einiger Parlamentarier besteht[238], aufgezeigt werden.

Eine wesentliche Funktion könnte ein Dokumentationsdienst ferner bei der Aktivierung „büroloser“ Abgeordneter ausüben. Unter Hinweis auf die Tatsache, daß der industrielle Syndikus, der Gewerkschaftssekretär und der Rechtsanwalt mit einem großen Büro bei der parlamentarischen Arbeit, insbesondere bei der Materialbeschaffung, durch Unterstützung ihres Stabes erhebliche Vorteile gegenüber den „bürolosen“ Abgeordneten besitzen, haben Reif[239] und Kleinrahm[240] sich für eine Gesetzesdokumentation ausgesprochen, die „eine Benachteiligung ‚büroloser‘ Abgeordneter ausgleichen und eine Belebung der nicht geringen Zahl ‚parlamentarischer Mitläufer‘ bewirken könnte“[241].

Aber nicht nur für „bürolose“ Abgeordnete und „parlamentarische Mitläufer“, sondern auch für die Experten der Fraktionen wäre ein Dokumentations- und Beratungsdienst von Nutzen, weil die Zeit, die auch der fachlich gut gebildete Abgeordnete z. B. für die rechtliche[242] Beurtei-

---

[236] Zur Gefahr des punktuellen Denkens des Experten vgl. *Dichgans*, Der Volkswirt 1965, S. 1911, 1912; ferner *Schmölders*, S. 137.

[237] Das Gutachten des Wissenschaftlichen Beirats weist auf das Erfordernis eines dem einzelnen Abgeordneten zugänglichen parlamentarischen Hilfsdienstes hin, Bulletin der Bundesregierung 1965, Nr. 41 S. 330; ähnlich *Leibholz*, Die Kontrollfunktion, S. 76, 77.

[238] Vgl. hierzu *Kuhn*, S. 9.

[239] *Reif*, 38. DJT, Verhandlungsberichte Teil C, S. 36, 37.

[240] *Kleinrahm*, AÖR Bd. 79, S. 154.

[241] *Kleinrahm*, AÖR Bd. 79, S. 154, 155.

[242] Vgl. *Böhm*, Neue Gesellschaft 1964, S. 348.

lung der Gesetzesvorlagen und die Überprüfung der ihnen zugrunde liegenden Tatsachen[243] aufbringt, erheblich[244] ist. Insbesondere kann ein Dokumentationsdienst dem Erfordernis, schnell und vollständig Material zu den bestimmten Sachfragen zusammenzutragen, damit der Abgeordnete für die Parlamentsarbeit, so z. B. für Plenardebatten, den notwendigen Sachverstand aufweist, Rechnung tragen.

Dafür, daß ein voll aktionsfähiger Dokumentations- und Beratungsdienst hinreichend beansprucht werden dürfte, sprechen nicht nur der weite Tätigkeitsbereich ähnlicher Einrichtungen im amerikanischen Kongreß, sondern vor allem die wiederholten Forderungen der Bundestagsabgeordneten nach einer entsprechenden Einrichtung[245].

d) Bei der Gesetzesplanung

Kleinrahm[246] hat sich — allerdings in vorsichtiger Form — unter Hinweis auf die erhebliche Fülle der Gesetze für einen ständigen, mit Angehörigen der Legislative und der Exekutive besetzten Ausschuß ausgesprochen, der durch Gesetzgebungsplanung die Zahl der Normen vermindern soll. Kleinrahm räumt zwar ein, daß die Gesetzesflut auch durch die Fülle der zu regelnden Lebenstatbestände bedingt ist, sieht aber eine weitere Ursache hierfür darin, daß mancher Minister und Ministerialreferent in Überschätzung seines Aufgabenbereiches zur Normensetzung drängt[247]. Auch Stein[248] und Schramm[249] haben sich für eine Gesetzesplanung ausgesprochen, wobei Schramm den Aufgabenbereich der nach Art der Legislative Councils nordamerikanischer Staaten tätigen, aus Vertretern der Regierung, des Parlaments und des Bundesrates zusammengesetzten Gesetzgebungsausschüsse auf die Verminderung der

---

[243] Vgl. *v. Cube* „Atomzeitalter“, April 1964 („Armut und Ohnmacht des Parlaments“): „Herrschaftsausübung im wissenschaftlichen Zeitalter wird mehr und mehr zur Sache konkreter Datenverarbeitung.“

[244] „Aber schließlich schickt ja der Wähler seinen Abgeordneten nicht in das Parlament, damit er tagelang in der Bibliothek sitzt und alte Gesetzesblätter durchwälzt, sondern damit er politisch etwas leistet“, so der FDP-Abgeordnete Dr. *Bucher* in der „Freien Demokratischen Korrespondenz“ vom 31. 1. 1956 („Einführung eines Gesetzgebungshilfsdienstes“).

[245] *Reif*, 38. DJT, Verhandlungsberichte Teil C, S. 36, 37. Ferner der CDU-Abgeordnete Dr. *Müller-Hermann* im „Rheinischen Merkur“ vom 24. 12. 1953 („Gewissenserforschung des Bundestages“); ferner der FDP-Abgeordnete Dr. *Bucher* in der „Freien Demokratischen Korrespondenz“ vom 27. 2. 1963.

[246] *Kleinrahm*, AÖR, Bd. 79, S. 155.

[247] Vgl. *Bühler*, JZ 1959, S. 299: „Die ‚Arbeitswut‘ von 18 Ressorts mit Hunderten von Referenten ständig auf oberste Ziele auszurichten und so Ordnung an die Stelle von Unordnung zu setzen, wird immer Anstrengungen kosten. Der Hauptfeind ist der Referentenpartikularismus, der mindestens so hartnäckig ist wie der Ressortpartikularismus.“

[248] *Stein*, S. 22.

[249] *Schramm*, S. 150, 151.

Normen, zumindest aber auf eine Koordinierung der parlamentarischen Ausschußarbeit gerichtet wissen will. Dabei hätte nach den Vorstellungen von Schramm ein Planungsstab die Aufgabe, die für die verständige Beurteilung der Vorlagen notwendigen Fakten auszuarbeiten.

Soweit Kleinrahm die übergroße und ungesunde Zahl der Gesetze bemängelt, ist ihm zuzustimmen. Die „Systemlosigkeit und Unübersichtlichkeit“[250], die „Zerfahrenheit“[251] und die „unmäßige Aufblähung“[252] der Gesetzgebung sind oft kritisiert worden. Eine Ursache hierfür dürfte neben dem Umstand, daß der Gesetzgeber aus bestimmten, bereits genannten Gründen stark ins Detail geht, der Ressortegoismus und der Referentenpartikularismus sein.

So sehr eine Gesetzesplanung im Interesse einer an einem klaren Leitbild[253] ausgerichteten Gesetzgebung zu wünschen ist, so fraglich erscheint es, ob eine Planung nach Art der Legislative Councils der nordamerikanischen Staaten bei der anders gearteten Verfassungslage der Bundesrupublik sinnvoll und von Nutzen wäre.

Der wesentliche Grund für die Errichtung der Gesetzgebungsausschüsse in den nordamerikanischen Staaten waren neben einer kurzen Legislaturperiode der Volksvertretung von ein oder zwei Jahren die weitgehend verfassungsrechtlich festgelegten, sehr kurzen Sitzungsperioden. Demgegenüber wird der Bundestag nicht bereits durch die Verfassung in der Zahl seiner Sitzungen beschränkt, zudem ist die Legislaturperiode erheblich länger. Daß der amerikanische Kongreß, der zwar eine gewisse temporäre Begrenzung der Sitzungsperiode kennt, diese aber stets verlängert[254], über einen Planungsdienst nicht verfügt, dürfte in diesem Zusammenhang erwähnenswert sein. Während ferner bei der Frontstellung der Regierung zum Parlament in Nordamerika die Gesetzesplanung für die Exekutive gleichzeitig ein Mittel ist, für ein größeres Verständnis der von ihr erarbeiteten Vorlagen zu werben, besteht im parlamentarischen Regierungssystem wegen der gegenseitigen Durchdringung von Regierung und Parlament dieses Bedürfnis weitgehend nicht. Vor allem spricht gegen die Wirksamkeit eines gemeinsamen Planungsausschusses die unterschiedliche verfassungspolitische Vergangenheit nordamerikanischer und deutscher Parlamente, die — ob wünschenswert oder nicht — auch heute noch nachwirkt: In Deutschland hat die *Planung* der Gesetzgebung stets bei der Exekutive gelegen[255].

---

[250] *Schiffer*, JZ 1953, S. 5.

[251] *Bühler*, Finanzrundschau 1955, S. 233.

[252] *Scheuner*, DÖV 1960, S. 601, 603.

[253] *Scheuner*, DÖV 1960, S. 604.

[254] Vgl. *Loewenstein*, Verfassungsrecht, S. 185, 186.

[255] Vgl. *Apelt*, S. 12.

Der Umstand, daß über 80 % der Gesetzesbeschlüsse auf Regierungsvorlagen zurückzuführen sind, dürfte auch dafür sprechen, die Gesetzesplanung dort zu belassen, wo die Gesetze entworfen werden, zumal — wie bereits festgestellt — wegen der Verflechtung von Regierung und Koalitionsparteien im parlamentarischen Regierungssystem auch ein Hilfsdienst nur geringfügig zu einer Steigerung der parlamentarischen Gesetzesinitiativtätigkeit beitrüge und die Regierung ferner die Gesetzgebung auf den Erfahrungen[256] der Verwaltung bei Ausführung der Gesetze aufbaut. Es erscheint vor allem angebracht, den Ressortegoismus und den Referentenpartikularismus durch eine schärfere Steuerung[257] der Gesetzgebung dort zu bekämpfen, wo er *zuerst* auftritt, im Kabinett, am besten sogar im Bundeskanzleramt[258], nicht aber in einem Ausschuß, in dem wegen der höheren Zahl der Teilnehmer mit den zudem höchst unterschiedlich ausgerichteten Interessen der Bundesregierung — vor allem ihrer verschiedenen Ressorts —, des Bundesrates und der verschiedenen Fraktionen des Bundestages eine einheitliche Meinungsbildung erheblich erschwert sein dürfte. Soweit Schramm[259] sich von einem Gesetzgebungsausschuß eine bessere Koordinierung der Ausschußarbeit verspricht, dürfte diese — sicherlich erforderliche — Verbesserung durch interne Parlamentshilfsmittel, z. B. durch eine Assistenz des Ältestenrates[260] und eine Verstärkung seiner Befugnisse erreichbar sein.

e) Bei dem Erlaß von Rechtsverordnungen

Die Frage, welchen Einfluß ein parlamentarischer Hilfsdienst auf die Zahl der an die Exekutive ergehenden Ermächtigungen, Rechtsverordnungen zu erlassen, haben kann, hat Kleinrahm[261] bisher als einziger — allerdings nur kurz — berührt. Er hat in sehr vorsichtiger Form die Auffassung vertreten, ein Hilfsdienst könnte eventuell zu einer Verminderung der „großen Zahl der Exekutivermächtigungen in den Gesetzen beitragen"; denn ein beachtlicher Teil der Ermächtigungen sei dadurch bedingt, daß den Abgeordneten die speziellen Detailkenntnisse fehlten. Ein

---

[256] Siehe das Gutachten der Arbeitsgemeinschaft für Staatsvereinfachung Bayern, 1. Teil, S. 37.

[257] Vgl. *Scheuner*, DÖV 1960, S. 608.

[258] Eine erhebliche Bedeutung für eine Beschränkung und Qualität der Gesetzgebung hat der „Verfassungsdienst" im österreichischen Bundeskanzleramt. Ihm obliegt u. a. die verfassungsrechtliche Prüfung der Gesetzesvorlagen und „Sicherung der Klarheit und praktischen Anwendbarkeit der Gesetzestexte", ferner die Koordination der Arbeit der verschiedenen Bundesministerien. Im einzelnen zu diesem rechtlichen Integrationsorgan und zu der erheblichen Mitarbeit der Wissenschaft bei diesem Rat, *Weiler*, ÖJZ 1962, S. 281 ff.; 314 ff.; ferner *Seidl - Hohenveldern*, ÖJZ 1951, S. 160 ff.

[259] *Schramm*, S. 150.

[260] Zu seinem Aufgabenbereich siehe § 14 GeschOBT, *Trossmann*, S. 32, 33.

[261] *Kleinrahm*, AÖR Bd. 79, S. 156.

Erfordernis für eine Verminderung der Exekutivermächtigungen besteht nach der Auffassung von Kleinrahm einmal aus rechtsstaatlichen Gründen, zum anderen deswegen, weil durch eine zu zahlreiche Delegation rechtsetzender Gewalt die Funktionen der Legislative ausgehöhlt worden seien[262].

Die Frage, ob die Übertragung von Rechtsetzungsbefugnissen an die Exekutive mit dem Wesen des gewaltenteilenden Rechtsstaates vereinbar und ob nicht zumindest die Zahl der Ermächtigungen zu vermindern wäre — bei dieser Verminderung könnte ein Hilfsdienst eventuell von Nutzen sein —, ist Gegenstand zahlreicher verfassungsrechtlicher Erörterungen. Wenngleich es nicht die Aufgabe dieser Arbeit sein kann, die dabei geäußerten verfassungsrechtlichen Bedenken grundsätzlich abzuhandeln, so sollen dennoch gewisse Gedankengänge — wegen der mangelnden faktischen Bedeutung des Dienstes beim Erlaß von Exekutivermächtigungen allerdings nur kurz — aufgezeigt werden.

Wegen der erheblichen Arbeitsbelastung der Parlamente besteht ein allgemein[263] und auch vom Bonner Verfassungsgeber anerkanntes[264] Bedürfnis nach Entlastung des Gesetzgebers durch Verordnungsdelegation. Während Scheuner[265] in einer sachlich und inhaltlich begrenzten Ermächtigung an die Exekutive keinen Widerspruch zu den Grundsätzen der Gewaltenteilung und des Rechtsstaates sieht, sprechen nach der Auffassung von Klein[266] in eindeutiger Weise das Wesen und die Funktion des gewaltenteilenden Rechtsstaates gegen die Delegation. Allerdings übersieht auch Scheuner[267] nicht die Gefahren für die „verfassungsrechtliche Kompetenzordnung", die durch Übertragung eines Übermaßes rechtsetzender Befugnisse entstehen.

Unter Hinweis auf die richterlichen und parlamentarischen Kontrollmöglichkeiten[268], ferner auf den Umstand, daß das Parlament jederzeit den durch die Verordnung erfaßten Bereich selbst gesetzlich regeln kann[269], ist der Auffassung Scheuners zuzustimmen. Die erheblichen rechtsstaatlichen Anforderungen, die Artikel 80 GG an den Erlaß von Rechtsverordnungen stellt, haben zudem dazu beigetragen, daß die Anzahl der Rechtsverordnungen im Vergleich zu anderen Staaten „nicht übermäßig hoch ist"[270]. Soweit das Parlament sich auf die Grundfragen

---

262 *Kleinrahm*, AÖR Bd. 79, S. 143/156.
263 *Triepel*, S. 82; *Schack*, S. 434; *Klein*, S. 82.
264 *Klein*, S. 83.
265 *Scheuner*, Ausländische Erfahrungen, S. 165.
266 *Klein*, S. 83 ff.
267 *Scheuner*, Ausländische Erfahrungen, S. 165.
268 Siehe die Darstellung bei *Klein*, S. 91, 105 ff.
269 *Hamann*, S. 50; *Waffenschmidt*, S. 141.
270 *Strauß*, Die Bundesgesetzgebung 1953—1957, S. 6; ähnlich *Partsch*, VVDStL Heft 16, S. 91.

der Gesetze konzentriert[271], dürfte die Regelung von Detailfragen durch die Regierung auch nicht — wie Kleinrahm[272] befürchtet — zu einer „Aushöhlung" der Funktionen der Legislative führen.

Besteht somit unter dem Bonner Grundgesetz aus verfassungsrechtlichen Gründen zumindest kein zwingendes Erfordernis, die Anzahl der Exekutivermächtigungen zu vermindern, so dürften selbst bei Bejahung eines solchen Erfordernisses die Wirkungsmöglichkeiten eines Hilfsdienstes sehr gering sein. Denn die durch Rechtsverordnungen geregelten Materien sind häufig von derartig spezieller Natur, daß sie ohne erhebliche Detailkenntnisse kaum zu bewältigen sein dürften. Insbesondere sind die in den Verordnungen geregelten Fragen oft stark abhängig von den Erfahrungen der Verwaltung, so daß es fraglich erscheint, ob sie ohne deren Fachverstand überhaupt gelöst werden könnten. Die Mehrbelastung, die der Volksvertretung durch die selbständige, sehr detaillierte Regelung von Tatbeständen erwachsen würde, die bisher durch die Exekutive erfolgte, müßte zudem zwangsläufig die Qualität der bereits heute oft bemängelten, zeitlich kaum noch zu bewältigenden Gesetzgebung negativ beeinflussen[273]. Daß ein Hilfsdienst die Delegation rechtsetzender Gewalt nicht — zumindest nicht in nennenswerter Weise — zu hindern vermag, dürfte auch dadurch aufgezeigt sein, daß der nordamerikanische Kongreß trotz seiner stark ausgebauten Hilfseinrichtungen und trotz eifersüchtiger Wahrung seiner legislatorischen Befugnisse nicht in der Lage war, eine ständig zunehmende Übertragung von Rechtsetzungsbefugnissen zu verhindern[274, 275].

f) Zusammenfassung

Die Erforderlichkeit eines Hilfsdienstes bei der Gesetzgebungstätigkeit des Parlaments ergibt sich einmal bei der Ausübung der Gesetzesinitiative, wobei der Dienst vorwiegend eine Unterstützung für die Oppositionsparteien darstellen dürfte. Bei der Ausschußarbeit hat ein Hilfsdienst mehrere Funktionen: Er hat einmal durch Vermittlung objektiven Sachverstandes zu verhindern, daß die Abgeordneten von den Ministerialbeamten „überfahren" werden oder in zu starke Abhängigkeit vom

---

[271] Vgl. *Geck*, S. 251.

[272] *Kleinrahm*, AÖR Bd. 79, S. 156.

[273] Die wegen ihrer detaillierten Regelung oft kritisierte Bundesgesetzgebung würde sicherlich noch mehr bemängelt, wenn der Inhalt von Rechtsverordnungen vom Parlament zukünftig in Gesetzesform gekleidet würde.

[274] Zur Delegation rechtsetzender Gewalt in den Vereinigten Staaten von Nordamerika siehe *Geck*, S. 248, 249; *Scheuner*, Ausländische Erfahrungen, S. 121.

[275] Unter Hinweis auf die Rechtsverordnungspraxis in den Vereinigten Staaten von Nordamerika bezweifelt auch *Kleinrahm* (AÖR Bd. 79, S. 156) eine diesbezügliche Wirkungsmöglichkeit des Hilfsdienstes.

Fachwissen der Verbände geraten, das wegen seiner Ausrichtung an Einzelinteressen oft nicht hinreichend objektiv ist. In gesetzestechnischer Hinsicht hat ein Hilfsdienst von der breiteren Übersicht des Parlaments den Ausschußmitgliedern gewisse Korrekturen an den Regierungsvorlagen aufzuzeigen und dafür Sorge zu tragen, daß die Veränderungen, die die Ausschüsse des Bundestages an den Gesetzentwürfen vornehmen, die Einheitlichkeit und technisch redaktionelle Mängelfreiheit hinreichend berücksichtigen.

Außerhalb der Ausschußarbeit bietet ein Hilfsdienst durch Vermittlung objektiven Sachverstandes die Möglichkeit, daß der einzelne Abgeordnete unabhängig wird von dem Urteil der Fraktionsexperten, die oft Interessenvertreter sind. Zugleich ermöglicht der Hilfsdienst die angesichts der erheblichen Arbeitsbelastung der Abgeordneten, insbesondere der Experten, erforderliche Entlastung und eine „Aktivierung" büroloser Abgeordneter. Zu einer nennenswerten Verminderung der Exekutivermächtigungen wird ein Hilfsdienst schon deswegen keinen nennenswerten Beitrag leisten können, da die in den Rechtsverordnungen getroffenen Regelungen oft sehr spezieller Natur und von den Erfahrungen der Verwaltung abhängig sind. Eine gemeinsame Gesetzesplanung von Bundesregierung, Bundesrat, Bundestag und den einzelnen Fraktionen, bei der der Hilfsdienst nach Art der wissenschaftlichen Hilfseinrichtungen nordamerikanischer Gesetzgebungsausschüsse tätig werden könnte, erscheint wenig erfolgversprechend, weil sowohl die Gesetzesplanung weitgehend bei der Regierung bzw. bei dieser und den sie tragenden Fraktionen liegt, als auch, weil die Möglichkeit einer Einigung in diesem Gremium wegen der hohen Zahl und der sehr unterschiedlichen Interessen der Teilnehmer sehr gering sein dürfte.

3. Die Stellung des parlamentarischen Hilfsdienstes bei der Ausübung der parlamentarischen Kontrollrechte

a) Die parlamentarischen Kontrollmittel

Der Bundestag verfügt gegenüber der Exekutive über folgende Kontrollmittel: Die Fragestunde[276] des Parlaments und die Kleine[277] und Große[278] Anfrage, das Ministerzitierungsrecht[279] und das Mißtrauens-

---

[276] § 111, GeschOBT, vgl. Deutscher Bundestag, Sten.-Ber. der 179. Sitzung der 1. WP, S. 7449 c, d.

[277] § 110, GeschOBT.

[278] § 105, GeschOBT; vgl. *Ellwein*, S. 139.

[279] Art. 43 Abs. 1 GG.

votum[280], die Enquête[281] und die Institution des Wehrbeauftragten[282], ferner die jährliche Beratung des Staatshaushalts[283] und die durch Artikel 87 a GG ermöglichte besondere haushaltsrechtliche und politische Kontrolle[284] der Streitkräfte. Einen gewissen Ausdruck findet das parlamentarische Kontrollrecht ferner im Petitionsrecht[285].

b) Wirkungsmöglichkeiten bei der Ausübung bestimmter Kontrollrechte

Die Untersuchung nach den Möglichkeiten des Hilfsdienstes bei Wahrnehmung der Kontrollbefugnisse des Parlaments hat davon auszugehen, daß Organwalterrechte der Abgeordneten nicht beeinträchtigt werden dürfen und die Tätigkeit des Hilfsdienstes lediglich der sachlichen Beratung und arbeitstechnischen Unterstützung der Abgeordneten bei der Entscheidungsfindung zu dienen hat.

Eine hiervon ausgehende Betrachtung der parlamentarischen Kontrollmittel ergibt, daß mit Ausnahme der Haushaltsberatungen, der Enquête-Tätigkeit und der Petitionsbehandlung eine etwaige Unterstützung der Abgeordneten von vornherein nicht erforderlich ist[286], da die übrigen Kontrollrechte entweder ohne eine wesentliche sachliche oder technische Hilfeleistung ausgeübt werden können oder ihrer Ausübung rein politische Motive zugrunde liegen und deswegen eine vorbereitende Tätigkeit bei der Willensbildung der Abgeordneten unzulässig wäre.

Verbleibt somit lediglich bei der Behandlung von Petitionen, bei der Enquête und der Haushaltsberatung in den Ausschüssen die Möglichkeit parlamentarischer Assistenz, so besteht hierfür hinsichtlich der zwei letzteren Kontrollmittel wegen ihrer weitgehend durch das parlamentarische Regierungssystem bedingten, gegenüber dem amerikanischen Kongreß anders gearteten Handhabung nur ein geringes Bedürfnis. Denn während die zwischen dem Kongreß und der Regierung bestehende Rivalität um die Macht ein Antrieb für die kongressionelle Untersuchungstätigkeit ist und diese Hilfsmittel erforderlich macht, tritt bei

---

280 Art. 67 Abs. 1 GG.

281 Art. 44 GG.

282 Art. 45 b GG.

283 Art. 110 GG.

284 Dazu *Willms*, S. 192.

285 *Mattern*, S. 626.

286 Wenngleich auch die Tätigkeit des Wehrbeauftragten hier zu nennen wäre, so soll sie wegen dessen weitgehender Selbständigkeit an dieser Stelle nicht näher dargelegt werden, siehe hierzu: *Volz*, Der Wehrbeauftragte des Deutschen Bundestages; *Runte*, Der Wehrbeauftragte des Bundestages und der Wandel von Funktion und Struktur des Parlaments in der modernen Demokratie.

parlamentarischer Regierungsweise vorwiegend die Opposition als Gegenspieler und Kontrolleur der Regierung auf[287], was die Anzahl der Enquêten erheblich beeinträchtigt[288]. Es ist zudem oft für die Parteien auch reizvoller, ihre Mitglieder in hohen Beamtenpositionen untergebracht zu wissen und hierdurch Einfluß auszuüben, als dualistisch den Ministerien gegenüberzustehen[289, 290].

Der weitgehend auf die parlamentarische Opposition beschränkte Dualismus von Regierung und Parlament wirkt sich aber nicht nur auf die Bedeutung der Enquête-Handhabung aus, sondern nimmt auch dem Budgetrecht der Volksvertretung einen erheblichen Teil seiner einstigen Bedeutung[291]. Es ist bei der Bewilligung von Haushaltsmitteln eben nicht unwesentlich, ob ein Parlament eifersüchtig darüber wacht, wie die Exekutive die beantragten Mittel zu verwenden gedenkt, oder ob zwischen der Regierung und der Parlamentsmehrheit im wesentlichen gemeinsame Interessen in bezug auf die Realisierung gewisser Vorhaben bestehen[292]. Denn die grundsätzliche Bejahung der einzelnen Haushaltspositionen durch die Parlamentsmehrheit dürfte nicht ohne Einfluß sein auf die Prüfung, inwieweit die Haushaltspositionen ihrer Höhe nach berechtigt sind. Daß im Haushaltsausschuß ausgezeichnete Sachkenner sind, und daß die Kontrolle der Verwaltung „am wirkungsvollsten im Haushaltsausschuß ausgeübt wird“[293], ändert — zudem angesichts des ständig steigenden Haushaltsvolumens — nichts daran, daß eine „profunde Kritik der haushaltspolitischen Linie der Regierung durch Ausschüsse und Plenum verhältnismäßig selten“[294] ist. „Insgesamt kann kein Zweifel sein, daß die Legislative ihrer Kontrollaufgabe im Rahmen der Gewaltenteilung nie ganz gerecht wird[295].“

Sicherlich könnte ein parlamentarischer Hilfsdienst — nach Art des Assistenzdienstes im nordamerikanischen Kongreß — durch eine ins ein-

---

287 *Scheuner*, DÖV 1958, S. 643; *Kralewski* in Kralewski - Neunreither, S. 16, vgl. *Ellwein*, S. 135.

288 Vgl. die Zusammenstellung bisher eingesetzter Untersuchungsausschüsse bei *Partsch*, 45. DJT, Gutachten, S. 223 ff.

289 So ausdrücklich *Ellwein*, S. 135.

290 Auf die Schmälerung der Kontrollfunktion des Parlaments, die dadurch entsteht, daß Bundesministerien oft die zuständigen Fachausschüsse des Bundestages vor ihrem Tätigwerden hinzuziehen, haben Bundestagspräsident Dr. *Gerstenmaier* und der CDU-Abgeordnete *Rasner* in der 166. Sitzung der 4. WP des Deutschen Bundestages hingewiesen, Sten.-Ber. S. 8298 b, 8299 d, 8296 b.

291 *Kralewski* in Kralewski - Neunreither, S. 16.

292 *Schäfer*, Aufgabe und Arbeitsweise, S. 258: „Das Parlament steht bei der Beratung des Haushalts eben nicht als Ganzes der Regierung gegenüber.“

293 *Schäfer*, Aufgabe und Arbeitsweise, S. 265.

294 *Vialon*, Haushaltsrecht, S. 47.

295 *Vialon*, aaO.

zelne gehende Prüfung des Erfordernisses sowohl der jeweiligen Haushaltsposition überhaupt als auch der Berechtigung ihrer Höhe Arbeiten übernehmen, zu denen die Abgeordneten bereits aus zeitlichen Gründen nicht in der Lage sind. Aber bei der gegenwärtigen Handhabung des Budgetrechts — und gleiches gilt für Enquête-Tätigkeit — müssen die Anforderungen an den Hilfsdienst weitgehend technischer Art sein und deshalb, wie gegenwärtig im Deutschen Bundestag, lediglich die Vorbereitung der Sitzung und die Beschaffung des notwendigen Materials betreffen.

Von lediglich begrenzter Wirksamkeit dürfte auch eine Tätigkeit des Hilfsdienstes sein, die dahin ginge, ex officio zu verfolgen, inwieweit Beschlüsse der Parlamentsausschüsse beachtet und die von den Regierungsvertretern in den Ausschüssen abgegebenen Erklärungen und Zusagen, die häufig die Regelung gewisser, nicht im Gesetz beantworteter Fragen im Erlaßwege oder durch Rechtsverordnung betreffen[296], eingehalten sind. Erscheint es bereits fraglich, ob der Hilfsdienst mit einer solchen Tätigkeit nicht in starkem Maße selbst zum Kontrolleur der Exekutive würde, so hängt, da die Einhaltung der Zusagen und die Beachtung der Ausschußbeschlüsse durch die Exekutive rechtlich nicht erzwingbar sind[297], die Wirksamkeit der Nachprüfungen des Dienstes weitgehend von der Initiative und dem politischen Gewicht ab, mit dem die Parlamentsmitglieder, insbesondere der Zusageempfänger, gegenüber der Regierung im Falle der Nichtbeachtung ihrer Vorstellungen auftreten[298].

c) Möglichkeiten bei veränderter Ausübung der parlamentarischen Kontrolle

Ehmke[299] hat auf dem 45. DJT vorgeschlagen, daß die ständigen Fachausschüsse des Parlaments zwecks permanenter Überwachung der Exekutive mit gewissen Prüfungs- und Untersuchungsrechten ausgestattet werden. Dabei hat er auf die Praxis der amerikanischen Kongreßausschüsse hingewiesen, allerdings auch auf die dort anders geartete Verfassungslage. Bei ständiger Überwachung würden sich nach der Auffassung von Ehmke Gewaltenteilungsprobleme nicht ergeben, weil es „ver-

---

[296] Vgl. § 5 der Richtlinien des beim Landtag Rheinland-Pfalz eingerichteten Wissenschaftlichen Dienstes.

[297] Zu der Frage, inwieweit Resolutionen und Beschlüsse des Parlaments die Regierung zu binden vermögen, siehe *Scheuner*, Der Bereich der Regierung, S. 284; *Arendt*, Deutsche Rechts-Zeitschrift 1949, S. 29, 31; *Friesenhahn*, VVDStL Heft 16, S. 36.

[298] Wenn in Rheinland-Pfalz im Falle der Nichtbefolgung des parlamentarischen Willens der Landtagspräsident oder ein anderer Parlamentarier sich an die Landesregierung wendet, so dürfte ein ähnliches Verhalten bei den Größenverhältnissen im Bund auf erhebliche Schwierigkeiten stoßen.

[299] *Ehmke*, 45. DJT, Verhandlungsberichte Teil E, S. 34, 35.

fassungsrechtlich unrichtig ist, in einer parlamentarischen Demokratie mit Gewaltenteilungstheorien des konstitutionellen Systems zu argumentieren"[300].

Es kann nicht Aufgabe dieser Arbeit sein, zur Realisierungsmöglichkeit dieser Vorschläge Stellung zu nehmen, wenngleich auf die Problematik ihrer Verwirklichung im parlamentarischen Regierungssystem wegen der Homogenität von Regierung und Parlament und auf die damit verbundene Regelung[301] des Minderheitenschutzes hingewiesen sein soll.

Daß der bei Annahme der Vorschläge durch eine zusätzliche Arbeitsbelastung gesteigerte, bereits jetzt kaum zu bewältigende Aufgabenbereich des Parlaments gewisse Entlastungen verlangen würde, die durch einen parlamentarischen Hilfsdienst erfolgen könnten, soll hier nur kurz aufgezeigt sein. Da der Modus der von Ehmke vorgeschlagenen Überwachungstätigkeit nicht näher präzisiert wurde, ist es folglich nicht möglich, die Tätigkeit des Hilfsdienstes detaillert zu beschreiben. Der Dienst könnte jedoch beispielsweise die Tätigkeitsberichte[302] der Verwaltungsbehörden vorprüfen und deren Mängel den Abgeordneten aufzeigen, den Ausschußvorsitzenden rechtlich bei der Untersuchungstätigkeit beraten[303] und bei der Abfassung des Untersuchungsberichtes an das Plenum unterstützen.

In den letzten Jahren wurde wiederholt eine stärkere Einwirkung des Parlaments auf die von der Exekutive erlassenen Rechtsverordnungen gefordert. Diese Einwirkung soll nach der Auffassung von Friesenhahn[304], Partsch[305], Stein[306] und Scheuner[307] in Form der Überprüfung der Verordnung im Hinblick auf deren Notwendigkeit und Zweckmäßigkeit entweder durch das Parlament oder durch einen seiner Ausschüsse — wie es im britischen Unterhaus seit längerer Zeit geschieht[308] — erfolgen. Auf den Umstand, daß, wenn die Genehmigung der Rechtsverordnungen durch das Plenum zu erfolgen hat, dieses in nur sehr geringem Maße entlastet wird, hat Klein[309] hingewiesen. Auf die Frage, ob die Übertragung der Kontrolle auf einen Bundestagsausschuß verfassungsrechtlich zulässig ist, kann hier nicht eingegangen werden[310], ebenso

---

[300] Im einzelnen *Ehmke,* 45. DJT, Verhandlungsberichte Teil E, S. 38 mit dortiger Literatur.

[301] Vgl. *Partsch,* 45. DJT, Gutachten, S. 199, 219; *Ehmke,* aaO., S. 44.

[302] Vgl. *Vialon,* Haushaltsrecht, S. 47.

[303] Vgl. *Partsch,* 45. DJT, Gutachten S. 203.

[304] *Friesenhahn,* VVDStL Heft 16, S. 39.

[305] *Partsch,* VVDStL Heft 16, S. 92, 93.

[306] *Stein,* S. 23.

[307] *Scheuner,* Ausländische Erfahrungen, S. 155, 156.

[308] Vgl. *Morrison,* S. 196 ff.

[309] *Klein,* S. 102, 103; vgl. auch *Scheuner,* Ausländische Erfahrungen, S. 153.

[310] Siehe hierzu *Klein,* aaO.

wenig darauf, ob hierdurch das *Gesamtparlament* an Ansehen und Einwirkungsmöglichkeit gewinnt.

Ob ein parlamentarischer Kontrollausschuß eine wirksame Überprüfung der delegierten Rechtsetzung vorzunehmen vermag, erscheint angesichts der sehr unterschiedlichen Beurteilungen[311] der entsprechenden Kontrolltätigkeit im britischen Unterhaus keineswegs sicher. Insbesondere darf nicht übersehen werden, daß die Überprüfung der Rechtsverordnungen sehr erhebliche Detailkenntnisse verlangt. Ob die Abgeordneten in der Lage sind, sich in die verschiedenen Gebiete, die Rechtsverordnungen regeln, einzuarbeiten, mag angesichts der bereits jetzt bestehenden Arbeitsbelastung und der bei der Kontrolle durch einen Ausschuß relativ kleinen Zahl der Kontrolleure sehr fraglich erscheinen. Ohne die Unterstützung eines parlamentarischen Hilfsdienstes dürfte eine wirksame Kontrolltätigkeit des Parlaments schon arbeitstechnisch gar nicht möglich sein. Sowohl auf tatsächlichem Gebiet, also beispielsweise bei der Überprüfung der der Rechtsverordnung zugrunde liegenden Fakten, als auch in rechtlicher Hinsicht, z. B. bei der Frage, inwieweit die Rechtsverordnung sich im Rahmen der Ermächtigung hält, könnte ein Hilfsdienst die Abgeordneten unterstützen.

Wiederholt wurde in letzter Zeit ein nach Art des schwedischen Justizbevollmächtigten[312] oder des dänischen Ombudsman[313] tätiger Parlamentsbeauftragter für die Zivilverwaltung gefordert, der eine gründlichere Handhabung[314] des Petitionsrechtes garantieren, Mißständen in der Verwaltung nachgehen[315] und „neben der unmittelbaren und schnelleren Ausübung der Kontrolle auf Grund der Auswertung des anfallenden Materials Anregungen für Gesetze geben“[316] soll.

Wir wollen uns jener Meinung anschließen, die wegen des stark ausgeprägten Rechtsstaates mit seiner sehr weitgehenden Verfassungs- und Verwaltungsgerichtsbarkeit in der Bundesrepublik einen Parlamentsbeauftragten für die Zivilverwaltung nicht als erforderlich erachtet[317].

---

[311] Vgl. *Stein*, aaO.; *Partsch*, aaO.; *Scheuner*, Ausländische Erfahrungen, S. 154, 155; *Morrison*, S. 201.

[312] Zu seiner Tätigkeit siehe *Hahn*, AÖR Bd. 87, S. 389 ff.

[313] Vgl. *Partsch*, 45. DJT, Gutachten, S. 193 ff.

[314] *Bauer*, S. 18, 19; *Heinemann*, 45. DJT, Verhandlungsberichte Teil E, S. 60, 61: „Der Zivilbeauftragte soll zum Petitionsausschuß stehen, wie der Wehrbeauftragte zum Verteidigungsausschuß.“

[315] *Bauer*, S. 21, 22.

[316] *Schramm*, S. 159.

[317] So *Ehmke*, 45. DJT, Verhandlungsberichte Teil E, S. 38; Staatssekretär Dr. *Schäfer* ebenda, S. 151; ähnlich *Partsch*, 45. DJT, Gutachten, S. 197. Wenn in der Schweiz die Einsetzung eines Ombudsman verlangt wird (*Marti*, S. 174 ff.), und *Bauer* auf das dänische Beispiel verweist, so ist zu bedenken, daß beide Staaten eine allgemeine Verwaltungsgerichtsbarkeit nicht bzw. nur in sehr geringem Umfang kennen, vgl. *Ehmke*, 45. DJT, Verhandlungsberichte Teil E, S. 30.

Es kommt hinzu, daß die Tätigkeit eines Parlamentsbeauftragten für die Zivilverwaltung eine starke Verminderung der vom Petitionsausschuß bisher geleisteten Arbeit mit sich bringen dürfte[318]. Die Übernahme von Funktionen, die bisher das Parlament wahrgenommen hat, und die teilweise eigenverantwortliche und selbständige Tätigkeit eines Zivilbeauftragten müßten das Ansehen und die Stellung des Parlaments, dessen Funktionen „eine Hülle ohne Kern"[319] zu werden drohen, negativ beeinträchtigen. Es erscheint deshalb im Interesse der Stellung des Parlaments, von dem das Petitionsrecht „als eine Domäne, ja als eine Prestigeangelegenheit empfunden und verstanden wird"[320], angebracht, durch eine weitgehende Einschaltung des parlamentarischen Hilfsdienstes — und zwar in der Form, daß dieser die Eingaben prüft[321] und für die Abgeordneten einen Entscheidungsvorschlag anfertigt — die Parlamentarier in Routinefällen zu entlasten, damit sie in Fällen materieller Berechtigung den durch die Petition sichtbar gewordenen Mängeln mit der erforderlichen Intensität nachgehen können[322]. Dies erscheint wesentlich mehr angebracht zu sein, als daß man durch die Errichtung einer neuen Institution[323] dem Parlament die „seltene Gelegenheit" nimmt, bei der Bearbeitung der Petitionen „die Hand am Pulsschlag des Volkes zu halten"[324].

Ehmke[325] hat ferner die Einsetzung eines Parlamentsbeauftragten für den Bereich der Rüstung vorgeschlagen, der mit dem Haushaltsausschuß und den Rechnungsprüfungsbehörden zusammenarbeiten und den „Außendienst" für die ständigen Ausschüsse übernehmen soll. Es mag die Überlegung vorgetragen sein, ob es bei — erforderlichenfalls — an-

---

[318] So auch *Ehmke*, 45. DJT, Verhandlungsberichte Teil E, S. 31.

[319] *Kleinrahm*, AÖR Bd. 79, S. 142.

[320] *Klein* in v. Mangoldt - Klein, Art. 17, Anm. II 2.

[321] Ähnlich die Darlegungen der Berichterstatterin Abg. Frau *Wessel* in der 74. Sitzung der 4. WP des Deutschen Bundestages, Sten.-Ber., S. 3494 D, 3495.

[322] In einigen Fällen haben Mängel, die durch Petitionen offenbar wurden, zu Gesetzesänderungen geführt. Nach den Darlegungen des Berichterstatters Abg. *Böhme* im Deutschen Bundestag haben 8 % der Petitionen Lücken oder Härten bestehender Gesetze erkennen lassen und teilweise Änderungen bewirkt, Sten.-Ber. der 97. Sitzung der 4. WP, S. 4464 c, 4465 b. Daß nur teilweise gesetzgeberische Konsequenzen aus mangelhaften Gesetzen gezogen wurden, dürfte vorwiegend daran liegen, daß der Bundestag Petitionen fast ausschließlich im Petitionsausschuß und nur selten in Fachausschüssen behandelt (*Trossmann*, S. 66), in denen Abgeordnete sitzen, die wegen ihrer Resonanz eher Gesetzesänderungen durchzusetzen vermöchten.

[323] Vgl. Günter *Dürig* in Maunz - Dürig, Art. 45 b, S. 3, 4, Rdn. 4.

[324] So *Klein* in v. Mangoldt - Klein, Art. 17, Anm. II 2; ähnlich die Darlegungen der Berichterstatterin Abg. Frau *Klee* in der 169. Sitzung der 4. WP des Deutschen Bundestages, Sten.-Ber. S. 3096 a: „Der Petitionsausschuß ist zu einer unmittelbaren Kontaktstelle zwischen Volk und Parlament geworden."

[325] *Ehmke*, 45. DJT, Verhandlungsberichte Teil E, S. 38.

gemessener Ausprägung des Minderheitenrechts nicht angebracht erscheint, daß die Ausschüsse selbst durch Zuhilfenahme eines hinreichend großen Stabes von Assistenten auf dem Gebiet der Verteidigung, insbesondere der Rüstungsausgaben eine intensive Kontrolle ausüben[326]. Dabei könnte der Hilfsdienst auch Aufgaben im „Außendienst" versehen und somit die Abgeordneten entlasten.

Die zu den Vorschlägen, Parlamentsbeauftragte für die Zivilverwaltung und die Rüstung einzusetzen, aufgezeigten Alternativen haben den Vorteil, daß die Abgeordneten, unterstützt durch einen Hilfsdienst, dessen Tätigkeit dem Parlament selbst zugerechnet wird, *unmittelbar* einen erheblichen Teil der Kontrollaufgaben wahrnehmen könnten. Angesichts der nur geringen Zahl der von den Abgeordneten stammenden, zudem technisch oft mangelhaften Gesetzentwürfe, angesichts des Einwirkens der Interessenvertreter auf das Gesetzgebungsverfahren und angesichts des Umstandes, daß wichtige politische Fragen schon entschieden und durch Publikationsmittel bekanntgegeben werden, bevor sie das Parlament erörtert, erscheint es unangebracht, weitere bisher vom Parlament wahrgenommene Aufgaben auf mit erheblicher Selbständigkeit versehene Institutionen zu übertragen[327], will man sich nicht der Frage aussetzen, welche seiner ursprünglichen Funktionen das Parlament überhaupt noch bewahrt habe.

Die stets neu erhobene Forderung nach einer lebendigen parlamentarischen Demokratie und deren Verankerung im Volksbewußtsein erscheint unvereinbar mit der weiteren Schmälerung parlamentarischer Kontrolltätigkeiten.

---

[326] Der Bericht der vom Schweizer Nationalrat und vom Ständerat eingesetzten Kommissionen zur Klärung der Mirage-Angelegenheit — bei dem Beschluß des Nationalrates über die Anschaffung des Flugzeugtyps „Mirage" war das Parlament auf Grund mangelnder Informationen von erheblich geringeren Kosten ausgegangen — hat zwecks erhöhter Wirkungskraft und Selbständigkeit des Parlaments die Errichtung eines parlamentarischen Dokumentationsdienstes vorgeschlagen; siehe den Bericht der Kommissionen, S. 68 ff.

[327] Das britische Unterhaus, das im April 1967 einen „Parlamentarischen Kommissar für die Verwaltung" eingesetzt hat, hat diesen kennzeichnenderweise nur mit sehr wenigen Rechten versehen — der Beauftragte darf nur auf Empfehlung eines Abgeordneten hin tätig werden —, damit die Kontrollfunktion des Parlaments nicht in Frage gestellt wird (Frankfurter Allgemeine Zeitung vom 13. 10. 1965, „Weißbuch über Verwaltungskontrolle" und vom 1. 4. 1967 „Auch England hat einen Ombudsman". Daß diese Einrichtung in England, wo es keinen Petitionsausschuß im Parlament gibt und wo Eingaben lediglich von dem zuständigen Wahlkreisabgeordneten behandelt werden können (*Bauer*, S. 18), zudem anderen Voraussetzungen unterliegt als im Bundestag, dürfte eine gewisse Vorsicht gegenüber Institutionen aufzeigen, die auf Grund einer anderen verfassungsrechtlichen Ausgangslage entstehen.

4. Berechtigung und Verpflichtung des Deutschen Bundestages zur hinreichend starken Einrichtung eines Hilfsdienstes?

Die Notwendigkeit eines Hilfsdienstes wurde aus verschiedenen Gründen, u. a. im Interesse einer rechtstechnisch einwandfreien Gesetzgebung und einer objektiven Willensbildung der Abgeordneten bejaht. Daß Artikel 40 Abs. 1 GG dem Bundestag ein Recht zur Einrichtung eines Hilfsdienstes gibt, bedarf keiner näheren Darlegung. Die Frage aber, ob neben der *sachlichen* Erforderlichkeit des Dienstes auch eine *verfassungsrechtliche* Verpflichtung des Bundestages zur Errichtung hinreichend starker Hilfsinstitutionen besteht, wurde in dieser Arbeit bisher nicht gestellt. Schramm[328] hat diese Frage bejaht, wobei er von folgenden Gedanken ausgegangen ist: Das Parteienparlament ist als „Mittelgelenk"[329] der politischen Ordnung offen sowohl in Richtung der Parteien und Sozialverbände als auch gegenüber den nichtparlamentarischen Herrschaftsorganen. Das Parlament hat dabei die Aufgabe, Integrationsfaktor zu sein. Der „Integrationsauftrag" an das Parlament schreibt insbesondere interpersonelle und interparteiliche Arbeit vor. Anders als durch Institutionen, die spezifisch auf die Integrationsfunktion eingestellt und nur dieser verpflichtet sind, kann der parlamentarische Auftrag nicht erfüllt werden: „Der *Verfassungsauftrag* an den Bundestag geht mithin auch dahin, seine Organisationsgewalt zur Schaffung von Einrichtungen zu nutzen, die diese Integrationsfunktion vollziehen können." Die für die Gesetzgebungsarbeit erforderliche Unabhängigkeit der Meinungsbildung verlangt ein Mindestmaß parlamentarischer Assistenz. Indem der Bundestag nicht die Einrichtungen geschaffen hat, die eine eigenständige Willensbildung ermöglichen, beging er eine „verfassungswidrige Unterlassung"[330].

Der Auffassung Schramms, der Bundestag sei qua Verfassungsauftrag zur Errichtung eines hinreichend starken Hilfsdienstes verpflichtet, kann aus verschiedenen Gründen nicht gefolgt werden.

Einmal stellt die von Schramm hervorgehobene Integrationsfunktion des heutigen Parlaments keinen Verfassungsauftrag dar. Lehre[331] und Rechtsprechung[332] verwenden den Begriff „Verfassungsauftrag" dort, wo der Gesetzgeber durch eine Vorschrift der Verfassung einen Befehl erhält, genauer gesagt, „wo die Verfassung in einer Vorschrift die

[328] *Schramm*, S. 137, 138.

[329] So in Anlehnung an *Stammer*, S. 298.

[330] *Schramm*, S. 145, 149.

[331] *Kalkbrenner*, DÖV 1963, S. 41 ff.; *Ipsen*, DVBl. 1956, S. 358, 359 und Hildegard *Krüger*, DÖV 1957, S. 356, 357, sprechen vom „Verfassungsbefehl".

[332] BVerfGE Bd. 12, S. 270; vgl. auch BVerfGE Bd. 15, S. 185; BVerfGE Bd. 13, S. 253; BVerfGE Bd. 8, S. 216.

Grundzüge einer bestimmten Regelung statuiert, die nähere Regelung in Form eines oder mehrerer Ausführungsgesetze aber dem Gesetzgeber anbefiehlt"[333]. Da ein *Befehl* der Verfassung an den Gesetzgeber, die verschiedenen Kräfte im Parlament zu integrieren, nicht vorliegt, kann somit im Hinblick auf die Integrationsfunktion[334] des Parlaments nicht von einem Verfassungsauftrag gesprochen werden. Wenn Stammer[335], an den sich Schramm anlehnt, das Parlament angesichts der Verbände und Parteien als Integrationsmittel bezeichnet und ihm eine Integrationsfunktion zuteilt, dann ist diese Integrationsfunktion *politisch-gesellschaflicher* Art.

Der Integrationsauftrag ist somit auch politisch-gesellschaftlich zu interpretieren[336], nicht aber im Sinne einer auf einer Verfassungsvorschrift beruhenden *rechtlich* erzwingbaren Verpflichtung des Parlaments[337]. Da somit die Integrationsfunktion rechtlich keinen Verfassungsauftrag darstellt, kann die Einrichtung des Hilfsdienstes, also eines Mittels, das dem Vollzug dieser Aufgabe dient, erst recht nicht qua Verfassungsauftrag begründet werden[338].

Hilfsweise mag noch eine andere Überlegung vorgetragen werden gegen die Annahme eines Verfassungsauftrags, wie ihn Schramm im Interesse der eigenständigen Willensbildung der Abgeordneten und somit vor allem deswegen verlangt, damit der Bundestag „sein Gesetzgebungsmonopol wirksam nutzen kann"[339]:

Das Bundesverfassungsgericht[340] hat in einem Fall, in dem der Bundesgesetzgeber Vorschläge für ein Gesetz von einem Interessenverband

---

[333] *Kalkbrenner*, aaO., der im übrigen im Anschluß an *Ipsen*, aaO., eine Unterteilung der Verfassungsaufträge vornimmt.

[334] Vgl. *Smend*, S. 38 ff.

[335] *Stammer*, S. 294 ff.

[336] Vgl. auch *Wittkämper*, S. 177, der hinsichtlich der Aufgabe des Bundestages, den Allgemeininteressen zu dienen, von einem „staatspolitischen Verfassungsauftrag" spricht.

[337] Die Bedenklichkeit der Auffassung von *Schramm*, der Bundestag sei qua Verfassungsauftrag auch zur Einrichtung eines Hilfsdienstes verpflichtet, zeigt sich an der durch seine Folgerung, der Bundestag habe wegen der mangelnden Einrichtung des Dienstes eine verfassungswidrige Unterlassung begangen, bedingte Frage nach den Rechtsfolgen der Verfassungswidrigkeit (Nichtigkeit der Gesetze, die unter diesen Verhältnissen entstanden?).

[338] Es erscheint zudem sehr fraglich, ob der auf das Gemeinwohl gerichtete Integrationsauftrag — wie *Schramm*, S. 138, annimmt — dem Parlament „geradezu vorschreibt", parlamentsinterne Hilfseinrichtungen zu schaffen mit der Folge, daß der „Verfassungsauftrag" sich *sachlogisch* auch auf die Einrichtung eines Hilfsdienstes erstreckt; andere Mittel, z. B. eine größere Unabhängigkeit der Abgeordneten von den Interessenverbänden und parteipolitischen Überlegungen, scheinen zumindest mehr zur Erfüllung des Integrationsauftrages geeignet zu sein.

[339] *Schramm*, S. 137.

[340] BVerfGE Bd. 4, S. 7, 25.

ohne ausreichende sachliche Nachprüfung übernommen und gründliche Ermessenserwägungen nicht angestellt haben soll, und deswegen die Verletzung des Gleichheitssatzes gerügt worden war, entschieden, daß es bei der Frage, ob ein Gesetz gegen den Gleichheitssatz verstößt, nicht darauf ankommt, wie das Gesetz zustande gekommen ist. Erst hinsichtlich des Inhalts stelle sich die Frage, ob die Verfassung beachtet wurde[341]. Das gleiche Gericht hat in einem anderen Fall[342], in dem sich Bundestag und Bundesrat bei der Verabschiedung eines Gesetzentwurfs über die Bedenken ihrer Rechtsausschüsse hinweggesetzt haben sollen, auf die erstgenannte Entscheidung verwiesen, nach der die *Art* des Zustandekommens des legislatorischen Aktes unerheblich ist. Dieser Rechtsprechung ist zuzustimmen, weil im Interesse der Rechtssicherheit nicht auf das subjektive Element einer mehr oder minder hinreichenden parlamentarischen Willensbildung, sondern auf den objektivierten Willen des Gesetzgebers abzustellen ist[343].

Wenn aber der Prozeß der gesetzgeberischen Willensbildung im *konkreten* Fall eines Gesetzes solange nicht ausreicht, dessen Verfassungswidrigkeit zu begründen, als es nicht nach seinem Inhalt gegen die Verfassung verstößt, dann kann eine *im allgemeinen* oft vorhandene mangelhafte Willensbildung der Abgeordneten erst recht kein verfassungswidriger Zustand sein, zwecks dessen Beseitigung ein parlamentarischer Hilfsdienst verfassungsrechtlich geboten ist[344].

Gute Arbeit zu leisten, insbesondere Sachverstand bei der Bewältigung der gestellten Aufgaben aufzuweisen, ist die Pflicht eines jeden obersten Bundesorgans, ohne daß deshalb eine verfassungsrechtliche Erzwingbarkeit hierfür begründet werden müßte[345]. Es kann somit festgestellt werden, daß ein parlamentarischer Hilfsdienst zwar aus sehr verschiedenen Gründen sachlich erforderlich, dem Ansehen der Volksvertretung dienlich und Ausdruck eines „besseren Selbstverständnisses des

---

[341] Zur Gestaltungsfreiheit des Gesetzgebers vgl. BVerfGE Bd. 17, S. 122, 130; BVerfGE Bd. 17, S. 210, 216.

[342] BVerfGE Bd. 11, S. 105, 126.

[343] Ebenso der Hessische Staatsgerichtshof in seiner Entscheidung vom 21. 9. 1966, DVBl. 1967, S. 83.

[344] Der verfassungswidrige Zustand könnte zudem schon deswegen schwer konkretisiert werden, weil es auch Gesetze gibt, die ohne besonderen Sachverstand begriffen werden können, und weil zudem — allerdings nicht in hoher Zahl — einige Abgeordnete, zwar nur für gewisse Sachgebiete der Gesetzgebung, über erheblichen Sachverstand verfügen, so daß in beschränktem Rahmen eine eigenständige Willensbildung möglich ist.

[345] Vgl. BVerfGE Bd. 1, S. 97, 100: „Ein Recht zu schaffen, das den Idealen der sozialen Gerechtigkeit, der Freiheit, Gleichheit, Billigkeit entspricht, ist eine ewige Aufgabe des Gesetzgebers, an welcher der einzelne Staatsbürger nur durch die Ausübung des Wahlrechts unmittelbar Anteil hat."

Parlaments“[346] ist, nicht aber, daß eine verfassungsrechtliche Verpflichtung zu seiner Errichtung bestünde.

5. Organisation und Formen

Die Untersuchung der Ansatzpunkte und Wirkungsmöglichkeiten des parlamentarischen Hilfsdienstes dürfte die Erforderlichkeit des Ausbaus der gegenwärtigen Hilfseinrichtungen im Deutschen Bundestag aufgezeigt haben[347].

Da die Wirksamkeit eines parlamentarischen Beratungsdienstes in erheblichem Maße von seiner Organisation abhängen dürfte[348], sollen im folgenden einige Grundsätze für die Struktur des Dienstes aufgezeigt werden.

Wenngleich bereits an einigen Stellen der Arbeit das Erfordernis eines „unabhängigen“ Hilfsdienstes hervorgehoben wurde und dies für einen parteipolitisch neutralen und fachlich objektiven, innerhalb der Parlamentsverwaltung tätigen Dienst spricht, soll die Frage, ob der Hilfsdienst die aufgezeigten Aufgaben als Fraktionsdienst oder als Abteilung der Parlamentsverwaltung besser wahrnehmen kann, an dieser Stelle ausführlicher untersucht werden.

Waffenschmidt[349] hat vorgeschlagen, die Fraktionen des Bundestages sollten — je nach ihrer Größe — mindestens zwei, höchstens jedoch zehn Abgeordnete zu „Parlamentsräten“ wählen. Die Kosten für diese Stellen hätte das Parlament zu tragen, weil durch sie das Ansehen und die Gestaltungskraft des Deutschen Bundestages gesteigert würden. Waffenschmidt meint ferner, bei einer derartigen Organisation bestünde nicht — wie bei einem beamteten Beratungsdienst — die Gefahr der Bürokratisierung, auch könnte das Amt eines Parlamentsrates ebenso erstrebenswert wie das eines Ministers sein, womit der Volksvertretung qualifizierte Abgeordnete erhalten blieben.

Geht man von den, von Waffenschmidt nicht näher konkretisierten, oben aufgezeigten Aufgaben des Dienstes aus, die insbesondere in der Ausschußarbeit, vor allem in der Gesetzesberatung ihr Schwergewicht haben, dann erheben sich bereits Bedenken gegen einen aus Abgeordneten zusammengesetzten Fraktionsdienst. Die gesetzestechnische Formu-

---

[346] So *Korte*, S. 125; siehe auch die Darlegungen des Abg. *Mommer* in der 119. Sitzung der 1. WP des Deutschen Bundestages, Sten.-Ber. S. 4561 c, d.

[347] Für einen Ausbau des Dienstes in neuerer Zeit ebenso Wissenschaftlicher Beirat, Bulletin der Bundesregierung 1965, Nr. 41, S. 330; *Schramm*, S. 153; *Gillesen* in der Frankfurter Allgemeinen Zeitung vom 24. 3. 1965 („Die Ausrüstung des Bundestages“).

[348] *Kleinrahm*, AÖR Bd. 79, S. 157.

[349] *Waffenschmidt*, S. 124, 125.

lierungshilfe verlangt erhebliche juristische Fertigkeiten, Kenntnis der Terminologie sowie der Rechtsprechung, und es erscheint bereits fraglich, ob die Abgeordneten, selbst die Experten unter ihnen, diese Fähigkeiten aufweisen. Es ist insbesondere zweifelhaft, inwieweit die Fraktionszugehörigkeit und die gerade die Experten, die als erste für das Amt des Parlamentsrats in Frage kämen[350], oft kennzeichnende Bindung an Interessenverbände, die Vermittlung objektiven Sachverstandes durch einen Fraktionsdienst gewährleisten. Vor allem sollen die ohnedies stark belasteten Politiker sich darauf konzentrieren können, Politik zu betreiben. Die Abgeordneten benötigen deshalb einen Hilfsdienst, der — soweit nötig — die richtige Form dafür findet, um das, was die Politiker wollen, im Text eines Gesetzes auszudrücken, und eventuell mögliche Alternativen für die Lösung einzelner Sachfragen aufzeigt[351].

Es kommt an Bedenken hinzu, daß eine Aufteilung des Hilfsdienstes nach Fraktionen sehr kostspielig würde, weil jede Fraktion ihren eigenen Parlamentsrat für ein Spezialgebiet haben muß. Ein Proporzsystem der Parlamentsräte nach der Fraktionsstärke würde zudem die ohnehin ungünstigere Ausgangsbasis der Oppositionsparteien im Stadium der Gesetzesvorbereitung verschlechtern.

Die Überlegungen, die gegen die ausschließliche[352] Errichtung eines fraktionseigenen Hilfsdienstes, der allerdings nicht mit Abgeordneten zu besetzen wäre, sprechen, sind teilweise die gleichen wie die oben angeführten: Eine objektive Informierung der Abgeordneten erscheint fraglich, die Kosten des Hilfsapparates würden erhöht, da jede Fraktion ihre eigenen Fachleute anstellen müßte. Auch ist zu bedenken, daß qualifizierte Sachkenner selten sind und ihre Sachkenntnis deshalb dem gesamten Parlament, nicht aber einzelnen Fraktionen zugute kommen sollte[353]. Da nach der Geschäftsordnung des Bundestages (§ 73 GeschOBT) die Fraktionsassistenten nicht an den Ausschußsitzungen teilnehmen dürfen, entfiele die sehr notwendige Beratung der Abgeordneten während der Sitzungen. Es ist ferner zu bedenken, daß die Tätigkeit in den Fraktionen sehr oft als Durchgangsstadium begriffen wird und deswegen nur selten Spitzenkräfte für länger dort tätig sind.

---

350 *Waffenschmidt*, aaO.

351 Vgl. *Schäfer*, Der Bundestag, S. 296.

352 Daß auch die Fraktionen eines Mitarbeiterstabes, insbesondere für die Tätigkeit ihrer Arbeitskreise und die Unterstützung der Arbeitskreisvorsitzenden bedürfen, ist anzuerkennen. Der Umfang der gegenwärtig bestehenden fraktionseigenen Hilfsstäbe im Deutschen Bundestag dürfte in etwa ausreichen, um die in den Fraktionen anfallenden Arbeiten zu bewältigen.

353 Vgl. J. H. *Kaiser*, Sachverstand und Politik S. 73: „Schon die Vermehrung und Vergrößerung von Sachverständigengremien birgt die Gefahr der Niveausenkung, da die Intelligenzreserven eines Volkes nicht unerschöpflich sind."

Die hinsichtlich des Fraktionsdienstes vorgebrachten Bedenken dürften gegenüber einem in die Parlamentsverwaltung eingebauten Beratungsdienst nicht durchgreifen. Ein vorwiegend beamteter, in einem gewissen Maße mit Volljuristen besetzter parlamentarischer Beratungsdienst würde insbesondere auch den schwierigen Aufgaben der Gesetzesformulierung gerecht werden. Auch dürfte die politische und fachliche Objektivität eines Hilfsdienstes möglich sein: Der Auffassung[354], das Mitglied des parteipolitisch neutralen parlamentarischen Hilfsdienstes gleiche einem Rechtsanwalt, dem der Gesetzgeber bei Strafe verbietet, in derselben Rechtssache beiden Parteien zu dienen, kann nicht gefolgt werden. Bei dem Vergleich wird die Stellung des Beratungsdienstes innerhalb der Parlamentsarbeit falsch gesehen. Denn die Mitglieder des Beratungsdienstes treten nicht als Anwälte auf, deren Handeln für ihre Parteien verbindlich[355] ist, sondern sie ähneln mehr dem Gutachter, der Entscheidungsmotive liefert, deren Übernahme jedoch von der Entscheidung des einzelnen Parlamentariers abhängt. Die anerkannte fachliche Objektivität z. B. des Legislative Reference Service im amerikanischen Kongreß und des Beratungsdienstes im Niedersächsischen Landtag mag zudem aufzeigen, daß bei einer die politische Unabhängigkeit der Hilfseinrichtungen hinreichend berücksichtigenden Organisation deren Objektivität gesichert ist[356].

Dürfte sich somit ein in die Parlamentsverwaltung eingegliederter Hilfsdienst empfehlen, so stellt sich die Frage, wie seine Tätigkeit bei den Ausschüssen, die das „Herzstück der parlamentarischen Tätigkeit"[357] sind, zu organisieren ist.

Die Organisation des Assistenzdienstes wäre dergestalt denkbar, daß mehrere, von der Materie her verwandte Ausschüsse jeweils einen gemeinsamen Assistentenstab erhalten, der in den Ausschüssen je nach Bedarf tätig zu werden hätte[358]. Schramm[359] hat ferner erwogen, ob nicht zusätzlich zu dem bisherigen Assistentenstab des Deutschen Bundestages fünf bis zehn wissenschaftlich gut geschulte Kräfte dem Abteilungsleiter,

---

[354] So Landtagspräsident Dr. *Gurk* (Baden-Württemberg) in seiner schriftlichen Auskunft vom 11. 6. 1965.

[355] Vgl. § 85 ZPO.

[356] Da zudem eine Interessenkollision überhaupt nur möglich wäre, wenn der Hilfsdienst in Fällen aktiv wird, in denen die Fraktionen unterschiedlicher Auffassung sind, entfiele eine Kollision z. B. weitgehend in der Ausschußberatung, bei der Petitionsbehandlung und bei der Dokumentationstätigkeit. Dies übersieht *Creutzig* (DVBl. 1967, S. 228), wenn er wegen der Möglichkeit einer Interessenkollision den fraktionseigenen Hilfsdienst, dessen erhebliche Nachteile er nicht aufführt, als beste Lösung bezeichnet.

[357] *Böhm*, Neue Gesellschaft 1964, S. 347.

[358] Siehe *Pikart*, ZfPol. 1962, S. 208; *Schramm*, S. 156, 157.

[359] *Schramm*, S. 158.

der dann nicht länger auf den Einsatz von Referendaren angewiesen wäre, zugewiesen werden sollten.

Bei beiden Modellen hat als Grundsatz zu gelten, daß angesichts der zahlreichen und von der Materie her unterschiedlichen Aufgaben, die dem Hilfsdienst in der Ausschußarbeit gestellt sind, dessen Mitglieder nicht gleichzeitig in erheblichem Maße technische neben wissenschaftlichen Arbeiten erledigen können. Die die Ausschußassistenten des Bundestages zeitlich stark beanspruchende Vorbereitung der Ausschußsitzungen und andere technische Aufgaben sollten, wie es auch in den Landesparlamenten geschieht, von Beamten des gehobenen Dienstes bewältigt werden. Dann könnten die Assistenten sich dringend erforderlichen Aufgaben in der Ausschußarbeit, z. B. der Formulierungshilfe, mehr als bisher widmen[360]. Gerade die Bundesgesetzgebung ist zu verwickelt, als daß eine nur gelegentliche, kurzzeitige Beschäftigung mit ihr ausreichen würde, die Abgeordneten wirksam zu unterstützen.

Gegen die Tätigkeit von Gruppenstäben hat Pikart[361] eingewendet, die einzelnen Ausschüsse könnten aus falschen Gleichheits- und Prestigegründen unverhältnismäßig hohe personelle Anforderungen stellen, auch könnten Gruppenstäbe das Ziel des Bundestages, die Zahl seiner Ausschüsse zu verringern, gefährden und zu einer Zementierung der Ausschüsse führen. Die Ausschußassistenz müsse ein „wendiges Organ" mit rein technischem Charakter und ohne ein besonderes Eigengewicht bleiben.

Gegen die für einige Ausschüsse nach der Auffassung von Pikart bestehende „Zementierungsgefahr" hat Schramm[362] zutreffend hervorgehoben, daß gerade Gruppenstäbe flexibel sind und der in den Legislaturperioden unterschiedlichen Zahl der Ausschüsse Rechnung tragen. Die von Schramm aber andererseits aufgezeigte Gefahr, bei Gruppenstäben könnte es zu einem Tauziehen der Gruppen bzw. der Ausschüsse kommen, und dadurch könnten auch Ausweitungstendenzen entstehen, dürfte gering sein, weil die Abgeordneten bisher wenig Neigung zur Ausdehnung des parlamentarischen Hilfsdienstes gezeigt haben[363], und der Beratungsdienst mit wenigen Ausnahmen nur auf Antrag der Abgeordneten hin tätig wird.

---

[360] Vgl. *Pikart*, ZfPol. 1962, S. 209; *Schramm*, aaO.

[361] *Pikart*, ZfPol. 1962, S. 208.

[362] *Schramm*, S. 157.

[363] Der Umstand, daß viele Bundestagsausschüsse sich zur Zeit mit einem, zudem nicht nur für sie tätigen Assistenten begnügen, dürfte die Befürchtung *Pikarts* widerlegen, falsche Prestigegründe könnten zur Hebung der Assistentenzahl führen.

Die Gruppenstäbe genießen aber auch gegenüber einem wissenschaftlichen Abteilungsstab, der — wie Schramm[364] es erwägt — vom Abteilungsleiter jeweils für die Erledigung von Sonderaufträgen eingesetzt wird, den Vorteil, daß sie die bei dem Schwierigkeitsgrad der Bundesgesetzgebung gebotene Spezialisierung der Assistenten ermöglichen. Es erscheint angesichts des Schwierigkeitsgrades der Bundesgesetzgebung nicht zweckmäßig, daß ein Assistent, der im Finanzausschuß tätig war, mit Sachkenntnissen, die den Abgeordneten eine adäquate Unterstützung bei der Erörterung von Gesetzesvorlagen mit einer hoch spezialisierten Ministerialbürokratie sein sollen, von heute auf morgen im Verteidigungs- oder sozialpolitischen Ausschuß eingesetzt wird. Auch kann, zumal wenn von den Assistenten auch Formulierungshilfe erbracht werden soll, nicht verlangt werden, daß sie die jeweilige Terminologie bei Einsätzen in verschiedenen Ausschüssen sogleich beherrschen. Leitbild für die Qualifikation der in Gruppenstäben tätigen Assistenten sollte der Senior Specialist des amerikanischen Kongresses sein[365]. Um die Tätigkeit der in den verschiedenen Bundestagsausschüssen arbeitenden Ausschußassistenten bei unterschiedlichem Arbeitsanfall regulieren zu können, erscheint die Steuerung des Dienstes durch einen Abteilungsleiter geboten[366], der zudem etwaigen Konkurrenzen unter den Assistenten entgegenwirken könnte.

Neben der Ausschußassistenz dürfte die wissenschaftliche Abteilung auch weiterhin erforderlich sein, um jene Aufgaben zu bewältigen, die dem parlamentarischen Hilfsdienst außerhalb der Ausschußarbeit gestellt sind, wie beispielsweise die Zusammenstellung von Material bei Ausübung der Gesetzesinitiative. Dabei wäre es angebracht, für sachlich sehr bedeutsame Gesetzgebungsmaterien wie beispielsweise Sozial-, Steuer- und Innenpolitik qualifizierte Spezialisten in der Parlamentsverwaltung anzustellen[367], die im Falle der Arbeitsüberlastung des entsprechenden Fachausschusses an diesen auf Zeit abgeordnet werden können[368]. Der von seiner Stellung im Parlament sehr peripher gelagerte

---

[364] *Schramm*, S. 158.

[365] Ein interfraktioneller Antrag (Fraktionen der CDU/CSU, SPD, FDP, BP, des Zentrums und der WAV) aus dem Jahre 1950 sah vor, für die verschiedenen, wichtigen Fachgebiete im Parlament „15 qualifizierte Spezialisten", unterstützt durch 28 wissenschaftliche Assistenten, im Bundestag zu beschäftigen. Der interfraktionelle Antrag, dessen parlamentarische Behandlung nur begrenzt nachprüfbar ist, verfiel aus verschiedenen, zum Teil finanziellen Gründen der Ablehnung, siehe *Kruse*, S. 20/16, 20/17.

[366] *Schramm*, S. 158.

[367] Siehe *Pikart*, ZfPol. 1962, S. 209.

[368] Ministerialbeamte für kürzere oder längere Zeit für die Ausschußarbeit abzustellen, erscheint deswegen nicht sehr sinnvoll, weil die Bindung zur Exekutive ihren vollen Einsatz für die Ausschußarbeit, insbesondere bei Divergenzen zwischen Ausschuß und Ministerium, verhindern könnte; vgl. *Schramm*, S. 156.

wissenschaftliche Dienst würde dadurch mehr in die parlamentarische Arbeit integriert[369], und eine zu theoretische Ausrichtung seiner Mitglieder würde verhindert.

Dürfte bei dem aufgezeigten Aufgabenbereich der wissenschaftlichen Abteilung eine gewisse Vergrößerung der Mitarbeiterzahl zwar geboten sein, so hat sich andererseits die bisherige Organisation und Arbeitsmethode — Lenkung des Dienstes durch einen Abteilungsleiter und die von ihm vorgenommene Verteilung der Aufgaben — bewährt[370].

Entscheidend für die Wirksamkeit des Assistenzdienstes und der wissenschaftlichen Abteilung ist allerdings in erheblichem Maße die Qualität der Mitarbeiter. Diese hängt aber davon ab, ob der Bundestag die Tätigkeit im parlamentarischen Hilfsdienst attraktiv macht, so daß die Mitarbeiter des Dienstes nicht, nachdem sie sich in eine schwierige Gesetzgebungsmaterie eingearbeitet haben, wegen besserer Aufstiegschancen in den Dienst der Exekutive treten[371]. Die Überlegung, später wieder in einem Bundesministerium tätig zu werden, könnte zudem die Einsatzfähigkeit und die Bereitschaft des Hilfsdienstmitgliedes, den Abgeordneten voll bei der sachlichen Auseinandersetzung mit der Ministerialbürokratie zu unterstützen, in Frage stellen.

Es geht hier keineswegs darum, eine „Beamtenlaufbahn" im Parlament zu ermöglichen[372], sondern es ist vielmehr entscheidend, durch eine angemessene Bewertung der Dienstposten zugleich die sachliche Unabhängigkeit des Hilfsdienstes, ohne die insbesondere seine erfolgreiche Arbeit in den Ausschüssen nicht möglich ist, zu sichern[373].

---

[369] *Schäfer*, Der Bundestag, S. 298: „Die selbständige Leistungsfähigkeit des Bundestages wird weitgehend davon abhängen, inwieweit es gelingt, den Wissenschaftlichen Hilfsdienst und den Ausschußdienst zu echten Mitarbeitern an der Parlamentsarbeit werden zu lassen."

[370] So auch *Pikart*, ZfPol. 1962, S. 209; *Schramm*, S. 158.

[371] Nach den Angaben von *Schramm*, S. 109, haben seit 1949 28 Assistenten ihre Stelle gewechselt, von denen 19 zu anderen Bundesdienststellen übergetreten sind. Damit wird zwar den Befürchtungen entgegengetreten, die Ausschußassistenz könnte zu einer Gefahr für die eigenständige Willensbildung der Ausschußmitglieder werden (*Dechamps*, S. 160, 161); andererseits fragt sich aber, wie bei wiederholtem Personalwechsel eine kontinuierliche Arbeit in den Ausschüssen gesichert werden soll.

[372] So auch *Böhm*, Neue Gesellschaft 1964, S. 350.

[373] Der bisherige Zustand, daß wichtige Ausschüsse von Beamten im Range eines Regierungsassessors oder -rates betreut werden, die zudem nur zeitlich begrenzt von der Exekutive abgeordnet sind, wird nicht den Erfordernissen der Ausschußarbeit gerecht.

III. Erforderlichkeit und Wirkungsmöglichkeiten im Verfassungssystem der Bundesländer

1. Die verfassungsrechtliche Ausgangslage

Gleich dem Bonner Grundgesetz bekennen sich auch die Landesverfassungen zum parlamentarischen Regierungssystem[374] und zur Gewaltenteilung[375]. Die das parlamentarische Regierungssystem kennzeichnende Homogenität von Regierung und Parlament hat jedoch auch in den Bundesländern die einstige Frontstellung der Exekutive zur Volksvertretung erheblich abgebaut und beschränkt die Rivalität weitgehend auf das Verhältnis der Opposition zur Regierung[376].

Die Ansatzpunkte und Wirkungsmöglichkeiten, die sich dabei für einen parlamentarischen Hilfsdienst ergeben, werden im folgenden aufgezeigt, wobei zwecks Vermeidung von Wiederholungen auf allgemeine Erscheinungsformen in den heutigen Parlamenten, die bereits bei der Untersuchung der Möglichkeiten eines Hilfsdienstes im Deutschen Bundestag näher dargelegt wurden, nur kurz eingegangen und im übrigen verwiesen werden soll.

2. Erforderlichkeit und Wirkungsmöglichkeiten auf dem Gebiet der Gesetzgebung

a) Objekt und Charakter der Landesgesetzgebung

Nach dem Bonner Grundgesetz hat der Bund hinsichtlich der Gesetzgebungszuständigkeit ein Übergewicht gegenüber den Ländern[377]. Da der Bundesgesetzgeber seine Gesetzgebungsbefugnisse zudem in vollem Maße genutzt hat, liegt auch das faktische Schwergewicht der Gesetzgebung beim Bund[378].

Der Raum, der der Landesgesetzgebung angesichts der weitgreifenden Bundeslegislative verbleibt, ist somit eingeengt und umfaßt vorwiegend folgende Gebiete: Kulturrecht, Gemeinderecht, Polizeirecht, Landwirt-

---

374 Vgl. die Normen der Landesverfassungen: Baden-Württemberg, Art. 46; Bayern, Art. 44; Berlin, Art. 41; Bremen, Art. 107, 110; Hamburg, Art. 41, 34; Hessen Art. 65; Niedersachsen, Art. 20; Nordrhein-Westfalen, Art. 52; Rheinland-Pfalz, Art. 98; Schleswig-Holstein, Art. 21; Saarland, Art. 89.

375 Siehe die Normen der Landesverfassungen: Baden-Württemberg, Art. 25; Bayern, Art. 5; Berlin, Art. 3; Bremen, Art. 67; Hamburg, Art. 3; Hessen, Art. 26; Niedersachsen, Art. 2; Nordrhein-Westfalen, Art. 3; Rheinland-Pfalz, Art. 77; Saarland, Art. 64; Schleswig-Holstein, Art. 2.

376 *Varain*, S. 306, 307.

377 *Klein* in v. Mangoldt - Klein, Vorbem. III 2 a zu Art. 70.

378 So *Klein* in v. Mangoldt - Klein, aaO., *Katzenstein*, DÖV 1958, S. 595, *Maunz* in Maunz - Dürig, Art. 70, S. 5, Rdn. 9.

schafts- und Wasserrecht, Landesdienst- und Landesfinanzrecht[379]. Dabei verlangen die Fragen, die sich im Hinblick auf die Landesgesetzgebung ergeben, oft detaillierte verfassungs- und verwaltungsrechtliche Kenntnisse und anderes Fachwissen[380], zumal der Umstand, daß der Bundesgesetzgeber seine Kompetenzen auf dem Gebiet der konkurrierenden und der Rahmengesetzgebung weitgehend nutzte, dazu geführt hat, daß viele Landesgesetze einen stark technisch-spezialisierten Charakter aufweisen[381].

Ist somit der Schwierigkeitsgrad der Landesgesetzgebung keineswegs zu unterschätzen, so hat diese andererseits nicht jene diffizilen Normobjekte, deren Regelung dem Bundesgesetzgeber insbesondere im Hinblick auf Fragen der Steuer-, Sozial- und Wirtschaftspolitik obliegt. Die Landesgesetzgebung ist zwar auch verwickelt und schwierig, sie ist aber für den mit ihr konfrontierten, aufgeschlossenen Juristen begreiflich und überschaubar.

Die Folgerungen, die sich im Hinblick auf das gegenüber der Bundesgesetzgebung anders geartete Normobjekt in den Ländern für einen parlamentarischen Hilfsdienst ergeben, werden im folgenden aufzuzeigen sein.

b) Der Dienst und die Ausübung der Gesetzesinitiative

Nach den Verfassungen der deutschen Bundesländer haben die Landesregierung und die Mitglieder des Landtages das Recht, Gesetzesvorlagen im Landtag einzubringen[382]. Der normativen Gleichberechtigung von Parlament und Regierung bei Einbringung der Gesetze steht aber die erhebliche Vormachtstellung der Exekutive bei Ausübung der Gesetzesinitiative gegenüber[383].

---

[379] Vgl. im einzelnen: *Dennewitz* im Bonner Kommentar, Art. 30, Anm. II 2; *Klein* in v. Mangoldt - Klein, Vorbem. III 2 b zu Art. 70; *Kiesinger*, S. 4; *Schweiger* in Nawiasky - Leusser, Art. 70, S. 9, Rdn. 9.

[380] So ausdrücklich der Abg. *Kohl* in der 41. Sitzung der 5. WP des Hessischen Landtages, Sten.-Ber. S. 1804.

[381] *Fleck* in Geller - Kleinrahm, Art. 65, Anm. 1 d.

[382] Die Landesverfassungen von Bremen (Art. 123), Hessen (Art. 117), Rheinland-Pfalz (Art. 108) und von Bayern (Art. 71) sehen vor, daß Gesetzesvorlagen ferner im Wege des Volksbegehrens eingebracht werden können, in Bayern zudem noch vom Senat.

[383] Vgl. im einzelnen: Die Darlegungen von Landtagspräsident *Gockeln* in der 83. Sitzung der 3. WP des Nordrhein-Westfälischen Landtages, Sten.-Ber. S. 2949; Schleswig-Holsteinischer Landtag, 3. WP, Drucks. 947; nach einer schriftlichen Auskunft des Direktors bei der Bürgerschaft Hamburg vom 17. 1. 1966 sind Gesetzesvorlagen aus der Mitte der Bürgerschaft „äußerst selten"; ebenso besteht nach einer Auskunft des Direktors der Bremischen Bürgerschaft vom 26. 1. 1966 kein Zweifel daran, „daß die Mehrzahl der Vorlagen aus der Initiative des Senats an das Plenum herangetragen wird".

Die Gründe für diese Vormachtstellung finden sich einmal in dem Nachwirken der konstitutionellen Monarchie[384], ferner in der bereits dargelegten grundsätzlichen Überlegenheit der Exekutive über die Legislative. Insbesondere wird durch den häufig stark fachlich-technischen Charakter der Landesgesetzgebung die Überlegenheit der Regierung und ihrer oft hochspezialisierten Ministerialbürokratie gegenüber den Abgeordneten noch verstärkt[385]. Daß die Landesgesetzgebung nicht ohne eine gewisse gesetzestechnische Formulierungsfähigkeit und ein erhebliches Maß an Informationen über die verschiedenen Sachgebiete bewältigt werden kann, ist evident. Die Schwierigkeiten, denen der einzelne Abgeordnete sowohl bei der Beschaffung des für die Ausübung der Initiative erforderlichen Quellenmaterials als auch bei der Formulierung des Gesetzentwurfs gegenübersteht, dürfen nicht übersehen werden[386], zumal der Landtagsabgeordnete — anders als viele Bundestagsabgeordnete — das öffentliche Amt in der Regel nur neben seinem eigentlichen Beruf ausübt[387].

Diese Schwierigkeiten führen zur Abhängigkeit des Abgeordneten von der Regierung, deren Vertreter allerdings entweder bei dem Entwurf von Vorlagen, die aus der Mitte des Parlaments kommen, nicht mitwirken dürfen[388], oder, selbst wenn ihnen eine Mitwirkung gestattet ist, die Abgeordneten keineswegs stets mit der erforderlichen Objektivität beraten[389, 390].

Die von den Abgeordneten erarbeiteten und eingebrachten Gesetzentwürfe sind dabei teilweise technisch-redaktionell mangelhaft, was sich das Parlament wiederholt von der Regierung vorhalten lassen mußte[391].

Bei der Frage, ob und welcher Hilfe die Abgeordneten und die Fraktionen zwecks Ausübung der Gesetzesinitiative bedürfen, ist von der im

---

384 *Apelt*, S. 12.

385 *Fleck* in Geller - Kleinrahm, Art. 65, Anm. 1 b.

386 Vgl. die Darlegungen des SPD-Abgeordneten *Käber* in der 50. Sitzung der 3. WP des Schleswig-Holsteinischen Landtages, Sten.-Ber., S. 2101 und die der CDU-Abgeordneten Frau Dr. *Walz* in der 41. Sitzung der 5. WP des Hessischen Landtages, Sten.-Ber., S. 1802.

387 Vgl. *Korte*, S. 125; „Die Welt", Nr. 229 vom 29. 9. 1956 („Ein Gehirntrust in Hannover"); *Bethusy - Huc:* Die soziologische Struktur deutscher Parlamente.

388 z. B. § 26 GemGeschO der Nds. Min. vom 19. 3. 1957; vgl. auch § 87 Abs. 2 der GemGeschO für die Ministerien des Landes Nordrhein-Westfalen.

389 So ausdrücklich die CDU-Abgeordnete Frau Dr. *Walz* in der 41. Sitzung der 5. WP des Hessischen Landtages, Sten.-Ber. S. 1804.

390 Wegen des anderen Normobjekts und — weitgehend hierdurch bedingt — der gegenüber dem Bundestag anders gearteten Strukturierung des Verbandseinflusses in den Ländern ist die Abhängigkeit der Parlamentarier von den Verbänden beim Entwurf der Gesetze geringer; vgl. *Varain*, S. 294.

391 Siehe die Darlegungen des SPD-Abgeordneten *Adler* in der 52. Sitzung der 3. WP des Schleswig-Holsteinischen Landtages, Sten.-Ber., S. 2207.

Hinblick auf den Bundestag gewonnenen, wegen der Wirkungsweise des parlamentarischen Regierungssystems jedoch auch für die Landtage gültigen[392] Feststellung auszugehen, daß die Regierungsparteien in erheblich geringerem Umfang der Unterstützung durch einen parlamentseigenen Hilfsdienst bedürfen als die Opposition[393].

Bei der Zusammenstellung von Tatsachenmaterial, das für die Gesetzentwürfe erforderlich ist, bei deren Abfassung und bei der Überprüfung von Initiativanträgen auf ihre Übereinstimmung[394] mit dem Rechtssystem eines Bundeslandes kann ein Hilfsdienst von erheblicher Bedeutung sein und zudem sicherstellen, daß der gesetzgeberische Wille in eindeutiger Weise zum Ausdruck gelangt.

Die im Hinblick auf den Bundestag getroffene Feststellung, daß es fraglich erscheint, ob ein Hilfsdienst zu einer wesentlichen Steigerung der aus dem Parlament stammenden, vom Plenum verabschiedeten Gesetzentwürfe beitragen würde, dürfte ebenso für die Landesparlamente Geltung beanspruchen wie der Umstand, daß ein Hilfsdienst mit der Verbesserung der Gesetzgebungsarbeit und dem verstärkten Minderheitenschutz auch dem Ansehen der Volksvertretung dient.

c) Die Bedeutung des Dienstes im Rahmen der Ausschußarbeit

aa) Im Hinblick auf die Einwirkung der Ministerialbürokratie

Wie im Bundestag so haben auch in den Landesparlamenten die Spezialisierung der Gesetzgebung und das Erfordernis ihrer sachverständigen Beratung dazu geführt, daß die wesentliche Prägung der Gesetzentwürfe in den Landtagsausschüssen erfolgt[395]. Aus dieser Tatsache heraus ergibt sich die Notwendigkeit einer besonders gründlichen und sachgerechten Ausschußarbeit.

---

[392] *Varain*, S. 306, 307.

[393] Zwar sind die Abgeordneten der Oppositionsfraktionen in den Ländern häufig, z. B. schon bedingt durch ihre Tätigkeit auf kommunaler Ebene, um ein gutes Verhältnis zu den Ministerien bemüht, aber die Abhängigkeit der Landesbeamten von ihrem Ressortminister und das Spannungsverhältnis, das zwischen diesem und der Opposition oft besteht, sind nicht ohne Einfluß auf die Beziehungen der Opposition zu den Beamten. So führte Präsident *Gockeln* auf der 14. Konferenz der Landtagspräsidenten (15.—17. Mai 1958, Niederschrift S. 59) aus: „Es ist doch nicht neu, daß sich diese beiden Seiten (Beamte und Abgeordnete) als zwei feindliche Prozeßparteien gegenüberstehen." Daß in Bayern, Hessen und Schleswig-Holstein die Errichtung eines Hilfsdienstes gerade von der Opposition gefordert wurde, dürfte deren besonderes Verlangen nach parlamentseigenen Hilfsmitteln aufzeigen, siehe auch „Die Welt", Nr. 166 vom 21. 7. 1965 („Der Parlamentsdienst hat sich bewährt.").

[394] Es ist z. B. wiederholt vorgekommen, daß Landtagsabgeordnete Gesetzentwürfe eingebracht haben, die sie von Parteifreunden aus anderen Bundesländern übernommen hatten, die aber keineswegs einwandfrei in das Rechtssystem des Bundeslandes, dem sie zugehörten, paßten.

[395] *Deneke*, ZSt.W Bd. 109, S. 520, 525.

Bei der Beratung der Gesetzesvorlagen in den Ausschüssen tritt der Sachverstand der Regierungsvertreter besonders hervor. Erscheint es auch fraglich, ob der Abgeordnete bei der Ausschußarbeit der Ministerialbürokratie „hilflos ausgeliefert ist“[396], so besteht zumindest eine auch von den Landtagsabgeordneten wiederholt hervorgehobene[397], sehr starke Abhängigkeit des einzelnen Ausschußmitgliedes sowohl vom Sachverstand als auch von der durch die Schwierigkeit gesetzestechnischer Änderungen bedingten, dringend erforderlichen Formulierungshilfe der Ministerialbürokratie[398].

Diese Abhängigkeit ist aber bedenklich, weil die Beamten, soweit sie nicht bereits gehalten sind, die Regierungsvorlagen im Landtag — unabhängig von der unterschiedlichen Auffassung der verschiedenen Ressorts — einheitlich zu vertreten[399], wodurch den Abgeordneten gewisse Motive der Vorlage vorenthalten bleiben, sich häufig am Ressort-Interesse oder an der Politik des vorgesetzten Ministers ausrichten[400]. Auch entstand angesichts oft schwieriger Rechtsfragen bei dem juristisch nicht vorgebildeten Abgeordneten, der ohnehin ein gewisses Mißtrauen gegen den beamteten Juristen verspürt, die Befürchtung, die Verwendung juristischer termini technici diene u. a. dazu, die Ausschußmitglieder zu „überfahren“.

Angesichts dieser Sachlage stellen sich mehrere Aufgaben für einen parlamentarischen Beratungsdienst: Ein an den Ausschußsitzungen teilnehmender Hilfsdienst hat einmal zu verhindern, daß die Ministerialreferenten auf Grund ihres Sachverstandes und ihrer Routine den Ausschußmitgliedern überlegen sind und diese Überlegenheit dazu führt, daß der politische Wille des Abgeordneten als des eigentlichen Gesetzgebers nicht in der erforderlichen Weise Ausdruck findet.

Der Hilfsdienst könnte insbesondere dadurch zu einer objektiven Willensbildung der Abgeordneten beitragen, daß er bei schwierigen

---

396 *Varain*, S. 307.

397 Vgl. die Sten.-Ber. der 41. Sitzung der 5. WP des Hessischen Landtages, S. 1802, 1803; Sten.-Ber. der 52. Sitzung der 3. WP des Schleswig-Holsteinischen Landtages, S. 2207.

398 Darauf, daß auch der Abgeordnete, der Volljurist ist, nicht über die notwendige Erfahrung in der Gesetzgebungstechnik verfügt, hat der CDU-Abgeordnete Dr. *Wagner* in der 41. Sitzung der 5. WP des Hessischen Landtages hingewiesen, Sten.-Ber., S. 1808.

399 So § 2 Abs. 2 der Richtlinien für den Verkehr der Ministerien mit Landtag und Senat in Bayern (Bayer. Staatsanzeiger 1957, Nr. 28 S. 1); § 86 i. V. m. § 68 GemGeschO für die Ministerien des Landes Nordrhein-Westfalen; § 25 Abs. 2 und 3 der GeschO der Nds. Landesregierung vom 17. 7. 1951, Nds.-Min.Bl. 1951, S. 485.

400 Vgl. Sten.-Ber. der 41. Sitzung der 5. WP des Hessischen Landtages, S. 1803; Sten.-Ber. der 50. Sitzung der 3. WP des Landtages von Schleswig-Holstein, S. 2109.

Vorlagen vor den Sitzungen die Ausschußmitglieder, zumindest jedoch den Vorsitzenden und den Berichterstatter, mit Material versieht. Dadurch könnte sich ein echtes Fachgespräch zwischen einigen Ausschußmitgliedern und der Ministerialbürokratie ergeben, ohne daß der Beratungsdienst selbst unmittelbar mit den Regierungsvertretern diskutiert, was den Eindruck entstehen lassen könnte, die Diskussion ginge über die Köpfe der Abgeordneten hinweg. Gerade die Materialzusammenstellung und die vorherige Beratung der Ausschußmitglieder wären eine beachtliche Unterstützung für die in den Landesparlamenten erheblich überwiegende Zahl „büroloser“ Abgeordneter[401]. Diese Unterstützung könnte zudem verhindern, daß viele Ausschußmitglieder, wie es oft geschieht, ohne die gehörige Vorbereitung in der Sitzung erscheinen[402].

Auch dürfte die Beratung des Vorsitzenden und des Berichterstatters während der Ausschußsitzung ein wesentlicher Beitrag zu einer unabhängigen parlamentarischen Willensbildung sein. Den für die Beratung der Abgeordneten erforderlichen Sachverstand dürfte der aufgeschlossene, beamtete Jurist bei dem Charakter der Landesgesetzgebung trotz der aufgezeigten Schwierigkeiten sich aneignen können.

Neben den Wert, den die Beratertätigkeit des Dienstes für die Abgeordneten unmittelbar hat, tritt noch der Umstand, daß bereits das *Vorhandensein* des Dienstes die Ministerialbürokratie zu besonders gründlicher und objektiver Arbeit in den Ausschüssen zwingt[403].

Von wesentlich geringerer Bedeutung dürfte das Wirken des Dienstes im Hinblick auf den Einfluß der Interessenverbände sein. Denn die Einwirkung der Verbände in den Landesparlamenten ist, soweit sie durch Sachverstand begründet ist, erheblich geringer als im Bundestag. Ein entscheidender Grund hierfür dürfte darin liegen, daß das Objekt der Landesgesetzgebung ein anderes als im Bund ist. Der Einfluß, den die kommunalen Verbände[404], der Deutsche Gewerkschaftsbund, die Deutsche Angestelltengewerkschaft sowie die Gewerkschaft der Polizei[405] in den Volksvertretungen der Länder ausüben, darf keineswegs unterschätzt werden[406]; aber der im Vergleich zu den Bundesgesetzen in der Regel geringere Schwierigkeitsgrad der Landesgesetzgebung, der oft ge-

---

[401] *Eschenburg*, Verfassung und Verwaltungsaufbau, S. 56, 58, weist insbesondere auf diese Funktion des Hilfsdienstes hin; ähnlich *Kleinrahm*, AÖR Bd. 79, S. 155.

[402] So „Die Welt“, Nr. 229 vom 29. 9. 1956 („Ein Gehirntrust in Hannover“).

[403] So ausdrücklich die CDU-Abgeordnete Frau Dr. *Walz* in der 41. Sitzung der 5. WP des Hessischen Landtages, Sten.-Ber., S. 1803.

[404] *Varain*, S. 293.

[405] *Stammer - Hirsch - Weber*, S. 206.

[406] Im einzelnen siehe die Beispiele bei *Varain*, S. 292 ff.

ringe Sachverstand des Abgeordneten-Interessenvertreters in den Ländern und eine andere Strukturierung des Verbandseinflusses in den Landesparlamenten, insbesondere die oft zahlreiche Repräsentanz mehrerer Verbände, beispielsweise der Kommunalverbände, lassen den Sachverstand der Interessenvertreter in den Ausschüssen in der Regel nicht wesentlich[407] hervortreten.

bb) Im Hinblick auf die Gesetzestechnik

Eine weitere Aufgabe des Hilfsdienstes in den Ausschüssen dürfte darin bestehen, auf Antrag gesetzestechnische Formulierungshilfe in den Fällen zu gewähren, in denen die Ausschußmitglieder Gesetzesvorlagen abändern. Der Umstand, daß einerseits — wie Kleinrahm[408] hervorhebt — sich hinter Formulierungen und Fassungen des Wortlauts der Vorlage politische Absichten und Wertungen verbergen können, und andererseits die Auswirkungen, die ungenaue Gesetzesformulierungen oft zeitigen können[409], zeigt das besondere Erfordernis einer parlamentseigenen Formulierungshilfe.

Dabei ist es insbesondere die Aufgabe des Hilfsdienstes, darauf zu achten, daß angesichts der vielen Änderungen, die die Parlamentsausschüsse oft an den Gesetzesvorlagen vornehmen, die Folgerichtigkeit der Vorlage sowie eine rechtlich einwandfreie Terminologie, soweit sie besteht, nicht in Frage gestellt werden.

Auf dem Gebiet der Gesetzgebungstechnik kommt einem parlamentarischen Hilfsdienst eine weitere, sehr wesentliche Aufgabe zu: Bereits im Hinblick auf die Bundesgesetzgebung wurde auf die oft mangelhafte Gesetzgebungstechnik der Ministerien hingewiesen. Was die Länder betrifft, so unterliegen die Gesetzentwürfe keineswegs günstigeren Bedingungen. Die Sprache, die mangelnde innere Einheitlichkeit und die oft fehlende Übereinstimmung der Gesetzesvorlagen mit dem Rechtssystem der Bundesländer sind wiederholt kritisiert worden[410].

Ursache hierfür ist einmal, daß seitens der Exekutive eine zentrale Stelle fehlt, die die Gesetzesvorlagen auf ihre rechtssystematische und

---

[407] Eine gewisse Ausnahme gilt für die Vertreter des öffentlichen Dienstes, die oft mit erheblichem Sachverstand bei der Beratung des öffentlichen Dienstrechts in den Ausschußsitzungen hervortreten.

[408] *Kleinrahm*, AÖR Bd. 79, S. 156.

[409] Siehe die Darlegungen von Senatspräsident *Geller* in der 41. Sitzung der 1. WP des Landtages von Nordrhein-Westfalen, Sten.-Ber., S. 295; *Schätzler*, NJW 1957, S. 121.

[410] Siehe die Darlegungen von Senatspräsident *Geller* in der 41. Sitzung der 1. WP des Nordrhein-Westfälischen Landtages, Sten.-Ber. S. 295; ebenso dort in der 37. Sitzung der 1. WP. der Abg. Dr. *Scholtissek*, Sten.-Ber. S. 204; ähnlich dort der Abg. *Kaes*, Sten.-Ber., S. 298.

gesetzestechnische Mangelfreiheit hin untersucht. Angesichts der Mitwirkung der Spezialisten verschiedener Ressorts müssen etwaige gesetzestechnische Änderungsvorschläge des Justizministeriums weitgehend Stückwerk bleiben, da die Redaktion des Gesetzes und die Verantwortung hierfür bei dem federführenden Ressortministerium liegt[411]. Auch dürfte die hohe Zahl der Gesetze nicht ohne Einwirkung auf die Gründlichkeit der Ausarbeitung in den Ministerien gewesen sein, denen zudem Verfassungsexperten fehlen, wie sie einst das Land Preußen in seinem Justiz- und Innenministerium besaß. Vor allem aber muß sich das Fehlen einer Korrekturmöglichkeit, wie sie den Gesetzesvorlagen der Bundesregierung in der Institution des Bundesrates begegnet, beträchtlich auswirken.

Bei dieser Sachlage hat der Hilfsdienst die Aufgabe, vor der Ausschußberatung ex officio die von der Regierung und von den Abgeordneten stammenden Gesetzentwürfe daraufhin zu untersuchen, ob sie gesetzestechnisch mangelfrei sind, die gesetzgeberische Absicht eindeutig erkennen lassen und mit der übrigen Landes- und Bundesgesetzgebung im Einklang stehen. Diese Prüfung soll durch den Dienst deswegen ex officio erfolgen, weil die Abgeordneten einmal nicht die Zeit und nur selten die Sachkenntnis haben, die gesetzestechnische Qualität der Gesetzentwürfe in den Ausschüssen gründlich zu untersuchen, zum anderen, weil das Interesse der Abgeordneten wesentlich mehr auf die politischen Gesichtspunkte der Vorlage als auf deren gesetzestechnische und rechtssystematische Mängelfreiheit gerichtet ist.

Dabei dürfte der Umstand, daß die Landesgesetzgebung für den aufgeschlossenen, täglich mit ihr konfrontierten Juristen überschaubar ist, den Erfolg für die gesetzestechnische Korrekturarbeit des Dienstes sicherstellen. Auch kann der Dienst in gewissem Umfang dem Ressortdenken der Ministerien erfolgreich begegnen. Hierfür spricht insbesondere der bereits als überschaubar bezeichnete Rahmen der Landesgesetzgebung. Die zahlreichen Korrekturen, die der niedersächsische Beratungsdienst den Abgeordneten in rechtlicher, insbesonders in terminologischer Hinsicht an den Gesetzentwürfen vorschlägt, sollen ferner den breiten, im Interesse einer gründlichen Gesetzgebung gebotenen Tätigkeitsbereich eines Hilfsdienstes aufzeigen[412].

---

[411] So ausdrücklich und wiederholt Senatspräsident *Geller*, aaO. als Vertreter des Justizministeriums bei der Beratung über die Einrichtung einer Gesetzgebungskommission in Nordrhein-Westfalen, Sten.-Ber. des Landtages Nordrhein-Westfalen, aaO.

[412] Die gesetzestechnische Korrekturfunktion des parlamentarischen Hilfsdienstes dürfte, da die Qualität eines Gesetzes nicht von der Quantität der Adressaten abhängt, auch in den Bundesländern Berlin, Bremen und Hamburg bestehen, in den beiden letzteren trotz der dortigen Deputationen. Der kleinere Rahmen der Gesetzgebung und, dadurch bedingt, die Möglichkeit

Da es bei den Ausschußmitgliedern liegt, die sachliche Entscheidung über die Annahme der Korrekturvorschläge zu treffen, werden durch diese Tätigkeit des Dienstes Statusrechte der Abgeordneten nicht verletzt.

Über den dargelegten Wirkungskreis hinaus ist es ferner die Aufgabe eines parlamentarischen Beratungsdienstes, bei der Ausarbeitung der Ausschußanträge zu helfen und dem Berichterstatter bei der Abfassung des Ausschußberichtes zu assistieren. Ferner bedarf der Ausschußvorsitzende bei der Geschäftsführung der Ausschußarbeit — Vorbereitung der Sitzungen, Anfertigung der Einladungen u. a. — einer Unterstützung, die jedoch anders als die bisher aufgezeigte Assistenz nicht von Beamten des höheren, sondern des mittleren oder gehobenen Dienstes erbracht werden kann.

3. Wirkungsmöglichkeiten bei der Ausübung der parlamentarischen Kontrolle

Wegen der Wirkungsweise des parlamentarischen Regierungssystems gilt die hinsichtlich des Bundestages getroffene Feststellung, daß lediglich bei der Enquête, bei der Haushaltsberatung in den Ausschüssen, bei der Erledigung der Petitionen und bei der Überprüfung der Rechtsverordnungen sich Wirkungsmöglichkeiten für einen Hilfsdienst ergeben, während die übrigen Kontrollrechte entweder ohne die Assistenz eines Hilfsdienstes ausgeübt werden können oder ihrer Ausübung rein politische Motive zugrunde liegen, und deswegen eine Unterstützung durch einen Hilfsdienst entfällt, auch für die Landesparlamente. Die auch in den Landtagen gegenwärtig relativ geringe Bedeutung des Budgetrechts und der Enquêten[413] bedingt ferner, daß hierbei die Wirkungsmöglichkeiten eines Hilfsdienstes weitgehend technischer Art sein dürften.

Was die Behandlung der Petitionen betrifft, so kann zwar der Dienst durch Vorprüfung der Eingaben und Anfertigung eines Vorschlages die Abgeordneten entlasten, es erscheint aber fraglich, ob hierfür bei der gegenüber dem Bundestag in den Landesparlamenten wesentlich gerin-

---

der Exekutive, die Gesetze besser und gründlicher auszuarbeiten, könnte sich jedoch auf den Umfang der in der Ausschußphase notwendigen Korrekturen auswirken. Es erscheint allerdings fraglich, ob für die dem Hilfsdienst in den übrigen Bundesländern zukommende Aufgabe, die eigenständige Willensbildung der Abgeordneten bei der Ausschußarbeit insbesondere gegenüber der Ministerialbürokratie zu unterstützen, in den Stadtstaaten, in denen Gemeinde und Land ineinander übergehen und Gesetzgebung und Verwaltung wie z. B. in den Bremer Deputationen, oft sehr eng verknüpft sind, ein zwingendes Bedürfnis besteht.

[413] Siehe die Zusammenstellung bei *Partsch*, 45. DJT, Gutachten, S. 224 ff.

geren Anzahl der Petitionen[414] ein zwingendes Bedürfnis besteht. Daß gerade — wie schon hinsichtlich des Bundestages festgestellt — die Behandlung der Petitionen den Landtagsabgeordneten die Möglichkeit bietet, einen Einblick in die Sorgen des Volkes zu gewinnen, dürfte dafür sprechen, daß die Abgeordneten bei der Erledigung von Eingaben nur in Fällen schwieriger Rechts- oder Sachverhaltsfragen die Assistenz des Hilfsdienstes hinzuziehen.

Ebenso wie im Bundestag kann der Hilfsdienst auch in den Landesparlamenten sowohl prüfen, ob die Rechtsverordnungen der Exekutive sich im Rahmen der Ermächtigung halten, als auch untersuchen, inwieweit Beschlüsse der Parlamentsausschüsse beachtet und die in den Ausschüssen gegebenen Zusagen und Erklärungen der Ministerialbürokratie eingehalten wurden. Auch wenn aus den bereits im Hinblick auf den Bundestag genannten Gründen diese Tätigkeit des Dienstes nur einen sehr schmalen Teil seines Aufgabenbereichs darstellen dürfte, so soll sie wegen der im übrigen sehr geringen Möglichkeiten des Dienstes bei Ausübung der parlamentarischen Kontrolle dennoch erwähnt sein.

4. Weitere Ansatzpunkte für den Dienst

Aus den bereits im Hinblick auf den Bund angeführten Gründen dürfte ein parlamentarischer Hilfsdienst auch in den Landesparlamenten weder zwingend erforderlich noch in der Lage sein, die Zahl der Exekutivermächtigungen herabzusetzen; gleichfalls kann die im Hinblick auf die Bundesgesetzgebung dafür angeführte Begründung, daß ein Hilfsdienst nicht in die Gesetzesplanung einzuschalten ist, für die Landtage Geltung beanspruchen.

Über die Wirkungsmöglichkeiten des Hilfsdienstes im Rahmen der parlamentarischen Kontroll- und Gesetzgebungsarbeit hinaus ergeben sich noch Ansatzpunkte für seine Arbeit, die kurz angeführt werden sollen: Oft bedarf der Abgeordnete bei der Bearbeitung von Rechtsfragen, die im Zusammenhang mit seiner Arbeit im Wahlkreis einerseits und der Gesetzgebung andererseits entstehen, der Rechtsberatung, die ein Hilfsdienst vornehmen könnte. Besonders notwendig dürfte die Tätigkeit des Dienstes bei der rechtlichen Erörterung von Fragen sein, die das Verhältnis der Staatsorgane zueinander oder den Abgeordnetenstatus, beispielsweise Fragen der Immunität oder der Aufwandsentschä-

---

[414] Während dem Deutschen Bundestag z. B. in der 1. WP mehr als 25 000 Petitionen (Sten.-Ber. der 280. Sitzung der 1. WP des Deutschen Bundestages, S. 14113 ff.) und in der 3. WP ca. 44 500 Petitionen zugingen, wobei einige Massenpetitionen nicht mitgerechnet sind (*Trossmann*, S. 65), erhielt der Nds. Landtag beispielsweise in der 4. WP 3458 Eingaben (Büro des Nds. Landtages, Drucks. IV, 150).

digung, vor allem auch Fragen betreffen, mit denen sich die Ausschüsse, insbesondere der Rechts- und Haushaltsausschuß, außerhalb der eigentlichen Gesetzgebungsarbeit beschäftigen. Der Umstand, daß viele Rechtsfragen sich in den Ausschüssen ergeben, die nicht im Zusammenhang mit der Gesetzgebung stehen und die der Abgeordnete nicht allein zu bewältigen vermag, macht hierfür die Unterstützung der Parlamentarier durch einen Beratungsdienst notwendig.

5. Organisation und Formen

Bei der Frage, ob der parlamentarische Hilfsdienst in den Bundesländern als Fraktionsassistenz oder als eigene Abteilung der Parlamentsverwaltung organisiert werden soll, sprechen die hinsichtlich seiner Organisation im Bundestag angeführten Überlegungen, nämlich die Kostenerwägung, die begrenzte Möglichkeit, hinreichend qualifizierte Mitarbeiter für die Parlamentsarbeit, insbesondere für die Gesetzesformulierung zu gewinnen, ferner die größere Wirksamkeit eines allen Fraktionen zugänglichen Dienstes und der Umstand, daß die Fraktionsassistenten nicht an den Ausschußsitzungen teilnehmen dürfen, für den Einbau des Dienstes in die Parlamentsverwaltung. Es verdient auch Beachtung, daß der fraktionseigene Hilfsdienst vorwiegend der Fraktion, nicht aber, wie der in die Parlamentsverwaltung eingegliederte Hilfsdienst, für das ganze Parlament, insbesondere für dessen Ansehen und Wirkungskraft, von Nutzen ist[415].

Da dem parlamentarischen Hilfsdienst in den Ländern eine äußerst wesentliche Funktion bei der juristisch-redaktionellen Überarbeitung der Gesetzentwürfe zukommt, die oft eine gründliche Kenntnis der Vorstellungen und Absichten der Abgeordneten verlangt, bedarf er insbesondere des Vertrauens aller Fraktionen[416], so daß es sich nicht empfiehlt, einzelnen Fraktionen ein Vorschlagsrecht für die Besetzung der Mitglieder des Dienstes einzuräumen; notwendig, aber auch ausreichend erscheint es, daß das Parlamentspräsidium über die Anstellung der Mitglieder des Hilfsdienstes entscheidet[417].

Trotz des unterschiedlichen Arbeitsanfalles in den verschiedenen Landesparlamenten dürfte wegen der in jedem Fall gegenüber dem Bun-

---

[415] So auch die Parlamentspräsidenten *Johnen, Bach* und *van Volxem* auf der 25. Konferenz der Landtagspräsidenten (Oktober 1964, München), Niederschrift S. 83, 84; 91, 92; 80.

[416] Auch die Gesetzentwürfe der FDP-SPD-Fraktion im Bayerischen Landtag und der CDU-Fraktion im Hessischen Landtag sehen vor, daß der Dienst sich keiner politischen Richtung verpflichtet fühlen darf.

[417] Demgegenüber meint *Immesberger* (S. 178), ein *Parlamentsausschuß* sollte die Mitglieder eines neutralen Hilfsdienstes einstellen und dessen Tätigkeit überwachen.

destag wesentlich geringeren Arbeitsbelastung des Dienstes sowie des geringeren Schwierigkeitsgrades der Gesetzgebung bei gesonderter Erledigung der technischen Arbeiten in den Ausschüssen der personale Bestand des Beratungsdienstes nicht allzu hoch sein, d. h. der Dienst wird sich zwischen zwei und vier Mitgliedern bewegen[418]. Dieser geringe Personalbestand des Hilfsdienstes und der besondere Charakter seiner Tätigkeit lassen eine Gleichberechtigung seiner Mitglieder angebracht erscheinen. Der Charakter der Landesgesetzgebung dürfte auch nicht zwingend eine Spezialisierung der Assistenten gebieten[419]. Die im Hinblick auf einen Beratungsdienst im Bundestag getroffene Feststellung, daß der Erfolg seiner Tätigkeit in erheblichem Maße von der Qualifikation und sachlichen Unabhängigkeit seiner Mitglieder abhängt, gilt gleichermaßen auch für die Landesparlamente.

---

[418] Die von den Oppositionsfraktionen im Hessischen und Bayerischen Landtag eingebrachten Gesetzentwürfe über die Errichtung eines parlamentarischen Hilfsdienstes sehen jeweils drei Mitglieder für den Dienst vor.

[419] Vgl. § 8 Abs. 3 der Richtlinien des Wissenschaftlichen Dienstes im Landtag von Rheinland-Pfalz. Der Beratungsdienst im Niedersächsischen Landtag hat sich nicht spezialisiert, wohl aber bei der Verteilung der Aufträge gewisse Schwerpunkte hinsichtlich der Gebiete Kommunal-, Schul- und Beamtenrecht gebildet.

Drittes Kapitel

Einwände gegen den parlamentarischen Hilfsdienst aus verfassungsrechtlicher und verfassungspolitischer Sicht

I. Allgemeine Einwände

1. Die Beeinträchtigung der eigenständigen Willensbildung der Abgeordneten

Die Bedeutung, die dem Sachverstand angesichts der zunehmenden Arbeitsteilung im Staat zukommt, ist aufgezeigt worden. Die Befürchtung, daß sich aus einem mit eigenem Sachverstand ausgerüsteten Hilfsdienst für die eigenständige Willensbildung der Abgeordneten Gefahren ergeben könnten, wird von Parlamentariern und auch in der Literatur wiederholt geäußert und zum Teil als Argument gegen die Einrichtung eines parlamentarischen Hilfsdienstes vorgebracht.

Bundestagspräsident Dr. Gerstenmaier[1] hat die Meinung vertreten, ein beachtlicher Ausbau des Hilfsdienstes als einer Sachverständigengruppe im Deutschen Bundestag würde dazu führen, daß die Abgeordneten sich „in der engen Schlucht unten auf dem schmalen Fußweg zwischen den Gebirgen der Sachverständigen von Legislative und Exekutive“ befänden: „Ob die Sachverständigen sich dann über unsere Köpfe hinweg verbinden oder ob der eine sich als unser Schützen- und Eideshelfer oder als sonst etwas betrachtet — wir werden so oder so schließlich von den Sachverständigen abhängig sein.“ Auch von anderen Abgeordneten[2] wurde die Ansicht geäußert, ein Beratungsdienst könnte die Parlamentarier „überfahren“, und das Instrument würde sich dann zum Herrn entwickeln.

---

[1] Sten.-Ber. der 166. Sitzung der 4. WP des Deutschen Bundestages, S. 8299 c, d.

[2] Präsident *Hundhammer* auf der 6. Konferenz der Landtagspräsidenten (Oktober 1953, Hamburg), Niederschrift S. 16; siehe auch Sten.-Ber. der 119. Sitzung der 1. WP des Deutschen Bundestages, S. 4563 a; Sten.-Ber. der 15. Sitzung der 3. WP des Nds. Landtages, Sp. 756. Kennzeichnend ist, daß diese Argumente fast ausschließlich von Mitgliedern der Regierungsparteien vorgebracht werden.

In der Literatur hat insbesondere Dechamps[3] im Hinblick auf die Ausschußassistenten des Deutschen Bundestages auf „die ungeheuren und die beunruhigenden Beeinflussungsmöglichkeiten" hingewiesen, die sich vor allem durch die auf Grund langer Beschäftigung mit einem Spezialgebiet erlangten Sachkenntnisse einerseits und die infolge von Zeitnot bedingte Abhängigkeit der Ausschußmitglieder von dem durch die Assistenten vorbereiteten Material ergeben. Auch Leibholz[4], der einem Hilfsdienst gegenüber grundsätzlich positiv eingestellt ist, hat — allerdings nur kurz — die Gefahr erwähnt, daß das Parlament von den Experten des Hilfsdienstes überspielt wird, meint aber, daß es letztlich von der Persönlichkeit des einzelnen Abgeordneten abhängt, „ob er den Apparat oder der Apparat ihn beherrscht".

Eine Erörterung der aufgezeigten Bedenken hat den — nicht immer hinreichend bedachten — Umstand zu berücksichtigen, daß das dargelegte Erfordernis parlamentseigener Sachverständiger nicht bedeutet, daß der objektive Sachverstand regiert, indem dieser ausschließlich die politische Entscheidung bestimmt und somit den Abgeordneten als den verfassungsmäßig zur Entscheidung Berufenen verdrängt[5]. Vielmehr verlangt die Konfrontation des Sachverstandes mit dem spezifisch politischen Bereich immer wieder, daß der Sachverstand staatlichen, nationalen oder internationalen Belangen untergeordnet wird[6]. Inwieweit z. B. die Kohle als Energiequelle volkswirtschaftlich noch rentabel ist, mag der Sachverständige beurteilen, ob trotz einer eventuellen Verneinung dieser Frage die Notwendigkeit einer nationalen oder europäischen Energieversorgung im Krisenfall die Erhaltung dieser Energiequelle verlangt, dürfte der Politiker zu entscheiden haben.

Kaiser[7] hat zutreffend darauf hingewiesen, daß der Sachverstand zwar für die Herrschaftsausübung dringend notwendig ist, daß aber andererseits die Funktionen des Sachverstandes andere sind als die der Politik: „Und außerdem traue ich dem Sachverstand nicht generell politisch-strategische Fähigkeiten zu." Es muß insbesondere berücksichtigt werden, daß das bereits erwähnte punktuelle Denken des Sachverständigen sich häufig als zu begrenzt für die politische Entscheidung erweist.

Da somit der Sachverstand allein keineswegs stets die politische Entscheidung herbeizuführen vermag, noch Sachverstand eine spezifische Eigenschaft des Politikers ist, kann auch der Auffassung, der nicht demokratisch legitimierte Experte würde im Parlament schon kraft

---

[3] *Dechamps*, S. 160.
[4] *Leibholz*, Die Kontrollfunktion, S. 77.
[5] *Leibholz*, Die Kontrollfunktion, S. 75.
[6] *Leibholz*, aaO.
[7] *Kaiser*, Sachverstand und Politik, S. 72.

seines Sachverstandes zum Mitpolitiker, nicht zugestimmt werden. Allerdings ist nicht zu leugnen, daß insbesondere bei sehr schwierigen Materien der Sachverstand und damit auch der Inhaber dieses Fachwissens in erheblichem Maße die Entscheidung des Politikers zu beeinflussen vermag.

Eine formale Betrachtungsweise könnte dieser möglichen Beeinflussung der Willensbildung des Abgeordneten entgegenhalten, daß der parlamentarische Hilfsdienst durch Vermittlung von Sachverstand Fakten und Entscheidungsmotive anbietet, deren Übernahme jedoch von der Entscheidung des einzelnen Abgeordneten abhängt[8, 9].

Dieser Auffassung könnten aber dann Bedenken begegnen, wenn der Abgeordnete z. B. in Ermangelung anderer Fachleute oder „Experten"[10] ausschließlich auf den Sachverstand des parlamentarischen Beratungsdienstes angewiesen ist, und ihm somit kaum ein Kontrollmittel für die Beurteilung der offerierten Fakten oder Auffassungen verbleibt. Das Verhältnis der Abgeordneten zu dem sachverständigen Parlamentsberater wird deshalb erst dann zutreffend erfaßt, wenn man die Zahl und Ausrichtung der Fachleute betrachtet.

In der Ausschußberatung als Regelfall der Einwirkungsmöglichkeit für den Sachverstand parlamentarischer Berater dominiert — wie bereits dargelegt — regelmäßig der Sachverstand der Ministerialbeamten, denen einige Experten der Fraktionen entgegentreten. Der Umstand, daß das erhebliche Fachwissen einiger Abgeordneter oft mit einer starken Interessenausrichtung einhergeht, erschwert zwar eine unabhängige Meinungsbildung der übrigen, fachlich nicht besonders gebildeten Parlamentarier, andererseits aber führt die Existenz der Experten verschie-

---

[8] So *Kaiser*, Sachverstand und Politik, S. 71.

[9] Der Vorschlag von *Immesberger* (S. 179), der Hilfsdienst solle — zwecks Vermeidung von Fehlorientierungen von Abgeordneten — keine Entscheidungsvorschläge ausarbeiten, sondern gutachtlich nur das Für und Wider einer Frage aufzeigen, ist grundsätzlich richtig. Es darf aber nicht übersehen werden, daß viele Aufgabenbereiche des Dienstes, beispielsweise die gesetzestechnische Korrekturarbeit, nicht ohne Aufzeigen sachlich gebotener Formulierungen möglich sind. Gerade die Aufgabe des Dienstes, rechtlich zu den Gesetzentwürfen Stellung zu nehmen, verlangt häufig, etwaige Fehlentscheidungen des Gesetzgebers aufzuzeigen und rechtlich, nicht politisch, geeignetere Lösungen vorzuschlagen.

[10] Dabei werden im Anschluß an Manfred *Kuhn* (S. 13) unter Experten Personen verstanden, die über ein exklusives Fachwissen verfügen, das sich als Herrschaftswissen erweist, wenn es nicht Kontrollen unterliegt. Aus dieser Definition ergibt sich bereits, daß die folgende Erörterung für die gesetzestechnische und die übrige Beratertätigkeit des Hilfsdienstes nur insoweit gilt, als für diese wie z. B. auf dem Gebiet der Sozialpolitik, exklusives Fachwissen erforderlich ist. Dort, wo der Hilfsdienst ohne besonderen Sachverstand z. B. rein juristisch-redaktionell tätig wird, dürfte sich kaum die Möglichkeit ergeben, daß der Abgeordnete „überspielt" wird.

dener Fraktionen dazu, daß die Ministerialreferenten einen oder mehrere Widersacher in der Ausschußberatung finden, und somit ein „Pluralismus der Experten“[11] entsteht.

Der Umstand, daß neben den Sachverstand der Exekutive und der Interessenverbände noch das Fachwissen eines nicht von parlamentsexternen Kräften beeinträchtigten Hilfsdienstes tritt, stellt keine Gefahr für die Willensbildung der Abgeordneten dar, sondern einen Gewinn. Die Kritik an dem Sachverstand eines unabhängigen Beratungsdienstes übersieht nämlich, daß durch die Exekutive und die Verbände ein durch deren Interessen weitgehend „gefärbtes“ Fachwissen in das Parlament eindringt und die Willensbildung der Abgeordneten beeinträchtigt, und zwar ohne jede Rücksichtnahme darauf, ob das Parlament über eigene Hilfsmittel verfügt. Vielmehr ist die Beeinträchtigung der parlamentarischen Willensbildung um so größer, je geringer die eigenen Informationsquellen der Abgeordneten sind. Indem aber das sachverständige Hilfsdienstmitglied ähnlich dem vor Gericht auftretenden Gutachter[12] nur Motive für eine Entscheidung aufzeigt, die der rechtlich Verantwortliche zu tragen hat, wird — wie bei jeder Alternative — die Freiheit des zur Entscheidung Berufenen erweitert[13].

Auch für den Fall, daß ein Pluralismus der Experten nicht existiert und der Abgeordnete in der Ausschußberatung allein dem Sachverstand der Ministerialbürokratie „ausgeliefert“ wäre, hätte der Hilfsdienst durch Aufzeigen etwaiger Alternativen *gerade* seine Berechtigung. Wäre man anderer Meinung, so bedeutete dies die Bereitschaft, den Abgeordneten eher dem Sachverstand einer „Richtung“ unter Umständen ausgeliefert sein zu lassen, als ihm die Möglichkeit einer breiteren und folglich objektiveren Basis für die Willensbildung zu eröffnen.

Auch dürften in vielen Fällen die Einwirkungsmöglichkeiten, die der Dienst kraft seiner Sachkenntnis bei der Erörterung insbesondere rechtlicher Fragen hat, grundsätzlich nicht größer sein als die der schriftlichen Gutachten von Professoren oder sonstwie gedruckter Meinungen in Kommentaren oder Lehrbüchern[14]. Denn es dürfte hinsichtlich der

---

[11] *Kuhn*, S. 12, 14; vgl. auch *Kuhn*, Schweizerische Juristenzeitung 1958, S. 301 ff.

[12] Siehe hierzu *Dünnebier* in Löwe - Rosenberg, § 73 Anm. 7, 8.

[13] Otto *Kirchheimer*, in der Diskussion zu dem Referat von J. H. *Kaiser*, Sachverstand und Politik, S. 95: „Dadurch (daß das Parlament eigene Sachverständige hat) wird zunächst einmal der gesamte Diskussionsrahmen sehr viel mehr erweitert, aufgelockert als in der halbtödlichen Uniformität, die sich über manche europäische Parlamente heute senkt.“ *Schramm* (S. 97) hebt hervor, daß der Abgeordnete gewohnt sei, sich ständig mit divergierenden Argumenten auseinanderzusetzen, so daß seine Entscheidung durch den Sachverstand eines Hilfsdienstes nicht erschwert würde.

[14] Vgl. *Schilgen*, NJW 1963, S. 1588, der diesen Gesichtspunkt im Hinblick

Willensbeeinträchtigung keinen Unterschied begründen, ob der Hilfsdienst sich auf Anfragen von Abgeordneten zu Rechts- oder anderen Fachfragen äußert, oder ob z. B. ein Gutachten von einem außerhalb des Parlaments tätigen Fachmann erstellt wird. Dabei dürfte der Parlamentssachverständige gegenüber dem nur zeitweilig herangezogenen Gutachter den Vorteil haben, daß er nicht für verschiedene Gruppen, insbesondere Interessenverbände, tätig wird, und er deshalb in seiner Gutachtertätigkeit frei von Rücksichtnahmen auf etwaige spätere Aufträge dieser Gruppen wirkt[15].

Wesentlich ist allerdings, daß der Hilfsdienst seinen Sachverstand frei von parteipolitischen oder eigenen politischen Vorstellungen in den Dienst der Parlamentsarbeit stellt. Für eine derartige, neutrale, streng sachliche Haltung des Dienstes, die sich insbesondere dort als notwendig erweist, wo der Kreis der Sachverständigen gering ist, sprechen die positiven Erfahrungen, die mit dem Hilfsdienst dort, wo bereits von der Organisation her den parteipolitischen Kräften eine Einflußnahme weitgehend unmöglich war, gemacht wurden. Die wiederholt gegenüber der Objektivität des Dienstes geäußerten Bedenken erscheinen deswegen mehr theoretischer Art als auf Grund von Erfahrungen begründet zu sein[16, 17].

Die Einflußnahme, die sich langgedienten, erfahrenen Assistenten bei „schwachen" Ausschußvorsitzenden bietet, soll nicht geleugnet werden. Aber außer dem Umstand, daß eine geeignete Personalauswahl sicherstellen dürfte, daß die Mitglieder des Dienstes sich politischer Einflußnahme-Versuche enthalten[18], ist die Einwirkungsmöglichkeit des Dienstes dort von vornherein weitgehend ausgeschlossen, wo er — wie bei den vorgeschlagenen Gruppenstäben — nicht ständig einem Ausschuß zugehört und er wegen der Tätigkeit für verschiedene Ausschußvor-

---

auf das Verhältnis des wissenschaftlichen Hilfsarbeiters zum Richter an oberen Bundesgerichten anführt.

[15] Vgl. *Kuhn*, S. 18, 19.

[16] So zutreffend *Schramm*, S. 103.

[17] Die von *Vialon* (Parteiendemokratie, S. 48) kritisch aufgeworfene Frage, wie sich der Hilfsdienst verhalten solle, wenn zwei gegenteilige Auffassungen ihre Stützung durch den Beratungsdienst erstreben, kann, soweit es um die den politischen Streitfragen zugrunde liegenden Sachfragen geht, so beantwortet werden, daß der Dienst auf objektiver Basis Stellung nimmt, was für ihn bei der nötigen sachlichen Unabhängigkeit nicht riskant sein dürfte. Ein unabhängiger Hilfsdienst wird auch nicht, wie *Creutzig* (DVBl. 1967, S. 228) meint, in seiner Objektivität überfordert. Es darf zudem nicht übersehen werden, daß in der Parlamentspraxis der von *Vialon* angeführte Fall sehr selten ist und daß wegen der Möglichkeit des gelegentlichen Eintritts einer derartigen Lage, in der zumindest der Berater, der bereits für eine Partei tätig geworden ist, sich für befangen erklären könnte, eine sehr notwendige Einrichtung wie der Hilfsdienst nicht abgelehnt werden kann.

[18] Ebenso *Schramm*, S. 96.

sitzende und Berichterstatter unterschiedlicher Parteizugehörigkeit eine Eigengesetzlichkeit nicht entwickeln kann.

Außer von dem Präsidenten des Deutschen Bundestages wurde auch von anderen Abgeordneten[19] die Befürchtung geäußert, daß sich die Ministerialbürokratie und der parlamentarische Hilfsdienst vor der Behandlung von Vorlagen unter Umgehung der Abgeordneten untereinander abstimmen könnten. Die Gefahr, die sich dabei für die eigenständige Willensbildung der Abgeordneten ergibt, darf trotz des Einwirkens verschiedener Kräfte auf die parlamentarische Meinungsbildung nicht übersehen werden. Sie mag theoretisch um so größer sein, je tüchtiger die Mitglieder des Dienstes sind, so daß die Ministerialreferenten mit Schwierigkeiten in der Ausschußberatung zu rechnen hätten und deswegen die Parlamentsberater für ihre Vorstellungen zu gewinnen versuchen[20].

Aber die Möglichkeit einer vorherigen sachlichen Absprache dürfte zumindest dann so gut wie ausgeschlossen sein, wenn dem Bedürfnis der Mitglieder des Hilfsdienstes nach einer angemessenen Bewertung ihrer Tätigkeit, einer wesentlichen Voraussetzung für eine Unabhängigkeit in Sachfragen, Rechnung getragen wird. Die bei vielen Abgeordneten anklingende Befürchtung, daß die Zugehörigkeit der Parlamentsbeamten „zur Bruderschaft der Juristen und zur Bruderschaft der Berufsbeamten“[21] dazu führen könnte, daß sich der Dienst den Ministerialbeamten mehr verbunden fühlt als den Abgeordneten, und es deswegen zu nachteiligen Verbindungen zwischen Hilfsdienst und Exekutive kommen könnte, erscheint heute weniger sachlich als durch das noch aus der konstitutionellen Monarchie nachwirkende Mißtrauen einiger Abgeordneter gegen das Beamtentum begründet zu sein[22]. Im übrigen könnten Dienstvorschriften unerwünschte Kontakte verhindern.

2. Die Grenzen der Parlamentsautonomie; die Möglichkeit einer Verfassungswandlung

Es wurde festgestellt, daß der gegenwärtige Hilfsdienst des Deutschen Bundestages ausgebaut werden muß. Wenngleich die Größenordnung eines derartigen Hilfsdienstes hier nicht zahlenmäßig präzisiert werden kann, so fragt sich jedoch, wo die Grenzen der Parlamentsautonomie

---

[19] Präsident *Dau* (Hamburgische Bürgerschaft) auf der 25. Konferenz der Landtagspräsidenten, Niederschrift S. 85; ferner der Abg. *Gerlach* in der 15. Sitzung der 3. WP des Nds. Landtages, Sten.-Ber., Sp. 755, 756.

[20] So Präsident *Dau*, aaO.

[21] So der Abg. *Gerlach* in der 15. Sitzung der 3. WP des Nds. Landtages, Sten.-Ber., Sp. 755.

[22] Vgl. F. *Werner*, Zeitschrift für Beamtenrecht 1955, S. 165 ff.

liegen, insbesondere, wann ein Hilfsdienst dazu beitragen würde, eine vom Verfassungsgeber nicht gewollte Machtverschiebung zwischen Regierung und Parlament zugunsten des letzteren zu bewirken.

Da der Gedanke der Parlamentsautonomie aus dem Gegensatz von Legislative und Exekutive im konstitutionellen Staat herrührt, ist seine Bedeutung im parlamentarischen Regierungssystem von vornherein gemindert[23], wegen der Würde[24] des Parlaments und des Erfordernisses, daß das Parlament seine Arbeit ohne Hilfe konstitutioneller oder außerkonstitutioneller Machtträger leisten kann[25], jedoch keineswegs aufgehoben.

Der Umfang und die Grenzen der Parlamentsautonomie sind nun nicht eindeutig festzulegen, vielmehr ist „der Umfang parlamentarischer Autonomie von einem Regierungstyp zum anderen verschieden"[26]. Die Parlamentsautonomie ist beispielsweise im streng gewaltenteilenden Regierungssystem der Vereinigten Staaten von Nordamerika wesentlich ausgeprägter als im parlamentarischen Regierungssystem Englands[27].

Als Kriterium für die Beantwortung der gestellten Frage ergibt sich somit das Ordnungsgefüge des Bonner Grundgesetzes, wie es sich in dem Bekenntnis zur Gewaltenteilung[28] einerseits und zum parlamentarischen Regierungssystem andererseits darstellt. Eine unzulässige Beeinträchtigung der Gewaltenteilung läge z. B. dann vor, wenn der Bundestag in den Kernbereich[29] exekutivischer Tätigkeit eingriffe. *Theoretisch* ergäbe sich ein derartiger Eingriff z. B. dann, wenn das Parlament, wie es beispielsweise der Kongreß der Vereinigten Staaten von Nordamerika tut — zeitlich und arbeitstechnisch durch einen Hilfsdienst hierzu in die Lage versetzt —, durch ständige Untersuchungstätigkeit die Exekutive zu gängeln versuchen oder von seinem Gesetzesinitiativrecht derartig stark Gebrauch machen würde, daß die Regierung völlig von der materiellen oder formellen Urheberschaft der Gesetze ausgeschlossen wäre.

Das parlamentarische Regierungssystem hat aber, wie aufgezeigt, zu einer starken Verbindung von Parlament und Regierung geführt, darüber hinaus hat es in gewissem Rahmen zu der Vormachtstellung der Regierung im Gesetzgebungsverfahren und zu einer geminderten Be-

---

[23] *Maunz* in Maunz - Dürig, Art. 40, S. 2, Rdn. 1.

[24] *Maunz,* aaO.

[25] Siehe *Loewenstein,* Verfassungslehre, S. 177.

[26] *Loewenstein,* Verfassungslehre, S. 179.

[27] *Loewenstein,* Verfassungslehre, S. 179, 180.

[28] Auf die Gewaltenteilung des Bonner Grundgesetzes als Grenze der Parlamentsautonomie stellt auch *Schramm* (S. 146, 147) ab.

[29] Vgl. BVerfGE Bd. 9, S. 270.

deutung der parlamentarischen Kontrolle beigetragen. Die Verfassungswirklichkeit zeigt zudem die Tendenz einer weiteren Gewichtsverlagerung zugunsten der Exekutive.

Die Gefahr, daß ein Hilfsdienst als Mittel parlamentarischer Usurpation exekutivischer Rechte dient, scheint deshalb realiter nicht zu bestehen. Die mangelnde Bereitschaft eines Großteils der Abgeordneten, das Gesetzesinitiativrecht und die parlamentarischen Kontrollmittel stärker zu nutzen, hat zudem zu einer nur geringen Neigung geführt, den gegenwärtig recht bescheidenen Hilfsdienst des Deutschen Bundestages auszubauen. Auch insofern dürfte die Möglichkeit, daß ein erheblich verstärkter Beratungsdienst unter Überschreitung der Grenzen der Parlamentsautonomie exekutivische Rechte beeinträchtigt, sich als sehr gering erweisen. Vielmehr stellt sich ein hinreichend ausgebauter parlamentarischer Hilfsdienst als Mittel einer funktionellen Unabhängigkeit des Bundestages dar und trägt somit — in gewissem Umfang — dazu bei, daß das Parlament seiner Gesetzgebungs- und Kontrollfunktion mehr als bisher gerecht werden kann.

Da ein Hilfsdienst die Exekutive nicht in ihren verfassungsmäßigen Rechten beschneidet, soll auf die von Schramm[30] aufgeworfene und sehr ausführlich erörterte Frage, inwieweit ein Beratungsdienst einen Verfassungswandel herbeizuführen vermag, nur kurz eingegangen werden.

Nach Rudolf Smend[31] kann die Verfassungswandlung u. a. „die Verfassung selbst betreffen, indem sie schrittweise das Rang- und Gewichtsverhältnis der verfassungsmäßigen Faktoren, Institute, Normen verschiebt". Hsü Dau-Lin[32] hat die Verfassungswandlung danach unterteilt, ob sie durch eine formal die Verfassung nicht verletzende Staatspraxis, durch die Unmöglichkeit der Ausübung bestimmter, in der Verfassung festgelegter Rechte oder durch eine der Verfassung widersprechende Staatspraxis oder durch Verfassungsinterpretation entsteht. Die Rechtmäßigkeit der Verfassungswandlung in den aufgezeigten Formen ergibt sich nach Hsü Dau-Lin auf Grund des „Werteinmaligen" im Verfassungsrecht, „aus dem sogenannten politisch Notwendigen, aus den Vitalitätsforderungen und Äußerungen des sich realisierenden, sich entwickelnden Staates"[33]. Demgegenüber hat Ehmke[34] bemängelt, Hsü Dau-Lin habe den Zusammenhang der Verfassungswandlung mit der Legitimität nicht gesehen. Wenn eine Verfassungswandlung den Grundprinzipien der Verfassung entspräche, läge in der Verfassung ein die

---

[30] *Schramm*, S. 178.

[31] *Smend*, S. 137; vgl. auch *Loewenstein*, Grenzen der Verfassungsänderung, S. 15.

[32] *Hsü Dau-Lin*, S. 19.

[33] *Hsü Dau-Lin*, S. 164.

[34] *Ehmke*, Grenzen der Verfassungsänderung, S. 64, 65; siehe auch die dort angeführten Momente der Legitimierung einer Verfassungswandlung.

Wandlung legitimierendes Element, widerspräche die Verfassungsentwicklung den Verfassungsprinzipien, habe sich die Verfassung nicht gewandelt, sondern sie sei beseitigt.

Da ein Hilfsdienst gerade bei parlamentarischer Regierungsweise der Exekutive nicht die Möglichkeit nehmen wird, von ihrem Gesetzesinitiativrecht Gebrauch zu machen, führt er auch nicht zu einer Verfassungswandlung in der von Hsü Dau-Lin aufgezeigten Form der Unmöglichkeit der Ausübung eines verfassungsmäßig verankerten Rechtes. Auch würde ein Hilfsdienst nicht bewirken, daß — worauf Smend bei der Verfassungswandlung abstellt — das Rangverhältnis der verfassungsmäßigen Institutionen verschoben wird. Ein Hilfsdienst könnte nämlich durch eine gewisse Stärkung der Position des Parlaments das Gegenteil einer Verfassungswandlung bewirken, indem er dem vom Verfassungsgeber nicht gewollten, in der Verfassungswirklichkeit aber bestehenden ungleichen[35] Kräfteverhältnis von Parlament und Regierung entgegentritt[36] und damit dem vom Bonner Grundgesetz vorgesehenen Gleichgewichtszustand der Gewalten, soweit von solchen noch gesprochen werden kann, Rechnung trägt. Die Tätigkeit des Hilfsdienstes ist somit „verfassungskonformer" Art, die durch den Hilfsdienst geförderte Verfassungsentwicklung legitim in dem von Ehmke aufgezeigten Sinne.

3. Die Errichtung einer Parlamentsbürokratie und deren Gefahren; weitere Bedenken gegen einen Dienst

Es wurde die Befürchtung geäußert, ein parlamentarischer Hilfsdienst könne zur Errichtung einer Bürokratie im Parlament führen. Dabei wurde angeführt, der einzelne Abgeordnete hätte sich dann nicht mehr allein mit der Ministerialbürokratie, sondern auch noch mit der Parlamentsbürokratie auseinanderzusetzen[37], von der er mit „Gutachten und Stellungnahmen zu Anträgen und Anfragen überschüttet würde"[38].

---

[35] *Kleinrahm*, AÖR Bd. 79, S. 143, 144 spricht hinsichtlich der Überlegenheit der Exekutive im Gesetzgebungsverfahren von einem „tatsächlichen Verfassungswandel" und einer „Gewaltenverschiebung".

[36] So auch *Schramm*, S. 181: „In einem solchen Bemühen (des Parlaments), normenmäßig statuierte Rechte wahrzunehmen, liegt gerade das Gegenteil einer Verfassungswandlung."

[37] *Waffenschmidt*, S. 123, 124; *Creutzig*, DVBl. 1967, S. 228; siehe ferner die Darlegungen des Abg. *Kühn* in der 41. Sitzung der 1. WP des Landtages Nordrhein-Westfalen, Sten.-Ber., S. 297 d; die Darlegungen des Abg. *Gerlach* in der 15. Sitzung der 3. WP des Nds. Landtages, Sten.-Ber., Sp. 756. Vgl. auch *Kleinrahm*, AÖR Bd. 79, S. 159, der meint, ein Hilfsdienst stelle den Beginn einer Parlamentsbürokratie dar, aber man müßte ernsthaft überlegen, ob eine Bürokratie heute nicht nur noch durch eine Gegenbürokratie zu kontrollieren sei.

[38] *Gerlach*, aaO.

Soweit in diesen Äußerungen die Befürchtung vor dem Sachverstand dieser „Bürokratie“ Ausdruck findet, wurde auf dessen Gefahr bereits eingegangen. Soweit jedoch entweder die Gefahr aufgezeigt werden soll, die durch die Aktivität dieser „Bürokratie“ für die Abgeordneten arbeitsmäßig oder für den Staatshaushalt wegen Vergrößerung des staatlichen Personalkörpers entstehen könnte, ist zu untersuchen, ob bei dem Hilfsdienst überhaupt von einer Bürokratie gesprochen werden kann, des weiteren, ob diese „Bürokratie“ eine Gefahr für die parlamentarische Arbeit bedeutet.

Nach Max Weber[39], der ausführlich die Wesensmerkmale der bürokratischen Behörde untersucht hat, verlangt diese „das Prinzip der Amtshierarchie und des Instanzenzuges, d. h. ein fest geordnetes System von Über- und Unterordnungen der Behörden unter Beaufsichtigung der unteren durch die oberen — ein System, welches zugleich dem Beherrschten die festgeregelte Möglichkeit bietet, von einer untergeordneten Behörde an deren Oberinstanz zu appellieren“. Ferner kennzeichnen die Befehlsgewalten, die für die Erfüllung der der Bürokratie obliegenden Pflichten erforderlich sind, den bürokratischen Apparat.

Ausgehend von diesen heute noch anerkannten[40] Wesensmerkmalen der Bürokratie fehlen dem Hilfsdienst wegen seiner weitgehenden Gutachtertätigkeit einmal die Befehlsgewalten. Auch kann wegen der durch die gutachtliche Tätigkeit bedingten, weitgehenden Weisungsfreiheit und der Struktur des Parlaments nur begrenzt von einer Beaufsichtigung der Mitglieder des Dienstes gesprochen werden. Ferner ermangelt es bei jenen Hilfsdiensten, deren Mitglieder untereinander gleichberechtigt sind, wegen des Fehlens eines Leiters des streng hierarchischen Aufbaus[41]. Daß der — zumindest in den Bundesländern — von der Zahl seiner Mitglieder geringe Hilfsdienst verschiedene Sachgebiete bearbeitet und den Anforderungen von politisch unterschiedlich ausgerichteten Fraktionen, Abgeordneten und Ausschußvorsitzenden ausgesetzt ist, dürfte zugleich ausschließen, daß der Beratungsdienst im Formalismus[42], einem Wesensmerkmal der Bürokratie, erstarrt[43].

Die Struktur des Beratungsdienstes, insbesondere seine enge Zusammenarbeit mit den Abgeordneten, läßt es deswegen, wenn überhaupt, nur in sehr beschränktem Maße zu, von einer bürokratischen Apparatur

[39] Max *Weber*, Wirtschaft und Gesellschaft, S. 559.

[40] Vgl. *Morstein Marx*, Gesellschaft, Staat, Erziehung 1965, S. 237; *Lange*, S. 163.

[41] Ähnlich die Darlegungen der Abg. Frau Dr. *Walz* in der 41. Sitzung der 5. WP des Hessischen Landtages, Sten.-Ber., S. 1803.

[42] Max *Weber*, Wirtschaft und Gesellschaft, S. 573.

[43] Ebenso wie hier: Der Bund der Steuerzahler Baden-Württemberg e. V., in seinem Vorschlag (S. 5) vom 4. 10. 1960.

zu sprechen[44]. Daß es mit Ausnahme des allerdings notwendigen Bereichs der Formulierungshilfe, die zum Teil ex officio zu erfolgen hat, im Belieben des Abgeordneten steht, sich des Hilfsdienstes zu bedienen, dürfte zudem aufzeigen, daß dessen Aktivität durch die Wünsche der Abgeordneten und nicht durch die „Arbeitswut" seiner beamteten Mitglieder bestimmt wird[45]. Die Aktivität des parlamentarischen Beratungsdienstes dürfte somit keine negative Beeinträchtigung der parlamentarischen Arbeit darstellen.

Der Umstand, daß die Abgeordneten selbst aus den verschiedensten Gründen kein Interesse an der Ausdehnung der teilweise sehr bescheidenen Hilfseinrichtungen in den Parlamenten der Bundesrepublik haben[46], dürfte der Schreckensvision einer „aufgeblähten Parlamentsverwaltung"[47] entgegenstehen. Wenn Nawiasky[48] meint, daß die Errichtung eines parlamentarischen Hilfsdienstes eine Verdoppelung des staatlichen Personalkörpers verlange, da wenige qualifizierte Beamte nicht ausreichten, und wenn ferner das Gutachten[49] der Arbeitsgemeinschaft für Staatsvereinfachung in Bayern auf die bestehende Schwierigkeit hinweist, qualifizierte Beamte für die Gesetzgebungsarbeit der Ministerien zu gewinnen und deswegen aus Personalgründen die Errichtung einer „parlamentarischen Bürokratie" ablehnt, dann wird von jener Forderung ausgegangen, die Ausarbeitung der Gesetze sollte in der Hauptsache im Parlament erfolgen. Diese Forderung, die übrigens so kraß nicht einmal die stärksten Befürworter eines Hilfsdienstes gestellt haben, wurde in der vorliegenden Arbeit nicht erhoben. Es wurde vielmehr auf Grund der verfassungspolitischen Lage in der Bundesrepublik die Feststellung gewonnen, daß der Hilfsdienst nur in geringem Maße die Zahl der aus der Mitte des Parlaments stammenden Gesetzentwürfe steigern dürfte. Deswegen dürfte der Personalbedarf eines Hilfsdienstes im Bund und in den Ländern sich — wie bereits aufgezeigt — in Grenzen halten, und die Schwierigkeit, einige qualifizierte Beamte für den Beratungsdienst zu gewinnen, dürfte zu überwinden sein[50].

---

[44] Siehe die Darlegungen des Abg. *Dürr* in der 74. Sitzug der 4. WP des Deutschen Bundestages, Sten.-Ber., S. 3503: „Diese (die Assistenten des Wissenschaftl. Dienstes) zu den Bürokraten zu rechnen, ist schlankweg eine Fehlbezeichnung."

[45] So auch ausdrücklich Präsident *Lehners* auf der 25. Konferenz der Landtagspräsidenten (München, Oktober 1964), Niederschrift S. 87.

[46] Vgl. Sten.-Ber. der 119. Sitzung der 1. WP des Deutschen Bundestages, S. 4565 c.

[47] Siehe Sten.-Ber. der 86. Sitzung der 2. WP des Deutschen Bundestages, S. 4732 c, d.

[48] *Nawiasky*, Die Verfassung, S. 21.

[49] Gutachten, Teil I, S. 36, 37.

[50] Dies zumal dann, wenn man mit dem Bund der Steuerzahler Baden-

Wegen der wenigen Personalstellen, die für die Errichtung eines Hilfsdienstes notwendig sind, dürften auch die von Abgeordneten wiederholt vorgebrachten Sparsamkeitserwägungen[51] nicht von ausschlaggebender Bedeutung sein. Angesichts des erheblichen Personalbestandes der Exekutive sind die relativ geringen Personalkosten eines parlamentarischen Hilfsdienstes zu rechtfertigen, insbesondere dann, wenn man daran denkt, daß dieser nicht nur für die Abgeordneten gewisse Arbeitserleichterungen bedeutet, sondern er auch die Parlamentsarbeit, vor allem die Gesetzgebungsleistung verbessert[52]. Da die Rechtsprechung nur in begrenztem Maße Mängel der Gesetze auszugleichen vermag, erschweren[53] schlechte Gesetze eine gute Rechtsprechung und tragen — allerdings in geringem Maße — mit zur Überlastung der Gerichte bei[54]. Auch darf die Belastung, die die Verwaltungsbehörden durch die zahlreichen und häufig schlechten Gesetze erfahren[55], nicht übersehen werden. Ein parlamentarischer Hilfsdienst würde mit der Verbesserung der Gesetzgebungsarbeit, zu der er — wie festgestellt — einen erheblichen Beitrag leisten kann, nicht nur das Ansehen des Parlaments in der Öffentlichkeit steigern, sondern die verbesserte Gesetzgebungsarbeit könnte sich neben vielen andere Vorteilen auch für die staatlichen Organe in Form verminderter Arbeitsbelastung auszahlen.

II. Im besonderen: Die Mitarbeit bei der Erledigung von Petitionen im Deutschen Bundestag

Im folgenden soll die in der Literatur weder kritisierte noch dargestellte selbständige Erledigung gewisser Petitionen durch Ausschußassistenten des Deutschen Bundestages daraufhin untersucht werden, inwieweit hierdurch das Petitionsrecht beeinträchtigt wird.

Die Verpflichtung des staatlichen Adressaten zur Entgegennahme der Petition bildet den Minimalinhalt des Artikel 17 GG[56].

Württemberg e. V. (Vorschlag, S. 5) annimmt, daß die wenigen Stellen, die ein parlamentischer Hilfsdienst beansprucht, durch Personaleinsparungen in der Exekutive ausgeglichen werden können.

[51] Vgl. Sten.-Ber. der 119. Sitzung der 1. WP des Deutschen Bundestages, S. 4562 d, ferner Sten.-Ber. der 74. Sitzung der 4. WP, S. 3495 c, d; S. 3503 a.

[52] Gegen finanzielle Engstirnigkeit bei Einrichtungen eines Dienstes ebenso *Leibholz*, Die Kontrollfunktion, S. 77; der Abg. Gülich in der 24. Sitzung der 2. WP des Deutschen Bundestages, Sten.-Ber., S. 887 b; *Immesberger*, S. 178.

[53] *Riedel*, JR 1955, S. 374.

[54] *Schultz*, MDR 1955, S. 719, 720.

[55] Vgl. *Kümmel*, Der Beamtenbund 1958, S. 186.

[56] *Dürig* in Maunz - Dürig Art. 17, S. 4, Rdn. 6; *Wernicke* in Bonner Kommentar, Art. 17 Anm. II 3 b. Daß die anonyme Petition nicht diesen Anspruch hat, ergibt sich aus deren Charakter, siehe Dürig in Maunz - Dürig, Art. 17, S. 19, Rdn. 35.

Es erscheint sehr fraglich, ob die Registrierung der Eingaben durch das Büro für Petitionen als Entgegennahme der Volksvertretung gewertet werden kann. Der Umstand, daß das Parlament als willensbildendes Organ keine Verwaltungsbehörde ist[57], wohl aber dann, wenn sein Präsident beispielsweise durch die Petitionsstelle verwaltend tätig wird, dürfte einen Unterschied zur Exekutive aufzeigen, bei der als Adressat einer Petition nicht zwischen einem Registrierbüro und der Behörde als solcher unterschieden werden kann[58]. Aber weniger der formale Unterschied zwischen dem Parlament als willensbildendem Organ und als Verwaltungsbehörde ist entscheidend, sondern vielmehr der durch diesen Unterschied bedingte Umstand, daß die Eingaben im Falle ihrer Abweisung durch das Büro für Petitionen gar nicht erst in die Hände ihres Adressaten, der Volksvertretung, gelangen.

Die personal gesonderte Behandlung der Eingaben auf ihre Zulässigkeit und Begründetheit erscheint ferner deswegen bedenklich, weil eine formale Betrachtungsweise mit Sinn, Zweck und Bedeutung[59] des Artikel 17 GG, der zum „unvermeidlichen Betriebsluxus der parlamentarischen Demokratie"[60] gehört und ein „unrentables Grundrecht"[61] darstellt, unvereinbar ist. Wenn selbst bei den strengen formellen Voraussetzungen im Gerichtsverfahren über die Zulässigkeit und Begründetheit einer Klage regelmäßig nicht von verschiedenen Spruchorganen, keineswegs aber von einer Geschäftsstelle entschieden wird, dann ist eine getrennte Prüfung, wie sie der Bundestag vornimmt, insbesondere angesichts der sonst geringeren Voraussetzungen der Petition — keine Fristen, keine Anwaltsvertretung — erst recht zu formalistisch[62]. Zudem ist die von einer Stelle einheitlich zu treffende Entscheidung über die Zulässigkeit und Begründetheit eines Begehrens aus der Natur der Sache geboten, nicht nur weil Zweifelsfragen entstehen können, sondern weil oft die Zulässigkeit von materiellen Fragen abhängt. Es kommt hinzu, daß die Frage, wann eine Petition unzulässig ist, nicht einheitlich beantwortet zu werden scheint[63].

---

[57] H. M.; statt vieler *Klein* in v. Mangoldt - Klein, Vorbem. III 2 c zu Art. 38.

[58] Vgl. BVerfGE Bd. 2, S. 231.

[59] Vgl. *Klein* in v. Mangoldt-Klein, Art. 17, Anm. II 2; *Mattern*, S. 629, 630; *Dürig* in Maunz - Dürig Art. 17, S. 20, Rdn. 41.

[60] *Gross*, DVBl. 1954, S. 323.

[61] *Dürig* in Maunz - Dürig, Art. 17, S. 21, Rdn. 41.

[62] *Dürig* in Maunz - Dürig, Art. 17, S. 2, Rdn. 1: „Artikel 17 ist kein Grundrecht, das man nun seinerseits wieder ‚verprozessualisieren' darf."

[63] Vgl. z. B. *Dürig* in Maunz - Dürig, Art. 17, S. 20, Rdn. 40 ff., der geringe Voraussetzungen an die Zulässigkeit knüpft, während nach den Vorschriften des Büros für Petitionen (Rundschr. Nr. 1/61 v. 31. 10. 1961) Eingaben unzulässig sind, die „einen angemessenen, sachlichen, gebührlichen oder respektvollen Ton vermissen lassen".

Ein Vergleich der Zulässigkeitsprüfung im Petitionsverfahren mit der Abweisung der Verfassungsbeschwerde durch Vorprüfung gem. § 93 a Bundesverfassungsgerichtsgesetz geht wegen der ausdrücklichen gesetzlichen Regelung, aber auch deswegen fehl, weil der Ausschuß, der über die Zulässigkeit der Verfassungsbeschwerde entscheidet, sich aus Mitgliedern des Gerichts zusammensetzt.

Wenngleich die hohe Zahl der Petitionen und auch die Überlegung, daß durch eine geringere Belastung der Abgeordneten mit zulässigen Petitionen diese gründlicher geprüft werden können, ein gewisses Bedürfnis[64] für die bisherige Handhabung erkennen lassen, so erscheint andererseits beispielsweise eine Vorprüfung durch einen vom Petitionsausschuß eingesetzten Unterausschuß praktisch möglich und rechtlich zulässig, weil hierbei die Volksvertretung Empfänger der Petition bleibt[65]. Da bei dieser Lösung immerhin ein gewisser Teil der Abgeordneten, die über die materielle Begründetheit der Petition entscheiden, über deren Zulässigkeit befindet, dürften die gegen eine getrennte Prüfung von Zulässigkeit und Begründetheit vorgebrachten Bedenken weitgehend entfallen. Andererseits wäre aber auch ein noch stärkerer Einsatz des parlamentarischen Hilfsdienstes möglich, wie er an anderer Stelle bereits näher umrissen wurde.

---

[64] Vgl. *Dürig* in Maunz - Dürig, Art. 17, S. 21, Rdn. 41: „Bei Art. 17 GG hören — im übrigen sehr beachtenswerte — Zweckerwägungen nach Zeit und Arbeit staatlicher Organe konstitutionell auf."

[65] Vgl. *Dürig* in Maunz - Dürig, Art. 17, S. 31, Rdn. 62; die Entscheidung des Bayer. Verfassungsgerichtshofs vom 15. 5. 1957 in DÖV 1957, S. 719 ff.

Zusammenfassung und Ausblick

Im Vergleich zu nordamerikanischen Parlamenten verfügen der Deutsche Bundestag und die überwiegende Zahl der Landesparlamente, letztere — falls überhaupt — über einen nur sehr schwach entwickelten Hilfsdienst. Ein wesentlicher Grund hierfür dürfte darin liegen, daß das Eigengewicht der Legislative in den Vereinigten Staaten von Nordamerika infolge der strengeren Gewaltentrennung und des dadurch geförderten Polaritätsverhältnisses der Gesetzgebungskörperschaft zur Exekutive gestärkt worden ist.

Andererseits bedarf aber jedes Staatsorgan, unabhängig von dem Ordnungsgefüge der Verfassung, gewisser Hilfsmittel, um die ihm gestellten Aufgaben bewältigen zu können. Die Erforderlichkeit eines Hilfsdienstes in deutschen Parlamenten kann deswegen nicht unter Hinweis auf das parlamentarische Regierungssystem und darauf, daß in Deutschland die Regierung weitgehend die Gesetze ausarbeitet, abgelehnt werden. Denn ein Hilfsdienst bedeutet nicht nur für die parlamentarische Opposition eine erhebliche Unterstützung bei der Gesetzgebungsarbeit, sondern ihm kommt insbesondere angesichts der gesetzestechnisch oft mangelhaften Regierungsvorlagen und der zahlreichen Veränderungen, die die Ausschüsse an den Gesetzentwürfen vornehmen, eine wesentliche Korrekturfunktion zu. In einem gewissen, weitgehend durch das parlamentarische Regierungssystem beschränkten Rahmen kann ein Hilfsdienst auch bei der Ausübung der Kontrollrechte unterstützend tätig werden.

Durch Dokumentation und durch Beratung der Abgeordneten vornehmlich — aber nicht ausschließlich — in den Ausschüssen kann ein Hilfsdienst einen erheblichen Beitrag zur Willensbildung des einzelnen Abgeordneten leisten, zwischen dessen sachlicher und rechtlicher Kompetenz sich oft eine breite Kluft auftut. Die Tätigkeit eines Hilfsdienstes trägt gleichzeitig wesentlich zur arbeitsmäßigen Entlastung der Abgeordneten bei.

Die Gefahr, daß ein Hilfsdienst durch seine Tätigkeit Organwalterrechte der Abgeordneten beeinträchtigt oder daß eine Parlamentsbürokratie entsteht, ist aus verschiedenen Gründen, u. a. wegen der bisher bewiesenen Zurückhaltung der Abgeordneten gegenüber parlamentarischen Hilfseinrichtungen und auch deswegen, weil die Mitglieder eines

Beratungsdienstes schon angesichts der Mitwirkung der Ministerialbürokratie und der Interessenverbände bei der parlamentarischen Arbeit kein Informationsmonopol besitzen, nicht gegeben. Gewissen Einwirkungsmöglichkeiten des Hilfsdienstes auf die Willensbildung der Abgeordneten in der Ausschußphase könnte durch bestimmte Organisationsformen des Beratungsdienstes begegnet werden.

Es soll erwähnt sein, daß eine arbeitsmäßige Entlastung der Abgeordneten auch durch andere, im Hinblick auf eine Reform der parlamentarischen Arbeit wiederholt vorgeschlagene Maßnahmen, wie z. B. durch ein vereinfachtes Gesetzgebungsverfahren oder dadurch erreicht werden kann, daß das Parlament nur noch über die auf die Dauer angelegten Gesetze befindet. Aber auch in dem sehr fraglich erscheinenden Fall der Realisierung der erwähnten Maßnahmen würde die Gesetzgebungs- und Kontrolltätigkeit des Parlaments in gleichem Maße wie bisher ein umfangreiches Sachwissen verlangen, das sich der einzelne Abgeordnete nicht ohne Hilfsmittel aneignen kann. Die im Interesse einer wirksameren parlamentarischen Arbeit in verschiedener Hinsicht notwendige Parlamentsreform dürfte deshalb die Berechtigung und Notwendigkeit eines Hilfsdienstes nicht in Frage stellen.

Daß trotz der aufgezeigten Wirkungsmöglichkeiten eines Beratungsdienstes die Verbesserung der parlamentarischen Arbeit, insbesondere die Erhöhung der Autorität des Gesetzgebers, letztlich von dem Bildungsniveau, der politischen Entscheidungskraft und den übrigen Qualitäten der Abgeordneten, u. a. von ihrer Fähigkeit, sich über Gruppeninteressen hinwegzusetzen, abhängt, ist nicht zu übersehen. Die hierdurch entstehende Begrenzung der Wirksamkeit eines Beratungsdienstes ergibt sich aus der Funktion eines parlamentarischen Hilfsdienstes.

Literaturverzeichnis

Adam, Robert, Der Lobbyismus in USA, in: Außenwirtschaftsdienst des Betriebs-Beraters 1960, S. 289 ff.

Apelt, Willibald, Die Gesetzgebungstechnik, Heft 5 der Schriftenreihe der Hochschule für politische Wissenschaften München, München, 1950.

Arbeitsgemeinschaft für Staatsvereinfachung, Staatsvereinfachung in Bayern, Gutachten der Arbeitsgemeinschaft für Staatsvereinfachung, I. Teil, München, 1955.

Arendt, Karlheinz, Der parlamentarische Vorbehalt in der Praxis des Wirtschaftsrates, in: Deutsche Rechts-Zeitschrift 1949, S. 29 ff.

Bailey, Stephen K. und Howard D. *Samuel*, Congress at Work, New York, 1953.

Bauer, Fritz, Die neue Gewalt, München, 1964.

Berman, Daniel M., In Congress Assembled, The Legislative Process in the National Government, New York, London, 1964.

Bertram, Alfred, Die Gutachtenspflicht der ordentlichen Gerichte, in: Zeitschrift für deutschen Zivilprozeß Bd. 53, S. 419 ff.

Bethusy-Huc, Viola Gräfin von, Die soziologische Struktur deutscher Parlamente, Dissertation Bonn, 1958.

Black, Henry C., Law Dictionary, Fourth Edition, St. Paul Minn., 1951.

Blume, Wilhelm von, Wesen und Aufgabe der Parlamente, in: Handbuch der Politik, Bd. 1, S. 336 ff., Berlin und Leipzig, 1920.

Bochalli, Alfred, Bundesbeamtengesetz, Kommentar, 2. neubearbeitete Auflage, München und Berlin, 1958.

Böckenförde, Ernst-Wolfgang, Die Organisationsgewalt im Bereich der Regierung, Schriften zum öffentlichen Recht Bd. 18, Berlin, 1964.

Böhm, Franz, Der Arbeitsstil des Bundestages, in: Die Neue Gesellschaft 1964, S. 347 ff.

Bonner Kommentar, Kommentar zum Bonner Grundgesetz, bearbeitet von H. J. Abraham, P. Badura, B. Dennewitz u. a., 15. Lieferung, November 1965, Hamburg (zitiert: Bearbeiter im Bonner Kommentar).

Bühler, Ottmar, Rationalisierung der Gesetzesflut, in: Finanzrundschau 1955, S. 221 ff.

— Grundsätzliches zum Thema von der „Gesetzesinflation" und der „aufgeblähten Verwaltung", in: JZ 1959, S. 297 ff.

Carstens, Karl, Grundgedanken der amerikanischen Verfassung und ihre Verwirklichung, Berlin, 1953.

Chamberlain, Lawrence H., The President, Congress and Legislation, New York, 1948.

Cochrane, James D., Partisan Aspects of Congressional Committee Staffing, in: The Western Political Quarterly 1964, S. 338 ff.

Corwin - Small - Jayson, The Constitution of the United States of America, prepared by the Legislative Reference Service, editors: E. S. Corwin, N. J. Small, L. S. Jayson, Washington, 1964.

Creutzig, Jürgen, Die parlamentarischen Hilfsdienste im Bund und in den Ländern, in: DVBl. 1967, S. 225 ff.

Dagtoglou, Prodomos, Der Private in der Verwaltung als Fachmann und Interessenvertreter, Heidelberger Rechtswissenschaftliche Abhandlungen, N. F. Bd. 12, Heidelberg, 1964.

Davey, Harold W., The Legislative Council Movement, in: The American Political Science Review 1953, S. 785 ff.

Dechamps, Bruno, Macht und Arbeit der Ausschüsse, Meisenheim-Glan, 1954.

Deneke, J. Volrad, Das Parlament als Kollektiv, in: ZStW Bd. 109, S. 503 ff.

Dichgans, Hans, Vom Beruf unserer Zeit zur Gesetzgebung, in: NJW 1963, S. 977 ff.

— Besinnung auf den Haushaltsplan, in: Der Volkswirt 1965, S. 1911 ff.

Domes, Jürgen, Mehrheitsfraktion und Bundesregierung, Politische Forschungen Bd. 5, Köln und Opladen, 1964.

Düwel, Peter, Das Amtsgeheimnis, Schriftenreihe der Hochschule Speyer Bd. 23, Berlin, 1965.

Ehmke, Horst, Untersuchungsausschüsse, 45. DJT, Verhandlungsberichte Teil E.

— Grenzen der Verfassungsänderung, Berlin, 1953 (zitiert: Ehmke, Grenzen der Verfassungsänderung).

Ehrmann, Henry W., Funktionswandel der demokratischen Institutionen in den USA, in: Die Demokratie im Wandel der Gesellschaft, hrsg. von R. Loewenthal, S. 29 ff., Berlin, 1963.

Eichenberger, Kurt, Die Parlamentarische Gruppe im eidgenössischen Parlamentsbetrieb, in: Wirtschaft und Recht 1962, S. 287 ff.

Ellwein, Thomas, Das Regierungssystem in der Bundesrepublik Deutschland, Köln und Opladen, 1963.

Endler, Manfred, Die Unabhängigkeit des Beamten, Dissertation Göttingen, 1961.

Eschenburg, Theodor, Staat und Gesellschaft in Deutschland, Stuttgart, 1956 (zitiert: Eschenburg, Staat und Gesellschaft).

— Verfassung und Verwaltungsaufbau des Südweststaates, Stuttgart, 1952 (zitiert: Eschenburg, Verfassung und Verwaltungsaufbau).

Fischbach, Oskar G., Bundesbeamtengesetz, 1. Halbband, 3. neubearbeitete Auflage, Köln, Berlin, Bonn, München, 1964.

Fleischmann, Max, Die materielle Gesetzgebung, in: Handbuch der Politik, Bd. 1, S. 219 ff., Berlin und Leipzig, 1920.

Fraenkel, Ernst, Das amerikanische Regierungssystem, Köln und Opladen, 1960.

Friesenhahn, Ernst, Parlament und Regierung im modernen Staat, in: VVDStL Heft 16, S. 9 ff.

Fundis, Willy, Der Einfluß der Länder auf die Gesetzgebung des Bundes, Dissertation Bonn, 1958.

Fuss, Ernst-Werner und Dieter *Rogalla*, Zur Gewährleistung der eigenständigen Willensbildung des Gesetzgebers in den USA, in: JZ 1955, S. 530 ff.

Galloway, George B., The Legislative Process in Congress, New York, 1953 (zitiert: Galloway, Congress).

— The Legislative Reference Service of Congress, in: Parliamentary Affairs 1954/55, S. 261 ff. (zitiert: Galloway, Parliamentary Affairs).

Geck, Wilhelm K., Die Übertragung rechtsetzender Gewalt in den Vereinigten Staaten von Amerika, in: Die Übertragung rechtsetzender Gewalt im Rechtsstaat, hrsg. vom Institut zur Förderung öffentlicher Angelegenheiten e. V., S. 221 ff., Frankfurt a/M., 1952.

Geller - Kleinrahm, Die Verfassung des Landes Nordrhein-Westfalen, Kommentar, fortgeführt von K. Kleinrahm und H. J. Fleck, Göttingen, 1963 (zitiert: Bearbeiter in Geller - Kleinrahm).

Giere, Gustav, Die Allgemeine Verwaltung, in: Handbuch der Kommunalen Wissenschaft und Praxis, 2. Bd., hrsg. von H. Peters, S. 7 ff., Berlin, Göttingen, Heidelberg, 1957.

Gierke, Otto von, Besprechung von „Das Staatsrecht des Deutschen Reiches", in: Zeitschrift für das Privat- und Öffentliche Recht der Gegenwart, 6. Bd., S. 221 ff., Wien, 1879.

Giese-Schunck, Grundgesetz für die Bundesrepublik Deutschland, 6. Aufl., neubearbeitet von E. Schunck, Frankfurt a/M., 1962.

Giesing, Hans-Horst, Das neue Bundesraumordnungsgesetz. Ein Schrecken der Gesetzessprache, in: NJW 1965, S. 956 f.

Gleason, James P., Legislative Counsel in Congress. In: Georgetown Law Review 1949/50, S. 277 ff.

Glum, Friedrich, Das parlamentarische Regierungssystem in Deutschland, Großbritannien und Frankreich, 2. neubearbeitete und erweiterte Auflage, Berlin und München, 1965.

Graves, W. Brooke, American State Government, Boston, 1953.

Griffith, Ernest S., Congress, its contemporary role, 2. Aufl., New York, 1956 (zitiert: Griffith, Congress).

— Wie Amerika regiert wird, das Regierungssystem der USA, Wiesbaden o. J. (zitiert: Griffith, Das Regierungssystem).

Gross, Bertram M., The Legislative Struggle, New York, 1953.

Gross, Werner, Betrachtungen, in: DVBl. 1954, S. 322 ff. *und* DVBl. 1957, S. 342 ff.

Guild, Frederick H., The Developement of the Legislative Council Idea, in: The Annals of the American Academy of Political and Social Science 1938, S. 144 ff.

Gutherz, Harald, Studien zur Gesetzestechnik, Teil 1, Strafrechtliche Abhandlungen Heft 93, Breslau, 1908.

Hahn, Georg, Der Justizbevollmächtigte des schwedischen Reichstages, in: AÖR Bd. 87, S. 389 ff.

Hamann, Andreas, Die Übertragung rechtsetzender Gewalt nach dem Grundgesetz, Oldenburg, 1950.

Hamed, A. Samad, Das Prinzip der Gewaltenteilung und die Beaufsichtigung der Regierung durch das Parlament, Dissertation Bern, 1957.

Hatschek, Julius, Das Parlamentsrecht des Deutschen Reiches, Erster Teil, Berlin und Leipzig, 1915.

Hefele - Schmidt, Bayerisches Beamtengesetz, Kommentar, Berlin, 1960.

Henle, Wilhelm, Das parlamentarische Gesetzgebungsbüro, in: DÖV 1950, S. 14 ff.

Hsü Dau-Lin, Die Verfassungswandlung, Beiträge zum ausländischen öffentlichen Recht und Völkerrecht Heft 15, Berlin und Leipzig, 1932.

Humboldt, Wilhelm von, Über die Grenzen der Wirksamkeit des Staates. Mit einer Einführung von R. Pannwitz, Nürnberg, 1946.

Imboden, Max, Die Staatsformen, Basel und Stuttgart, 1959.

Immesberger, Helmut, Zur Problematik der Unabhängigkeit der Abgeordneten im Deutschen Bundestag, Dissertation Mainz, 1962.

Ipsen, Hans Peter, Verfassungsfragen zur Handwerksordnung, in: DVBl. 1956, S. 358 ff.

Jahrreiss, Hermann, Größe und Not der Gesetzgebung, Schriften der Wittheit zu Bremen Bd. 20, Heft 2 und 3, Bremen, 1953.

Johnson, Claudius O., American Government, National, State and Local, 2. Aufl., New York, 1955.

Kaiser, Joseph H., Die Repräsentation organisierter Interessen, Berlin, 1956 (zitiert: Kaiser, Die Repräsentation).

— Sachverstand und Politik in Parteien und Parlamenten. In: Sachverstand und Politik in der Demokratie, hrsg. von H. Küppers, S. 59 ff., Düsseldorf, 1962 (zitiert: Kaiser, Sachverstand und Politik).

Kalkbrenner, Helmut, Verfassungsauftrag und Verpflichtung des Gesetzgebers, in: DÖV 1963, S. 41 ff.

Kampelman, Max M., The Legislative Bureaucracy: Its Response to Political Change, in: Journal of Politics 1954, S. 539 ff.

Katzenstein, Dietrich, Rechtliche Erscheinungsformen zwischen Bund und Ländern seit 1949, in: DÖV 1958, S. 593 ff.

Kaufmann, Erich, Grundrechte und Wohlfahrtsstaat, in: Recht, Staat, Wirtschaft, 4. Bd., S. 77 ff., Düsseldorf, 1953.

Key, V. O., Legislative Control, in: Elements of Public Administration, edited by F. Morstein Marx, S. 339 ff., 3. Aufl., New York, 1948.

Kiesinger, Kurt G., Gesetzgebung und Gesetzesausführung, in: Das Parlament 1962, Nr. 39 (26. 9. 1962), S. 4.

Kipp, Heinrich, Entstehung, Aufgaben und Rechtsstellung von Hilfseinrichtungen von Regierung und Parlament, in: DÖV 1957, S. 513 ff.

Klein, Friedrich, Verordnungsermächtigungen nach deutschem Verfassungsrecht; die Übertragung rechtsetzender Gewalt nach deutschem Verfassungsrecht. In: Die Übertragung rechtsetzender Gewalt im Rechtsstaat, hrsg. vom Institut zur Förderung öffentlicher Angelegenheiten e. V., S. 7 ff., Frankfurt a/M., 1952.

Kleinknecht - Müller, Kommentar zur Strafprozeßordnung und zum Gerichtsverfassungsgesetz, Darmstadt, 1958.

Kleinrahm, Kurt, Gesetzgebungshilfsdienst für deutsche Parlamente? In: AÖR Bd. 79, S. 137 ff.

— Verfassung und Verfassungswirklichkeit in Nordrhein-Westfalen, JÖR, N. F. Bd. 11, S. 313 ff.

Kleinschnittger, Karl-Heinz, Die rechtliche Stellung des Bundestagspräsidenten, Dissertation Münster, 1962.

Köttgen, Arnold, Abgeordnete und Minister als Statusinhaber, in: Gedächtnisschrift für Walter Jellinek, S. 195 ff., München, 1955.

Kofmehl, Kenneth, Professional Staffs of Congress, West Lafayette, 1962.

Korte, Heinrich, Verfassung und Verwaltung des Landes Niedersachsen, Göttingen, 1962.

Kralewski, Wolfgang und Karlheinz *Neunreither,* Oppositionelles Verhalten im ersten Deutschen Bundestag 1949—1953, Politische Forschungen Bd. 3, Köln und Opladen, 1963.

Kretschmann, Karl-Otto, Verwaltungsbefugnisse des Bremischen Landesparlaments, Dissertation Heidelberg, 1957.

Krüger, Herbert, Parlamentarismus, in: Handwörterbuch der Sozialwissenschaften, 8. Bd., S. 208 ff., Stuttgart, Tübingen, Göttingen, 1964.

Krüger, Hildegard, Art. 6 Abs. 5 GG ein Programmsatz? In: DÖV 1957, S. 356 ff.

— Kritische Bemerkungen zur Gesetzgebungstechnik, in: DVBl. 1956, S. 711 ff.

— Gibt es eine Inkompatibilität für die Mitglieder der Gesetzgebungsorgane nach dem Grundgesetz? In: ZStW Bd. 106, S. 700 ff.

Kruse, H., Hilfsdienst für die Parlamente. Privatdruck der Interparlamentarischen Arbeitsgemeinschaft, 1959, S. 20/1 ff.

Küchenhoff, Erich und Günther *Küchenhoff,* Allgemeine Staatslehre, 5. neubearbeitete Auflage, Stuttgart, 1964.

Kümmel, Wilhelm, Erstickt die Verwaltung in der Gesetzesflut? In: Der Beamtenbund 1958, S. 186.

Küster, Otto, Das Gewaltenproblem im modernen Staat, in: AÖR Bd. 75, S. 397 ff.

Kuhn, Manfred, Herrschaft der Experten? Tutzinger Beiträge zur politischen Bildung Nr. 4, Würzburg, 1961.

— Der Experte im demokratischen Rechtsstaat, in: Schweizerische Juristen-Zeitung 1958, S. 301 ff.

Lange, Max Gustav, Politische Soziologie, Berlin, 1961.

Lechner, Hans und Klaus *Hülshoff,* Parlament und Regierung, 2. neubearbeitete Auflage, Berlin, München, 1958.

Leibholz, Gerhard, Die Kontrollfunktion des Parlaments, in: Macht und Ohnmacht der Parlamente, Schriftenreihe der Friedrich Naumann Stiftung zur Politik und Zeitgeschichte Nr. 9, S. 57 ff., Stuttgart, 1965 (zitiert: Gerhard Leibholz, Die Kontrollfunktion).

— Der Parteienstaat des Bonner Grundgesetzes, in: Recht, Staat und Wirtschaft, 3. Bd., S. 99 ff., Düsseldorf, 1951 (zitiert: Leibholz, Der Parteienstaat).

Lindemann, Kurt, Die Niedersächsische Gemeindeordnung, Hannover, 1955.

Loening, Hellmuth, Der ministerialfreie Raum in der Staatsverwaltung, in: DVBl. 1954, S. 173 ff.

Löwe - Rosenberg, Die Strafprozeßordnung und das Gerichtsverfassungsgesetz, Großkommentar, 1. Bd., hrsg. von H. Dünnebier, H. Jagusch, F. W. Geier u. a., 21. Aufl., Berlin, 1963 (zitiert: Bearbeiter in Löwe - Rosenberg).

Loewenstein, Karl, Die Präsidialgewalt im Präsidialsystem, in: AÖR Bd. 75, S. 129 ff.

— Staatspolitik und Verfassungsrecht in den Vereinigten Staaten 1955/1964, JÖR, N. F. 13. Bd., S. 1 ff.

— Vom Wesen der amerikanischen Verfassung, Frankfurt a/M. 1950 (zitiert: Loewenstein, Vom Wesen der Verfassung).

— Über Wesen, Technik und Grenzen der Verfassungsänderung, Berlin, 1961 (zitiert: Loewenstein, Grenzen der Verfassungsänderung).

— Verfassungslehre, Tübingen, 1959 (zitiert: Loewenstein, Verfassungslehre).

— Verfassungsrecht und Verfassungspraxis der Vereinigten Staaten von Nordamerika, Göttingen, 1959 (zitiert: Loewenstein, Verfassungsrecht).

Lohmar, Ulrich, Innerparteiliche Demokratie, Stuttgart, 1963.

MacMahon, Arthur W., Congressional Oversight of Administration, in: Political Science Quarterly 1943, S. 380 ff.

Mangoldt, Hermann von, Das Bonner Grundgesetz, Berlin und Frankfurt a/M., 1953.

v. Mangoldt - Klein, Das Bonner Grundgesetz, Bd. I, 2. Aufl., Berlin und Frankfurt a/M., 1957.

— Das Bonner Grundgesetz, Bd. II, 2. Aufl., Berlin und Frankfurt a/M., 1964.

Mallmann, Walter, Die Sanktion im Gesetzgebungsverfahren, Emsdetten, 1938.

Marti, Hans, Die aufsehende Gewalt, in: Verfassungsrecht und Verfassungswirklichkeit, Festschrift für Hans Huber, S. 174 ff., Bern, 1961.

Mattern, Karl-Heinz, Petitionsrecht, in: Neumann - Nipperdey - Scheuner: Die Grundrechte, Bd. 2, S. 623 ff., Berlin 1954.

— Bundestag und Wehrbeauftragter, in: DÖV 1959, S. 841 ff.

— Zum Begriff des Bundestagsbeamten, in: DÖV 1953, S. 7 ff.

Maunz, Theodor und Günter *Dürig,* Grundgesetz, Bd. I und Bd. II, Lieferung 1—8, München und Berlin, 1966.

Maurer, Hartmut, Wehrbeauftragter und Parlament, Recht und Staat in Geschichte und Gegenwart, 317/318, Tübingen, 1965.

Mielke, Manfred, Hilfsdienst für den Gesetzgeber, in: Monatsblätter für freiheitliche Wirtschaftspolitik, 1957, S. 728 ff.

Moecke, Hans-Jürgen, Die Rechtsnatur der parlamentarischen Fraktionen, in: NJW 1965, S. 276 ff.

— Die parlamentarischen Fraktionen als Vereine des öffentlichen Rechts, in: NJW 1965, S. 567 ff.

Molitor, Erich, Bundespersonalvertretungsgesetz, Kommentar, 2. neubearbeitete Auflage, Berlin und Frankfurt a/M., 1958.

Morrison, Herbert, Regierung und Parlament in England, München, 1954.

Morstein Marx, Fritz, Betrachtungen zum amerikanischen Parteiwesen, in: AÖR Bd. 79, S. 269 ff.

— Gegenwartsprobleme der Bürokratie, in: Gesellschaft, Staat, Erziehung 1965, S. 237 ff.

Müller, Hanswerner, Handbuch der Gesetzgebungstechnik, Köln, Berlin, Bonn, München, 1963.

Nawiasky, Hans, Die Grundgedanken des Grundgesetzes für die Bundesrepublik Deutschland, Stuttgart und Köln, 1950 (zitiert: Nawiasky, Grundgedanken).

— Die Verfassung des Freistaates Bayern, Ergänzungsband zu dem Handkommentar 1948, München, 1953 (zitiert: Nawiasky, Die Verfassung).

Nawiasky - Leusser, Die Verfassung des Freistaates Bayern, Kommentar, hrsg. von C. Leusser, E. Gerner u. a., München, 1964 (zitiert: Bearbeiter in Nawiasky - Leusser).

Neunreither, Karlheinz, Der Bundesrat zwischen Politik und Verwaltung, Studien zur Politik Bd. 2, Heidelberg, 1959.

Parteienrechtskommission, Rechtliche Ordnung des Parteiwesens, Bericht der vom Bundesminister des Innern eingesetzten Parteienrechtskommission, Bonn, 1957.

Partsch, Karl Josef, Empfiehlt es sich, Funktion, Struktur und Verfahren der parlamentarischen Untersuchungsausschüsse grundlegend zu ändern? Gutachten für den 45. DJT, Karlsruhe 1964, erschienen München und Berlin, 1965.

— Parlament und Regierung im modernen Staat, in: VVDStL Heft 16, S. 74 ff.

— Parlamentsausschüsse und Regierung, in: AÖR Bd. 83, S. 423 ff.

Peters, Hans, Die Gewaltentrennung in moderner Sicht, Heft 25 der Arbeitsgemeinschaft für Forschung des Landes Nordrhein-Westfalen, Köln und Opladen, 1954.

Pfitzer, Albert, Der Bundesrat, Schriftenreihe der Bundeszentrale für Heimatdienst Heft 11, 8. Aufl., Bonn, 1961.

Pikart, Eberhard, Probleme der deutschen Parlamentspraxis, in: ZfPol. 1962, S. 201 ff.

Plog - Wiedow, Kommentar zum Bundesbeamtengesetz, Loseblatt-Ausgabe, Darmstadt, Neuwied.

Rasch, Ernst, Die Behörde, Begriff, Rechtsnatur, Errichtung, Einrichtung. Verwaltungsarchiv Bd. 50, S. 1 ff.

Quaritsch, Helmut, Das parlamentslose Parlamentsgesetz, Hamburg, 1961.

Reif, Hans, Verfassungsrechtliche Stellung und innere Ordnung der Parteien, 38. DJT, Verhandlungsberichte Teil C, S. 30 ff.

Riedel, Hermann, Irrtum des Gesetzgebers und Gesetzesauslegung, in: Juristische Rundschau 1955, S. 374 ff.

Rottschaefer, Henry, Handbook of American Constitutional Law, Hornbook Series, St. Paul Minn., 1939.

Runte, Hans, Der Wehrbeauftragte des Bundestages und der Wandel von Funktion und Struktur des Parlaments in der modernen Demokratie, Dissertation Freiburg, 1959.

Sachse, Carl W. und E. *Topka*, Niedersächsisches Beamtengesetz, Kommentar, Neuwied, 1961.

Schack, Friedrich, Die Verlagerung der Gesetzgebung im gewaltenteilenden Staat, in: Festschrift für Karl Haff, S. 332 ff., Innsbruck, 1950.

Schäfer, Friedrich, Aufgaben einer Parlamentsreform, in: Die Neue Gesellschaft 1965, S. 689 ff.

— Aufgabe und Arbeitsweise des Haushaltsausschusses des Deutschen Bundestages, in: Finanzwissenschaft und Finanzpolitik, Festschrift für E. Schoettle, S. 251 ff., Tübingen, 1964 (zitiert: Schäfer, Aufgabe und Arbeitsweise).

— Der Bundestag, Demokratie und Frieden Bd. 4, Köln und Opladen, 1967 (zitiert: Schäfer, Der Bundestag).

Schätzler, Johann-Georg, Sind schlechte Gesetze nichtig? In: NJW 1957, S. 121 ff.

Scheuner, Ulrich, Die Aufgabe der Gesetzgebung in unserer Zeit, in: DÖV 1960, S. 601 ff.

— Ausländische Erfahrungen zum Problem der Übertragung rechtsetzender Gewalt, in: Die Übertragung rechtsetzender Gewalt im Rechtsstaat, hrsg. vom Institut zur Förderung öffentlicher Angelegenheiten e. V., S. 118 ff., Frankfurt a/M., 1952 (zitiert: Scheuner, Ausländische Erfahrungen).

— Der Bereich der Regierung, in: Festschrift für R. Smend zum 70. Geburtstag, S. 253 ff., Göttingen, 1952 (zitiert: Scheuner, Der Bereich der Regierung).

— Das parlamentarische Regierungssystem in der Bundesrepublik Deutschland, in: DÖV 1957, S. 633 ff.

— Über die verschiedenen Gestaltungen des parlamentarischen Regierungssystems, in: AÖR Bd. 52, S. 209 ff.

Schiffer, Eugen, Ein Sofortprogramm für die deutsche Justiz, in: JZ 1953, S. 1 ff.

Schilgen, Walter, Die Stellung der wissenschaftlichen Hilfsarbeiter bei den Bundesgerichten, in: NJW 1963, S. 1588 ff.

Schmidt-Räntsch, Günther, Deutsches Richtergesetz, Kommentar, München und Berlin, 1962.

Schmitt, Carl, Die geistesgeschichtliche Lage des heutigen Parlamentarismus, 2. Aufl., München und Leipzig, 1926 (zitiert: Carl Schmitt, Die geistesgeschichtliche Lage).

— Der Hüter der Verfassung, Tübingen, 1931 (zitiert: Carl Schmitt, Hüter der Verfassung).

— Verfassungslehre, Berlin, 1954 (zitiert: Carl Schmitt, Verfassungslehre).

Schmölders, Günter, Der Politiker und die Währung, Frankfurt a/M., 1959.

Schneider, Hans, Kabinettsfrage und Gesetzgebungsnotstand nach dem Bonner Grundgesetz, in: VVDStL Heft 8, S. 21 ff.

— Über den Beruf unserer Zeit für Gesetzgebung, in: NJW 1962, S. 1273 ff.

Schönke - Schröder, Strafgesetzbuch, Kommentar, 12. Aufl., München und Berlin, 1965.

Schramm, F. K., Die parlamentsinterne Gesetzgebungshilfe unter besonderer Berücksichtigung der entsprechenden Einrichtungen des Deutschen Bundestages, Kölner Dissertation, 1965.

Schultz, Günther, Blick in die Zeit, MDR 1955, S. 719 ff.

Seidl-Hohenveldern, Ignaz, Der Verfassungsdienst, in ÖJZ 1951, S. 160 ff.

Seligmann, Richard, Die staatsrechtliche Stellung des deutschen Reichstagspräsidenten, Dissertation Heidelberg, 1912.

Siffin, William J., The Legislative Council in the American States, Bloomington, 1959.

Smend, Rudolf, Verfassung und Verfassungsrecht, München und Leipzig, 1928.

Smith, David W., The Constitutionality of Legislative Councils, in: Western Political Quarterly 1955, S. 68 ff.

Sperling, Friedrich, Die Befugnisse des Reichstagspräsidenten, Dissertation Kiel, 1929.

Stammer, Otto, Politische Soziologie, in: Soziologie, hrsg. von A. Gehlen und H. Schelsky, S. 256 ff., 1. Aufl., Düsseldorf, Köln, 1955.

Stammer, Otto und Wolfgang *Hirsch-Weber*, Verbände und Gesetzgebung, hrsg. von O. Stammer, W. Hirsch-Weber u. a., Köln und Opladen, 1965.

Stein, Erwin, Über die Verantwortung des Gesetzgebers, in: Fragen der Freiheit, Schriftenreihe für Ordnungsfragen der Wirtschaft, des Staates und des kulturellen Lebens, Folge 42, S. 3 ff., Bad Kreuznach, 1964.

Strickrodt, Georg, Das Recht des ersten Votums in der Politik des Bundesrates, in: DÖV 1950, S. 525 ff.

Triepel, Heinrich, Delegation und Mandat im öffentlichen Recht, Stuttgart und Berlin, 1942.

— Der Weg der Gesetzgebung nach der neuen Reichsverfassung, in: AÖR Bd. 39, S. 456 ff.

Trossmann, Hans, Der Deutsche Bundestag, Organisation und Arbeitsweise, Darmstadt, 1963.

Ule, Carl H., Der Wehrbeauftragte des Bundestages, in: JZ 1957, S. 422 ff.

Varain, Heinz Josef, Parteien und Verbände, Staat und Politik Bd. 7, Köln und Opladen, 1964.

Vialon, Friedrich Karl, Haushaltsrecht — Haushaltspraxis, Kommentar zur Haushaltsordnung (RHO) und zu den Finanzbestimmungen des Bonner Grundgesetzes, 2. völlig neubearbeitete und erweiterte Auflage, Berlin und Frankfurt a/M., 1959 (zitiert: Vialon, Haushaltsrecht).

— Das Verhältnis Abgeordneter — Ministerialbürokratie, Referat auf der Tagung „Parteiendemokratie" der Evangelischen Akademie Loccum vom 9. bis 12. 12. 1964, Protokoll der Tagung, S. 46 ff. (zitiert: Vialon, Parteiendemokratie).

Volz, Eugen, Der Wehrbeauftragte des Deutschen Bundestages, Dissertation Tübingen, 1958.

Vonderbeck, Josef H., Der Bundesrat — ein Teil des Parlaments der Bundesrepublik Deutschland? Meisenheim/Glan, 1964.

Waffenschmidt, Horst, Die äußere Trennung und innere Selbständigkeit der Bundeslegislative und Bundesexekutive in der Bundesrepublik Deutschland, Dissertation Bonn, 1962.

Walker, Harvey, The Legislative Process, New York, 1948.

Weber, Max, Parlament und Regierung im neugeordneten Deutschland, München und Leipzig, 1918 (zitiert: Max Weber, Parlament und Regierung).

— Wirtschaft und Gesellschaft, 2. Halbband, 4. neu herausgegebene Auflage, besorgt von J. Winckelmann, Tübingen, 1956 (zitiert: Max Weber, Wirtschaft und Gesellschaft).

Weber, Werner, Gewaltenteilung, in: Handwörterbuch der Sozialwissenschaften, 4. Bd., S. 497 ff., Göttingen, Stuttgart, Tübingen, 1965 (zitiert: Werner Weber, Gewaltenteilung).

— Das Richtertum in der deutschen Verfassungsordnung, in: Festschrift für H. Niedermeyer zum 70. Geburtstag, S. 261 ff., Göttingen 1953 (zitiert: Werner Weber, Das Richtertum).

— Spannungen und Kräfte im westdeutschen Verfassungssystem, 2. erweiterte Auflage, Stuttgart, 1958 (zitiert: Werner Weber, Spannungen und Kräfte).

— Die Teilung der Gewalten als Gegenwartsproblem, in: Festschrift für C. Schmitt, S. 253 ff., Berlin, 1959 (zitiert: Werner Weber, Schmitt-Festschrift).

— Die Verfassung der Bundesrepublik in der Bewährung, Göttingen, Berlin, Frankfurt a/M., 1957 (zitiert: Werner Weber, Die Verfassung).

— Wandlungen und Formen des Staates, in: Weltgeschichte der Gegenwart, Bd. 2, S. 364 ff., Bern und München, 1963 (zitiert: Werner Weber, Wandlungen und Formen).

Weiler, Hans, Der Verfassungsdienst des Bundeskanzleramtes, in: ÖJZ 1962, S. 281 ff.; S. 314 ff.

Weisser, Gerhard, Die Problematik des Sachverständigenrates in politischen Angelegenheiten und die Funktion der wissenschaftlichen Beiräte bei den Bundesministerien, in: Ratgeber von Parlament und Regierung, hrsg. vom Institut zur Förderung öffentlicher Angelegeheiten e. V., S. 30 ff., Frankfurt a/M., 1951.

Welzel, Hans, Das deutsche Strafrecht, 9. Aufl., Berlin, 1965.

Werner, Fritz, Über die Abneigung gegen die Bürokratie, Zeitschrift für Beamtenrecht 1955, S. 165 ff.

Wernicke, Kurt G., Wie die „Wissenschaftliche Abteilung" entstanden ist und heute aussieht, in: Das Parlament 1954, Nr. 51 (15. 12. 1954), S. 12.

Willms, Gerd, Parlamentarische Kontrolle und Wehrverfassung, Dissertation Göttingen, 1959.

Wiltsee, Herbert L., Legislative Organization and Services: Structure and Procedures; Legislative Service Agencies, in: Book of the States, editor: The Council of State Governments, S. 33 ff., Chicago, 1964.

Wissenschaftlicher Beirat, Zur wirtschaftspolitischen Gesetzgebung. Gutachten des Wissenschaftlichen Beirates beim Bundeswirtschaftsministerium zur Verbesserung des Zusammenwirkens staatlicher und nichtstaatlicher Kräfte, Bulletin der Bundesregierung 1965, Nr. 41, S. 330.

Witte, Edwin E., Technical Services for State Legislators, in: The Annals of the American Academy of Political and Social Sciences 1938, S. 137 ff.

Wittkämper, Gerhard W., Grundgesetz und Interessenverbände, Staat und Politik Bd. 5, Köln und Opladen 1963.

Wolff, Hans J., Verwaltungsrecht I, 5. neu bearbeitete Auflage, München und Berlin, 1963.

Zeidler, Karl, Maßnahmegesetz und „Klassisches" Gesetz, Karlsruhe, 1961.

Zinn, Charles J., Gesetzgebung in USA, U.S. Informationsdienst, Bad Godesberg, 1956.

Ferner wurden benutzt: Amtliche Entscheidungssammlungen, Gesetzesblätter und weitere Materialien

Amtliche Entscheidungssammlungen:

Entscheidungen des Bundesverfassungsgerichtes,

Entscheidungen des Bundesgerichtshofes,

Entscheidungen des Bundesverwaltungsgerichtes,

Entscheidungen des Bayerischen Verfassungsgerichtshofes,

Entscheidungen des Obersten Gerichtshofes der Vereinigten Staaten von Nordamerika, zitiert — soweit möglich — nach den United States Supreme Court Reports, Official Reports (abgekürzt: U.S.), sonst nach dem Supreme Court Reporter (abgekürzt: S.Ct.).

Bulletin des Presse- und Informationsamtes der Bundesregierung, Bonn (zitiert: Bulletin der Bundesregierung).

Bund der Steuerzahler Baden-Württemberg e. V., Haushaltsabteilung, 12. Schriftenfolge, Vorschlag zur Einrichtung eines Gesetzgebungs- und Beratungsdienstes beim Landtag von Baden-Württemberg, 4. 10. 1960.

Die Bundesgesetgzebung während der 2. Wahlperiode des Deutschen Bundestages 1953—1957, hrsg. vom Bundesminister der Justiz, Beilage zum Bundesanzeiger Nr. 160 vom 22. 8. 1957.

Bundeshaushaltsplan für das Rechnungsjahr 1965, Bonn.

Deutscher Bundesrat, Sitzungsberichte.

Deutscher Bundestag, Verhandlungen, Stenographische Berichte und Drucksachen; Organisationsübersicht der Verwaltung des Deutschen Bundestages vom 25. 2. 1965; Büro für Petitionen, Rundschreiben Nr. 1/61 vom 30. 10. 1961; Interfraktioneller Antrag der Fraktionen der CDU/CSU, SPD, FDP, DP, BP, des Zentrums und der WAV zur Schaffung eines Dokumentationsdienstes im Sekretariat des Bundestages; Vorläufige Arbeitsanweisung des Präsidenten des Deutschen Bundestages betr. den Redaktionsstab von 1. 2. 1966.

Gemeinsame Geschäftsordnung der niedersächsischen Ministerien vom 20. 9. 1955 und vom 19. 3. 1957, hrsg. von der Niedersächsischen Staatskanzlei, Hannover, o. J.; Gemeinsame Geschäftsordnung für die Ministerien des Landes Nordrhein-Westfalen, Bericht der Kommission der Landesregierung Nordrhein-Westfalen für Verwaltungsvereinfachung, Düsseldorf, 1962.

Gesetzblatt der Freien Hansestadt Bremen, Bremen; Gesetz- und Verordnungsblatt für das Land Rheinland-Pfalz, Mainz; Niedersächsisches Gesetz- und Verordnungsblatt, Hannover.

Kansas Legislative Council, 15th Biennial Report and Recommendations of the Kansas Legislative Council, Part. I, 10. 12. 1962, Topeka, Kansas.

Landtag von Baden-Württemberg, Verwaltungsanordnung des Präsidenten des Landtages über die Einrichtung eines parlamentarischen Beratungsdiestes beim Landtag von Baden-Württemberg vom 5. 11. 1964; Bayerischer Landtag, Beilagen zu den Verhandlungen; Bürgerschaft der Freien und Hansestadt Hamburg, Verhandlungen, Stenographische Berichte und Drucksachen; Hessischer Landtag, Verhandlungen, Stenographische Berichte und Anlagen zu den Stenographischen Berichten; Niedersächsischer Landtag, Verhandlungen, Stenographische Berichte und Anlagen hierzu; Landtag Nordrhein-Westfalen, Stenographische Berichte der Verhandlungen; Landtag Rheinland-Pfalz, Stenographische Sitzungsberichte; Richtlinien über die Organisation und die Aufgaben des beim Landtag eingerichteten Wissenschaftlichen Dienstes vom 15. 12. 1964; Schleswig-Holsteinischer Landtag, Verhandlungsberichte und Anlagen; Niederschriften der Konferenzen der Präsidenten der Parlamente der deutschen Länder.

Library of Congress, Employment in the Library of Congress, Washington, o. J. (zitiert: Employment).

Niedersächsisches Ministerialblatt, Hannover.

Parlamentarischer Rat, Verhandlungen, Stenographische Berichte.

Schweizer Nationalrat, Bericht der vom Nationalrat und vom Ständerat eingesetzten Kommissionen an die Eidgenössischen Räte über die Abklärung der Mirage-Angelegenheit vom 1. 9. 1964.

Staats-Zeitung — Staatsanzeiger — für Rheinland-Pfalz, Koblenz; Bayerische Staatszeitung und Bayerischer Staatsanzeiger, München; Helena State Reporter, Helena, Montana.

Tagung für Rechtsvergleichung, Köln 1951, Bericht über die in der öffentlichrechtlichen Abteilung von Brown Mason und Ulrich Scheuner zur Frage der Übernahme eines Gesetzgebungshilfsdienstes in deutschen Parlamenten gehaltenen Referate, JZ 1951, S. 700 ff.

The Council of State Governments, Chicago, Illinois: Fiscal Services for State Legislatures, 1961; Mr. President ... Mr. Speaker, Report of the Committee on Organization of Legislative Services of the National Legislative Conference, 1963; Permanent Legislative Services, 1964; Professional Assistance for Legislative Standing and Interim Committees and Legislative Leaders, 1961.

Verhandlungen des 45. DJT, Karlsruhe, 1964, hrsg. von der Ständigen Deputation des Deutschen Juristentages, Bd. II (Sitzungsberichte), München und Berlin, 1965.

Zeitungsberichte der Tages-, Wochen- und Monatszeitungen: „Die Welt", „Frankfurter Allgemeine Zeitung", „Hannoversche Allgemeine Zeitung", „Badische Neueste Nachrichten", „Rheinischer Merkur", „Atomzeitalter", „Die Zeit" und „Neuer Landesdienst".

Kolibri 360 GmbH
Ferdinand-Jühlke-Straße 7
99095 Erfurt, Deutschland
produktsicherheit@kolibri360.de

Druck:
CPI Druckdienstleistungen GmbH
im Auftrag der
Kolibri 360 GmbH
Ferdinand-Jühlke-Str. 7
99095 Erfurt